U0500085

丛书主编 周江

海洋·极地·自然资源法研究丛书 国别海洋法系列

伊朗、伊拉克、科威特海洋法律体系研究

全小莲 著

知识产权出版社

全国百佳图书出版单位

—北京—

图书在版编目（CIP）数据

伊朗、伊拉克、科威特海洋法律体系研究/全小莲著. —北京：知识
产权出版社，2023.5
（海洋·极地·自然资源法研究丛书/周江主编. 国别海洋法系列）
ISBN 978 - 7 - 5130 - 8487 - 1

Ⅰ.①伊…　Ⅱ.①全…　Ⅲ.①海洋法—研究—伊朗、
伊拉克、科威特　Ⅳ.①D993.5

中国版本图书馆 CIP 数据核字（2022）第 225021 号

责任编辑：薛迎春　　　　　　　　　责任校对：王　岩
封面设计：黄慧君　　　　　　　　　责任印制：刘译文

伊朗、伊拉克、科威特海洋法律体系研究
全小莲 ◎ 著

出版发行：知识产权出版社 有限责任公司　　　网　　址：http://www.ipph.cn
社　　址：北京市海淀区气象路 50 号院　　　　邮　　编：100081
责编电话：010 - 82000860 转 8724　　　　　　责编邮箱：471451342@ qq.com
发行电话：010 - 82000860 转 8101/8102　　　发行传真：010 - 82000893/82005070/82000270
印　　刷：三河市国英印务有限公司　　　　　经　　销：新华书店、各大网上书店及相关专业书店
开　　本：710mm×1000mm　1/16　　　　　　印　　张：19.25
版　　次：2023 年 5 月第 1 版　　　　　　　　印　　次：2023 年 5 月第 1 次印刷
字　　数：346 千字　　　　　　　　　　　　　定　　价：98.00 元
ISBN 978 - 7 - 5130 - 8487 - 1

重庆市高校哲学社会科学协同创新团队
"海洋与自然资源法研究团队"阶段性成果

总　序

中国是陆海兼备的海洋大国，海洋开发历史悠久，曾创造了举世瞩目的海洋文明。"鱼盐之利，舟楫之便"是先人认识和利用海洋之精炼概括，仍不悖于当今海洋之时势。然数百年前，泰西诸国携坚船利炮由海而至，先祖眼中的天然屏障竟成列强鱼肉九州之通道。海洋强国兴衰，殷鉴不远。

吾辈身处百年未有之变局，加快建设海洋强国已成为中华民族伟大复兴的重要组成。扎实的海洋工业、尖端的海洋科技及强大的海军战力，无疑为海洋强国之必需。此外，完备的海洋治理体系和卓越的海洋治理能力等软实力亦不可或缺。海洋治理体系之完备，海洋治理能力之卓越，皆与海洋法治息息相关。经由法律的治理以造福生民，为古今中外人类实践之最佳路径。

海洋法治之达致，需赖全体国人之努力，应无沿海内陆之别。西南政法大学虽处内陆，一向以"心系天下"为精神导引。作为中国法学教育研究的重镇，西南政法大学独具光荣的历史传承、深厚的学术底蕴和完备的人才积累。她以党的基本理论、基本路线、基本方略和国家的重大战略需求为学术研究之出发点和归宿。

西南政法大学海洋与自然资源法研究所之成立，正是虑及吾辈应为建设海洋强国贡献绵薄。国际法学院、经济法学院（生态法学院）、国家安全学院相关研究团队，合众为一，同心勠力，与中国海洋法学会合作共建而成。我所将持续系统地研究涉海法律问题，现以"海洋·极地·自然资源法研究丛书"之名，推出首批公开出版成果。

本丛书拟设四大系列：国别海洋法系列、海洋治理系列、极地治理系列及自然资源法系列。系列之间既各有侧重又相互呼应，其共同的目标在于助力中国海洋治理体系与治理能力的现代化。

本丛书推崇创作之包容性，对当下及今后各作者的学术观点，都将予以最大程度的尊重；本丛书亦秉持研究之开放性，诚挚欢迎同人惠赐契合丛书主题及各系列议题的佳作；本丛书更倡导学术的批判性，愿广纳学友对同一问题的补正、商榷甚或质疑。若经由上述努力与坚持，可将本丛书打造为学界交流与争鸣的平台，则是我们莫大的荣幸。

本丛书能由构想变为现实，离不开诸多前辈、领导及同人的关心、指导与支持，我相信，丛书的付梓是对他们玉成此事最好的感谢！

是为序！

2020 年 3 月 31 日

目　录

附　录

第 I 部分

伊朗海洋法律体系研究

一、伊朗海洋基本情况

（一）地理位置

伊朗伊斯兰共和国（The Islamic Republic of Iran，以下简称"伊朗"）位于亚洲西南部，北濒里海，并与接阿塞拜疆（Azerbaijan）、亚美尼亚（Armenia）、土库曼斯坦（Turkmenistan）接壤，西与土耳其（Turkey）、伊拉克[1]（Iraq）接壤，东临阿富汗（Afghanistan）和巴基斯坦（Pakistan），南隔波斯湾（Persian Gulf）、阿曼湾（Gulf of Oman）与阿拉伯半岛诸国相望。[2]分隔波斯湾和阿曼湾的霍尔木兹海峡（Strait of Hormuz）是连接波斯湾和印度洋（Indian Ocean）的唯一海上通道，每年有7.5亿吨以上运往世界各地的中东石油须经过霍尔木兹海峡，占海湾地区石油总出口量的90%、全球石油产量的五分之一和出口贸易量的三分之一。[3]霍尔木兹海峡由此被称为"世界油阀"，其地理位置具有重要的战略意义。[4]

伊朗位于北纬25°03′至北纬39°47′、东经44°14′至东经63°20′之间。其90%的领土地处高原，是一个多山和干旱的国家，平均海拔高度为1200米。伊朗的国土有一半是山区和高地，有四分之一是平原，其余不到四分之一是耕地。[5]

---

[1] 伊朗与伊拉克的部分接壤处以阿拉伯河（Arabian River）为界。阿拉伯河由底格里斯河（Tigris River）、幼发拉底河（Euphrates River）和卡伦河（Karun River）汇流而成，全长约190公里。下游为伊朗和伊拉克界河，两国对于此河归属尚有争议。参见傅承敏：《伊拉克和伊朗水域争端：阿拉伯河》，载新浪博客，http：//blog.sina.com.cn/s/blog_ 5ce1af980102wOio.html，最后访问日期：2020年12月12日。

[2] 此处的阿拉伯半岛诸国指的是阿曼（Oman）、阿联酋（United Arab Emirates）、卡塔尔（Qatar）、沙特阿拉伯（Saudi Arabia）、科威特（Kuwait）。商务部国际贸易经济合作研究院、中华人民共和国驻伊朗伊斯兰共和国大使馆经济商务处、商务部对外投资和经济合作司：《对外投资合作国别（地区）指南：伊朗（2019年版）》，载"走出去"公共服务平台，http：//www.mofcom.gov.cn/dl/gbdqzn/upload/yilang.pdf，最后访问日期：2020年12月8日。

[3] 王腾、刘宣兵：《解析霍尔木兹海峡战略意义》，载央视网，http：//news.cntv.cn/special/jx-hemz/hemzhx/index.shtml，最后访问日期：2018年11月10日。

[4] 戴尚昀、孟庆川：《在"石油海峡"军演，伊朗有三重考量》，载海外网，http：//m.haiwainet.cn/middle/353596/2018/0806/content_ 31369387_ 1.html，最后访问日期：2018年11月10日。

[5] 《一般信息》，载伊朗伊斯兰共和国外交部网站，https：//ar.mfa.ir/portal/viewpage/3983，最后访问日期：2018年10月31日。

伊朗海岸线总计 2440 公里[1]。卡伦河是伊朗境内最长、唯一通航且注入波斯湾的河流，全长 850 公里。[2]

（二）动荡的历史

伊朗在 20 世纪共经历了 4 次政变。1921 年 2 月 21 日，礼萨·汗（Reza Khan）上校发动军事政变，占据德黑兰（Tehran），意图推翻被英俄殖民统治的卡扎尔王朝[3]（Qājār Dynasty）。1925 年，礼萨·汗取得王位，建立了巴列维王朝（Pahlavi Dynasty），于 1935 年改国名为伊朗[4]。在礼萨·汗统治时期，伊朗开始制定与海洋有关的法律，确定了领海宽度。

---

[1] "The World Factbook：Iran"，Central Intelligence Agency，https：//www. cia. gov/library/publications/the-world-factbook/geos/ir. html，December 8，2020. 中华人民共和国驻伊朗伊斯兰共和国大使馆经济商务处网站提供的伊朗海岸线的数据为：2440 公里（包括里海）。盖因伊朗未对外公布其里海沿岸的领海基线，且里海沿海各国尚未划分领海边界，所以该数据未提供里海海岸线长度。参见《伊朗概况》，载中华人民共和国驻伊朗伊斯兰共和国大使馆经济商务处网站，http：//ir. mofcom. gov. cn/article/ddgk/201809/20180902787490. shtml，最后访问日期：2018 年 11 月 13 日。此外，有消息指出，伊朗海岸线长达 5800 公里，北部（里海沿岸）约 890 公里，南部约 4900 公里（波斯湾和阿曼湾海岸，包括岛屿周围的海岸线）。See "Iranian Fisheries Status：An Update（2004-2014）"，Omicsonline，https：//www. omicsonline. org/open-access/iranian-fisheries-status-an-update-20042014-2150-3508-1000192. pdf，December 8，2020.

[2] "Provinces of Iran：Province of Khuzestan"，Iran Chamber Society，http：//www. iranchamber. com/provinces/15_ khuzestan/15_ khuzestan. php，October 29，2018.

[3] 卡扎尔王朝（又译作恺加王朝）建于 1779 年，由突厥人建立，定都德黑兰。王朝初期，西方列强加紧对伊朗的争夺。1801 年，俄国兼并格鲁吉亚；英国同伊朗三次战争导致伊朗割地赔款及承认阿富汗斯坦独立。此后，法国、奥地利、美国等相继强迫伊朗订立了不平等条约。19 世纪下半叶，英、俄攫取了在伊采矿、筑路、设立银行、训练军队等特权。1907 年，英、俄两国相互勾结划分了在伊的势力范围：北部属俄国，南部属英国，中部为缓冲区。伊朗虽然名义上仍是独立国家，但实际上处于半封建、半殖民地的地位。参见《伊朗 5000 年史：从埃兰文明到伊斯兰文明，波斯帝国时期最强盛》，载伊朗国家通讯社网站，https：//zh. irna. ir/news/84264084/伊朗 5000 年史-从埃兰文明到伊斯兰文明-波斯帝国时期最强盛，最后访问日期：2022 年 8 月 11 日。

[4] "伊朗"是由"雅利安"一词延伸而来，雅利安的本意是"高贵的"，因此一些种族主义者在彼时鼓吹"雅利安人种优越论"。其中最有名的便是希特勒，因为这与他的一些政治观点不谋而合。不仅如此，二战爆发前夕，英俄两国屡次入侵当时伊朗的统治王朝巴列维王朝，希特勒宣称德国站在巴列维王朝一方，二者同属"高贵的雅利安人"。在这种情况下，柏林方面建议巴列维王朝统治者礼萨·汗将国名更改为伊朗，出于种种原因，后者答应这一要求，并于 1935 年 1 月 1 日正式启用"伊朗"作为国名。但在 1959 年，巴列维王朝的末代统治者穆罕默德·礼萨·巴列维也宣布"波斯"和"伊朗"可以作为国名使用。参见《"波斯"和"伊朗"是一回事儿吗?》，载环球视野，http：//www. globalview. cn/html/culture/info_ 10410. html，最后访问日期：2018 年 11 月 24 日。

礼萨·汗与德国合作，以平衡英国和苏联的影响。二战爆发后，礼萨·汗的外交平衡无法继续维持。1941 年，英国和苏联不满礼萨·汗左右逢源的做法，采取了军事行动，礼萨·汗逊位，其子穆罕默德·礼萨·巴列维（Mohamed Reza Pahlavi）继位。[1] 新国王继位后并无实权，军事上，英国和苏联在伊朗长期驻军，直到 1946 年才从伊朗撤出；政治上，国内的权力掌握在首相穆罕默德·摩萨台[2]（Mohammad Mosaddegh）的手中。该首相继续前任国王的改革，其最受瞩目的举动，是将被美国与英国占有的石油资源国有化[3]，成立了伊朗国家石油公司（National Iranian Oil Company，NIOC）。

摩萨台的政策侵犯了英国的利益。在英国军情六处要求下，美国中央情报局策划了一场政变，在 1953 年 8 月 19 日推翻摩萨台，巴列维国王重新上台。[4] 巴列维国王统治时期，伊朗积极参加联合国海洋法会议，制定了很多与海域划分和海事管理有关的法律法规。

1963 年巴列维国王推行"白色革命"[5]，引起伊朗人民的不满。1979

---

〔1〕 《"赞同"行动：1941 年英国/苏联对伊朗的入侵》，载一点资讯，https：//www.yidianzixun.com/article/0PeBl6RZ，最后访问日期：2020 年 12 月 2 日。

〔2〕 穆罕默德·摩萨台 1951 年至 1953 年出任民选的伊朗首相，但在 1953 年被美国中央情报局策动的政变推翻。参见"穆罕默德·摩萨台"，载百度百科，https：//baike.baidu.com/item/% E7% A9% 86% E7% BD% 95% E9% BB% 98% E5% BE% B7% C2% B7% E6% 91% A9% E8% 90% A8% E5% 8F% B0/4106438？fr = aladdin，最后访问日期：2018 年 11 月 4 日。

〔3〕 1933 年，伊朗政府与英伊石油公司签订了石油特许协议。1951 年，伊朗将石油工业国有化，引发了伊朗与该公司的争议。英国向国际法院起诉伊朗，伊朗对法院的管辖权提出异议。国际法院于 1952 年 7 月 22 日作出判决，裁定其无管辖权。国际法院的管辖权取决于伊朗和英国根据《国际法院规约》第 36 条第 2 款接受法院强制管辖权的声明。国际法院认为，伊朗于 1932 年批准的声明仅涉及伊朗在该日期之后缔结的条约所引起的争端。而英国不是合同的一方，伊朗和英伊石油公司的合同不是伊朗与英国之间的国际条约。所以，国际法院对此案无管辖权。参见《国际法院判决、咨询意见和命令摘要（1948—1991）》，载国际法院网站，https：//www.icj-cij.org/public/files/summaries/summaries-1948-1991-ch.pdf，最后访问日期：2020 年 11 月 18 日。

〔4〕 《伊朗历史沿革》，载中华人民共和国驻伊朗伊斯兰共和国大使馆经济商务处网站，http：//ir.mofcom.gov.cn/article/ddgk/201707/20170702609077.shtml，最后访问日期：2023 年 2 月 9 日。

〔5〕 "白色革命"是由伊朗末代国王穆罕默德·礼萨·巴列维在 1963 年发起的改革。国王有意通过此次经济与社会的改革，非暴力地重建伊朗社会。此次改革的最终目标是使伊朗成为一个全球经济、工业强国。国王引入了新颖的经济概念，例如针对工业工人的分红制，开设大批由政府出资的重工业项目以及对森林、牧场资源进行国有化。但最重要的改革是土地改革项目，使伊朗传统的地主失去了影响与权力，近 90% 的伊朗佃农因此拥有了自己的土地。参见俞飞：《伊朗改革 50 年之路：民粹模式难以持久》，载腾讯评论，https：//view.news.qq.com/a/20130210/000006.htm，最后访问日期：2020 年 12 月 8 日。

年，宗教领袖阿亚图拉·鲁霍拉·穆萨维·霍梅尼（Ayatollah Ruhollah Mousavi Khomeini）发动伊斯兰革命[1]，巴列维国王被迫流亡，巴列维王朝覆亡。霍梅尼于革命后成立了政教合一的伊斯兰共和国。在此阶段，伊朗签署了《联合国海洋法公约》（United Nations Convention on the Law of the Sea），制定了更加系统的海洋法。

（三）行政区划

伊朗在全国共设 31 个省。[2] 其中位于里海沿岸的是吉兰省、马赞达兰省和戈莱斯坦省，濒临波斯湾的有胡齐斯坦省和布什尔省，濒临阿曼湾的是锡斯坦 – 俾路支斯坦省。霍尔木兹甘省西南临波斯湾，东南临阿曼湾，扼守霍尔木兹海峡，与阿曼的穆桑达姆省隔海峡相望，战略地位突出。

其中，胡齐斯坦省的情况比较特殊。伊朗是一个多民族的国家，其中波斯人约占总人口的 66%，其余有阿塞拜疆人、库尔德人、阿拉伯人等。伊朗的阿拉伯人主要居住在西南部靠近波斯湾的胡齐斯坦省。该省与伊拉克接壤，是伊朗石油资源最丰富的地区，集中了伊朗主要的天然气处理厂。[3] 两

---

〔1〕 伊朗伊斯兰革命（又称"1979 年革命"）是 20 世纪 70 年代后期在伊朗发生的历史事件，沙阿穆罕默德·礼萨·巴列维领导的伊朗君主立宪政体在革命过程中被推翻。参见《伊朗 5000 年史：从埃兰文明到伊斯兰文明，波斯帝国时期最强盛》，载伊朗国家通讯社网站，https：//zh. irna. ir/news/84264084/伊朗5000年史-从埃兰文明到伊斯兰文明-波斯帝国时期最强盛，最后访问日期：2022 年 8 月 11 日。

〔2〕 伊朗的 31 个省分别是：厄尔布尔士省（Alborz province）、阿尔达比勒省（Ardebil province）、西阿塞拜疆省（Azarbayejan, West province）、东阿塞拜疆省（Azarbayejan, East province）、布什尔省（Bushehr province）、恰哈马哈勒 – 巴赫蒂亚里省（Chaharmahal and Bakhtiyari province）、伊斯法罕省（Esfahan province）、法尔斯省（Fars province）、吉兰省（Gilan province）、戈莱斯坦省（Golestan province）、哈马丹省（Hamedan province）、霍尔木兹甘省（Hormozgan province）、伊拉姆省（Ilam province）、克尔曼省（Kerman province）、克尔曼沙汗省（Kermanshah province）、礼萨呼罗珊省（Razavi Khorasane province）、北呼罗珊省（Khorasan, North province）、南呼罗珊省（Khorasan, South province）、胡齐斯坦省（Khuzestan province）、科吉卢耶 – 博韦艾哈迈德省（Kohgiluye and Boyerahmad province）、库尔德斯坦省（Kordestan province）、洛雷斯坦（Lorestan province）、马凯斯省（Markazi province）、马赞达兰省（Mazandaran province）、加兹温省（Qazvin province）、库姆省（Qom province）、塞姆南省（Semnan province）、锡斯坦 – 俾路支斯坦省（Sistan and Baluchestan province）、德黑兰省（Tehran province）、亚兹德省（Yazd province）、赞詹省（Zanjan province）。See Statistical Center of Iran, "Iran at a Glance", https：//www. amar. org. ir/english/Iran-at-a-glance/Tehran, October 29, 2018.

〔3〕 《伊朗国家概况》，载中华人民共和国外交部网站，https：//www. fmprc. gov. cn/web/gjhdq_ 676201/gj_ 676203/yz_ 676205/1206_ 677172/1206x0_ 677174/，最后访问日期：2022 年 8 月 11 日。

伊战争[1]时期，萨达姆·侯赛因（Saddam Hussein）曾将自己塑造为伊朗阿拉伯人的解放者，尽管战争期间多数伊朗阿拉伯人没有支持萨达姆，但伊朗政府仍将他们视为潜在威胁。战后，伊朗对阿拉伯人采取了歧视性政策。波斯人控制了胡齐斯坦省的石油企业，而阿拉伯人却没有在当地利润丰厚的石油经济中得到任何实惠。[2]

（四）海洋资源

1. 油气资源

伊朗石油资源丰富，拥有世界第四大探明原油储量和世界第二大天然气储量。据伊朗国家石油公司统计，伊朗是世界第四大石油生产国和第三大天然气生产国。[3]尽管伊朗拥有丰富的储备，但受多年的投资不足和国际制裁的影响，原油生产仍然发展缓慢。伊朗石油、天然气和煤炭蕴藏丰富。截至 2019 年年底，已探明石油储量 1580 亿桶，居世界第四位，已探明天然气储量 33.9 万亿立方米，居世界第二位。根据世界银行数据，自 2018 年美国重新实施制裁以来，伊朗石油产量大幅下降，2019 年 12 月原油产量跌至每日 200 万桶的创纪录低点，2019 年 3 月—2020 年 3 月，伊朗日均出口石油 57 万桶。[4]

伊朗有 170 个油田和 50 个气田（2018 年）。海上油田主要集中于波斯湾北部，里海也有少量油田。[5]气田集中于波斯湾布什尔省和霍尔木兹甘省沿岸，其中最大的气田是南帕尔斯（South Pars）气田。[6]此外，有三座油田在

[1]　两伊战争是发生在伊拉克和伊朗之间的一场长达 8 年的边境战争。战争于 1980 年 9 月 22 日爆发，1987 年 7 月 23 日和 1988 年 7 月 18 日，伊拉克和伊朗分别接受了联合国的停火决议，但双方直至 1988 年 8 月 20 日才正式停止战斗。伊拉克和伊朗均在战争中遭受严重损失。除常规战争外，两国还采取了袭城、袭船、袭击油田等破坏对方后勤、经济设施的手段。参见刘嵩：《两伊战争：用先进武器打低水平战争的典范》，载凤凰资讯，http://news.ifeng.com/history/1/jishi/200808/0820_2663_734586.shtml，最后访问日期：2018 年 11 月 2 日。
[2]　赵克仁：《伊朗胡齐斯坦问题透析》，载《世界民族》2009 年第 4 期。
[3]　"National Iranian Oil Company，National Development Structure"，National Iranian Oil Company，http://www.nioc.ir/portal/file/? 218848/National-Iranian-Oil-Company-National-Development-Structure.pdf，October 29，2018.
[4]　《伊朗国家概况》，载中华人民共和国外交部网站，https://www.fmprc.gov.cn/web/gjhdq_676201/gj_676203/yz_676205/1206_677172/1206x0_677174/，最后访问日期：2022 年 8 月 11 日。
[5]　"Kepco at a Glance"，Kepco，http://en.kepco.ir/index.aspx? fkeyid=&siteid=2&pageid=246，October 28，2018.
[6]　南帕尔斯气田是世界上最大的独立气藏之一，位于伊朗与波斯湾卡塔尔之间的领土交界处，是伊朗的主要能源来源之一。该气田面积 9700 平方公里，其中 3700 平方公里属于伊朗，估计伊朗部分含有约 14 万亿立方米天然气储量和约 180 亿桶天然气凝析油。这相当于世界天然气储量的约 7.5%，约占伊朗天然气储量的一半。See "South Pars Gas Field"，Pogc，https://www.pogc.ir/Default.aspx? tabid=112，December 8，2020.

两伊战争期间遭到美国的袭击。1987年10月19日，美国攻击了拉沙达特（Reshadat）油田的两个近海石油生产设备。1988年4月4日，美国海军摧毁了西里（Sirri）油田和萨珊（Sassan）油田。[1]伊朗境内有众多管道用于运输石油和天然气。截至2013年，伊朗有7公里凝析油[2]（condensate）管道、973公里天然气凝析油混输（condensate/gas）管道、20794公里天然气（gas）管道、570公里液化石油气（liquid petroleum gas）管道、8625公里原油[3]（oil）管道和7937公里成品油（refined products）管道。[4]

2. 渔业资源

伊朗有着丰富的渔业资源。其渔业作业范围很广，主要分为三大渔业区：波斯湾渔业区、阿曼湾渔业区和里海渔业区。渔业在伊朗农业中的占比为22%，但在伊朗国民经济中所占的比重很小，不足1%。[5]

（1）波斯湾渔业资源。波斯湾的渔业资源丰富，渔业开发在波斯湾各国经济中都有重要作用。伊朗濒临波斯湾的胡齐斯坦省、霍尔木兹甘省和布什尔省在伊朗国内的渔业发展中占有重要的地位。霍尔木兹甘省是伊朗渔业产量最大的省。2003年，在波斯湾伊朗一侧捕捞的198987吨鱼类产品中，有54%来自该省。[6]由于战争原因，波斯湾的渔业资源基本未开发，还有较大发展空间。

---

[1] 参见《国际法院判决、咨询意见和命令摘要（2003—2007）》，载国际法院网站，https://www.icj-cij.org/public/files/summaries/summaries-2003-2007-ch.pdf，最后访问日期：2020年11月18日。

[2] 凝析油是烃类液体的低密度混合物，其作为气体组分存在于由许多天然气田产生的原始天然气中。如果在设定压力下将温度降低到低于烃露点温度，则原始天然气中的一些气体物质将冷凝成液态。

[3] 本书将oil译为"原油"的原因有两个。第一，国内学者引用美国中情局（CIA）数据分析国内管道建设时，将oil译为原油，参见高鹏、谭喆、刘广仁等：《2016年中国油气管道建设新进展》，载《国际石油经济》2017年第3期。第二，维基百科引用美国中情局数据统计各国油气管道长度时，将oil单独列出、独立计算，并未计入其他管道种类中，从计算结果来看，利用排除法，oil应是一独立种类，即原油。

[4] "The World Factbook：Iran"，Central Intelligence Agency，https://www.cia.gov/library/publications/the-world-factbook/geos/ir.html，December 8，2020. 此外，伊朗内政部网站数据显示，用于石油衍生品运输的管道有3900公里，用于运输天然气的管道有4550公里。See "About Iran"，Ministry of Interior Islamic Republic of Iran，https://www.moi.ir/en/moi/About-Iran，December 8，2020.

[5] 《伊朗渔业》，载中华人民共和国驻伊朗伊斯兰共和国大使馆经济商务处网站，http://ir.mofcom.gov.cn/article/ztdy/200511/20051100704547.shtml，最后访问日期：2018年11月17日。

[6] Abdoulkarim Esmaeili，"Technical Efficiency Analysis for the Iranian Fishery in the Persian Gulf"，*ICES Journal of Marine Science* 63，2016，pp. 1758-1764.

（2）阿曼湾渔业资源。阿曼湾渔业资源丰富、品种繁多。但其沿岸大陆架狭窄，12 海里以外水深即达 100 米到 300 米，主要作业渔场在 12 海里以内。渔场最狭处离岸仅 3 海里，水深达 100 米，海底很陡。阿曼湾的鱼群活动深受季节变化影响。每年 6 月至 9 月吹西南季风时，鱼群一般由西向东移动，由深水向浅水洄游。10 月以后为季风转换期，东北季风导致水温急剧下降，鱼群一般由东向西，由浅水向深水移动。

（3）里海渔业资源。里海的渔业资源丰富，伊朗在里海主要捕捞沙丁鱼和鲟鱼[1]。沙丁鱼主要被加工成罐头，年产量约 3000 吨。鲟鱼则主要用来生产鱼子酱。其中的 Beluga 鲟鱼鱼卵可被制作成顶级的鱼子酱，有"里海珍珠"的美称。[2]

自 1997 年所有鲟鱼种类都被列入《濒危野生动植物种国际贸易公约》附录后，野生鲟鱼资源被各国抢占。伊斯兰革命之后，伊朗渐渐陷入孤立，黑珍珠鱼子酱成为其宣传国际形象的工具。苏联解体后，伊朗仍坚持严格的捕捞配额和质量标准，并最终取代俄罗斯，成为鱼子酱的最优产地。如今，全球将近 90% 的鱼子酱来自里海，其中超过 50% 由伊朗生产。

---

[1]　世界上 90% 的鲟鱼集中在里海，参见《伊朗市场 3-鱼子酱——伊朗的黑色珍珠》，载 ParsToday，http：//parstoday. com/zh/radio/programs-i35812，最后访问日期：2018 年 11 月 17 日。

[2]　《伊朗市场 3-鱼子酱——伊朗的黑色珍珠》，载 ParsToday，http：//parstoday. com/zh/radio/programs-i35812，最后访问日期：2018 年 11 月 17 日。

二、海洋事务主管部门及其职能

伊斯兰革命后，伊朗于1979年12月颁布第一部《伊朗伊斯兰共和国宪法》（Constitution of Islamic Republic of Iran，以下简称《伊朗宪法》）。1989年4月霍梅尼下令修改宪法，突出伊斯兰信仰、体制、教规、共和制及最高领袖（The Supreme Leader）的绝对权力不容更改。同年6月3日，霍梅尼溘然长逝。[1]7月，新一任最高领袖赛义德·阿里·哈梅内伊（Seyyed Ali Khamenei）正式批准经全民公投通过的宪法修改方案。[2]

伊朗在宗教领袖领导下，实行行政、立法、司法三权分立制度，即国家机构由彼此独立的政府、议会、司法部门组成，实行政教合一体制。总统虽然是伊朗的国家元首，但不是最高领袖。伊朗最高领袖又称伊朗革命领袖、伊朗精神领袖，是伊朗的最高领导人以及伊朗军队的最高统帅。最高领袖有权统率全国武装力量，任免高级军官，签署总统的任职书，任免最高法院院长，罢免总统，决定宣战、停战等。

根据《伊朗宪法》[3]，最高领袖由99名精通伊斯兰教法的专家组成的专家会议[4]（Assembly of Experts for Leadership）选举产生，终身任职。如无合适人选，则由专家会议推选数名宗教人士组成领袖委员会（Leadership Council）。专家会议有权监督、罢免最高领袖。[5]从国内政治环境看，最高

---

[1] 陈君：《伊朗专家会议是该国政治风向标》，载中国新闻网，http：//www.chinanews.com/gj/kong/news/2007/09-19/1030789.shtml，最后访问日期：2018年11月17日。

[2] 《伊朗国家概况》，载中华人民共和国外交部网站，https：//www.fmprc.gov.cn/web/gjhdq_676201/gj_676203/yz_676205/1206_677172/+&cd=4&hl=zh-CN&ct=clnk，最后访问日期：2018年10月29日。伊朗历任最高领袖基本情况参见本书附录1。

[3] 《伊朗宪法》的官方英文译本参见"Constitution of the Islamic Republic of Iran 1979"（as last amended on July 28, 1989），WIPO Lex，https：//wipolex.wipo.int/en/text/332330，December 8, 2020。

[4] 1979年通过的宪法中规定，专家会议为常设机构，由公民投票选举86名法学家和宗教学者组成。其职责是选定和罢免领袖，每年举行两次会议。根据宪法，专家会议是伊朗人民制衡最高领袖的唯一渠道。任何人若想成为议员候选人，必须先经过宪法监护委员会批准。另外，根据《伊朗宪法》第108条，即使候选人成功当选，也需要由最高领袖任命才能正式进入专家会议。Farideh Farhi，"The Assembly of Experts-The Iran Primer"，https：//iranprimer.usip.org February 3, 2023. 3.

[5] 储昭根：《透视伊朗权力迷宫》，载爱思想，http：//www.aisixiang.com/data/19383.html，最后访问日期：2018年10月28日。

领袖始终牢牢掌控伊朗国家大政方针和发展方向的决策权，国内政局基本稳定。[1]

（一）立法机构

1. 伊斯兰议会

伊朗伊斯兰议会[2]（Islamic Consultative Assembly）的前身是伊朗帝国[3]议会的下议院。[4]1979 年伊斯兰革命后，伊朗根据宪法成立议会。伊斯兰议会是伊朗最高立法机构，实行一院制。《伊朗宪法》第 77 条规定，同外国签订的一切条约、合同和协定，必须经议会批准。

伊朗伊斯兰议会的立法权受宪法监护委员会（Guardian Council）的监督。[5]根据《伊朗宪法》第 91 条，宪法监护委员会由 12 名成员组成，任期 6 年。其中，6 名宗教法学家（Islamic Jurisprudents）由最高领袖直接任命，6 名普通法学家由司法总监（Head of the Judiciary）在法学家中挑选并向议会推荐，议会投票通过后就任。宪法监护委员会主要负责监督专家会议、总统和伊斯兰议会选举及公民投票，批准议员资格书和解释宪法；审议和确认议会通过的议案，裁定是否与伊斯兰教义和宪法相抵触。[6]

为解决伊斯兰议会与宪法监护委员会之间的分歧，霍梅尼于 1987 年 5 月 7 日签署法令成立确定国家利益委员会[7]（Expediency Discernment Council）。委员会成员每五年选举一次，由最高领袖任命。根据《伊朗宪法》第 112

---

[1] 《"一带一路"沿线国家经济园区简介（十四）：伊朗》，载中国国际贸易促进委员会河南省委员会网站，https：//www. ccpit-henan. org/u/cms/ccpit/201804/20105602cua1. docx，最后访问日期：2020 年 12 月 8 日。

[2] 《伊朗概况》，载中华人民共和国驻伊朗伊斯兰共和国大使馆经济商务处网站，http：//ir. mofcom. gov. cn/article/ddgk/201809/20180902787490. shtml，最后访问日期：2018 年 10 月 29 日。

[3] 此处的伊朗帝国指的是巴列维王朝。参见 "巴列维王朝"，载百度百科，https：//baike. baidu. com/item/% E5% B7% B4% E5% 88% 97% E7% BB% B4% E7% 8E% 8B% E6% 9C% 9D/ 1187234？ fr = aladdin，最后访问日期：2020 年 12 月 9 日。

[4] Ahmad Reza Taheri, *The Baloch in Post Islamic Revolution Iran：A Political Study*, Iran, Lu-lu. com, 2012, p. 40.

[5] "About Us", Guardian Council, http：//www. shora-gc. ir/Portal/home/？ generaltext/14202/ 14597/% D8% AF% D8% B1% D8% A8% D8% A7% D8% B1% D9% 87-% D8% B4% D9% 88% D8% B1% D8% A7% DB% 8C-% D9% 86 DA% AF% D9% 87% D8% A8% D8% A7% D9% 86, December 9, 2020.

[6] 《伊朗概况》，载中华人民共和国驻伊朗伊斯兰共和国大使馆经济商务处网站，http：//ir. mofcom. gov. cn/article/ddgk/201809/20180902787490. shtml，最后访问日期：2018 年 10 月 29 日。

[7] "Expediency Discernment Council", Emam, http：//emam. com/posts/view/3971, October29, 2018.

条，确定国家利益委员会处理的事务包括：宪法监护委员会认为伊斯兰议会违反伊斯兰教法（Shariat）或宪法的立法；宪法监护委员会认为议会立场不符合体制性利益而不予支持的事务；领袖将会咨询确定国家利益委员会的事务；宪法中规定的其他事务。

2. 地方立法机构

《伊朗宪法》第 100 条规定了伊朗的地区议会（Regional Councils）。为团结人民的力量，加速实施各项社会、经济、建设、卫生、文化、教育和其他生活福利方面的计划，考虑到各地的需要，成立省级议会（Provincial Council）、自治区议会（Municipality Council）、市议会（City Council）、区议会（Division Council）和村议会（Village Council），监督各地的行政事务。委员会成员由当地人民选举产生。这些委员会的管辖权和权力等级将由法律确定。《伊朗宪法》第 103 条规定，政府任命的省长、市长、区长和其他官员必须遵从同级委员会在职权范围内作出的决定。

《伊朗宪法》还为上述地区议会设置了特殊的协调机构。为防止在制订各省的发展计划和福利方案时出现歧视，并确保人民齐心协力地完成各项计划，由各省委员会代表组成最高省委会（Supreme Council of the Provinces）。最高省委会的产生及其职责由法律另行规定。最高省委会有权在其管辖范围内起草法案，并直接提交或通过政府提交伊朗伊斯兰议会。议会必须审查这些法案。

《伊朗宪法》第 106 条规定，上述议会有对抗解散的权利。委员会不应被解散，除非其违背法定职责。确定委员会违背职责的机构、解散委员会和改革委员会的方式由法律另行确定。委员会如有异议，可向主管法院起诉，法院有责任优先审理其起诉。实际上，《伊朗宪法》还规定了工会[1]（Worker Councils）。它不是立法机构，但在伊朗的民主进程中发挥重要作用。

（二）行政执法机构

1. 总统和内阁

伊朗实行总统内阁制。总统是国家元首，也是政府首脑，可授权第一副总统掌管内阁（Council of Ministers）日常工作，并有权任命数名副总统，协

---

[1] 伊朗工会历史参见 Farhad Nomani and Sohrab Behdad, "Labor Rights and the Democracy Movement in Iran: Building a Social Democracy", *Northwestern Journal of International Human Rights* 10, 2012, p. 4。

助主管其他专门事务。伊朗内阁由 19 个部[1] 和其他直属机构组成。1979 年《伊朗宪法》规定总理为内阁负责人，领导各部部长工作。1989 年伊朗宪法修改，废除了总理一职。

根据《伊朗宪法》第 138 条，内阁和部长可以为实施各种法律而制定条例，内阁有权为履行行政职责、保证法律实施和协调行政机关职能制定规章制度。每个部长有权在自己的职权范围内，在不违反内阁立法的前提下制定规章并签发备忘录。

除了内阁或单一部长被授权制定执行法律程序的情形，内阁有权为履行其行政职责、确保法律的实施和设立行政机构的目的制定规则、规章和程序。每个部长还有权在其管辖范围内依据内阁的决定制定规章并发布命令。当然，这些规章和备忘录等在内容上都不得违反上位法。政府可以将其任务的一部分委托给由某些部长组成的委员会（commissions）。在总统批准后，此类委员会的决定将具有约束力。这些决定不能违反法律。上述规章、批准和决定在发布执行时应通知伊朗伊斯兰议会议长，以便进行违法审查。若发现违法，议长将提交给内阁审查并说明理由。

2. 最高国家安全委员会

根据《伊朗宪法》，伊朗设立最高国家安全委员会（Supreme National Security Council，SNSC）。最高国家安全委员会旨在监督伊斯兰议会，维护伊朗的国家利益、主权和领土完整。其职责由宪法规定为：在最高领袖确定的一般政策框架内确定国家的国防和国家安全政策；协调与一般防务和安全政策有关的政治、情报、社会、文化和经济活动；利用国家的物质和非物质资源来应对内外部威胁。该委员会还负责制定伊朗核政策；2013 年 9 月 5 日，参

---

[1] 伊朗内阁的组成部门包括：外交部（Ministry of Foreign Affairs），内政部（Ministry of the Interior），国防及武装后勤部（Ministry of Defense and Armed Forces Logistics），能源部（Ministry of Energy），经济和财政部（Ministry of Economic Affairs and Finance），司法部（Minister of Justice），卫生与医学教育部（Ministry of Health and Medical Education），教育部（Ministry of Education），农业部（Ministry of Agriculture-Jihad），信息与通信技术部（Information and Communications Technology Ministry），情报部（Ministry of Information），手工业、旅游业和文化遗产部（Cultural Heritage, Tourism and Handicrafts），文化与伊斯兰指导部（Ministry of Culture & Islamic Guidance），道路和城市发展部（Ministry of Roads & Urban Development），科学研究与技术部（Ministry of Science Research and Technology），青年事务和体育部（Ministry of Sport and Youth），石油部（Ministry of Petroleum），工矿贸易部（Ministry of Industry, Mine & Trade），及合作社、劳动和社会福利部（Ministry of Cooperatives, Labour and Social Welfare）。See Government of the Islamic Republic of Iran, "Cabinet", http://irangov.ir/cat/500, December 9, 2020.

加核谈判的职责被分配给外交部。[1]最高国家安全委员会与外交部一起负责处理国际事务。最高国家安全委员会的成员包括：行政、立法和司法机构的负责人；武装部队总司令；负责预算和规划的行政官员；两位由最高领袖提名的代表；外交部部长、内政部部长和情报部部长；相关部门部长；陆军和伊斯兰革命卫队（Islamic Pasdaran Revolutionary Guards，IRGC）负责人。最高国家安全委员会根据其职责设立小组委员会，如国防小组委员会和国家安全小组委员会。小组委员会由总统或总统任命的一名最高国家安全委员会成员领导。[2]

3. 外交部

外交部是伊朗中央政府部门之一，早在卡扎尔王朝阿迦·穆罕默德·汗（Aqa Mohammad Khan）时期，伊朗就成立了外交部。起初，它被称为外事办公室或名誉局。[3]伊朗外交部的主要官员包括部长、第一副部长（First Deputy Foreign Minister）、5 位分管副部长、办公厅主任兼监察长（Chef de Cabinet and Inspector-General）、8 位负责各洲事务的助理外交大臣、特别政治事务高级助理外交大臣（Senior Assistant Foreign Minister for Special Political Affairs）、外交部发言人兼公共外交中心主任（Foreign Ministry's Spokesman and President of Public Diplomacy and Media Centre，由副部长兼任），及政治与国际研究中心主任（President-Institute for Political and International Studies，由副部长兼任）。[4]

其中与海洋事务有关的是法律和国际事务副部长（Deputy Foreign Minister for Legal and International Affairs）。该副部长下有 4 位总干事[5]，其中的

---

〔1〕 "Iran's Rouhani Shifts Responsibility for Nuclear Talks"，BBC NEWS，https：//www. bbc. co. uk/news/world-middle-east-23972772，October 31，2018.

〔2〕 A. Farahani，"Islamic Republic of Iran，The Supreme National Security Council"，Iranonline，http：//www. iranonline. com/iran/government/government-branches/islamic-republic-of-iran-the-supreme-national-security-council/，October 31，2018.

〔3〕 《伊朗伊斯兰共和国外交部介绍》，载伊斯兰教时报，http://www. ghatreh. com/news/nn44047048/%D9%85%D8%B9%D8%B1%D9%81%DB%8C-%D9%88%D8%B2%D8%A7%D8%B1%D8%AA-%D8%A7%D9%85%D9%88%D8%B1-%D8%AE%D8%A7%D8%B1%D8%AC%D9%87-%D8%AC%D9%85%D9%87%D9%88%D8%B1%DB%8C-%D8%A7%D8%B3%D9%84%D8%A7%D9%85%DB%8C-%D8%A7%DB%8C%D8%B1%D8%A7%D9%86，最后访问日期：2018 年 11 月 11 日。

〔4〕 "Authorities"，Islamic Republic of Iran Ministry of Foreign Affairs，https：//en. mfa. ir/，November 17，2018. 伊朗外交部组织机构参见本书附录 2。

〔5〕 这 4 位总干事是：国际和平与安全总干事（Director-General for International Peace and Security）、国际法律事务总干事（Director-General for International Legal Affairs）、人权和妇女总干事（Director-General for Human Rights and Women）、环境与可持续发展总干事（Director-General for Environment and Sustainable Development）。

国际法律事务总干事分管海洋法和水域边界司（Department of Water Bounda-ries and Law of the Seas），该司负责海洋划界和海洋管理事务。

4. 内政部

1860 年巴列维王朝时期，伊朗成立内政与外交部（Ministry of Foreign Affairs，Interior Ministry）。该机构是现在伊朗内政部的前身。内政部的主要活动、职责和任务包括：维护国家安全、和平和秩序；制定相关纪律，协调警察和军事机构，保护边界；管理警察；组织并监督政党和民间团体的活动；保障公民参与国家建设；指导、领导和支持各级地方议会的工作并监督其活动[1]；协调和领导各省省长执行政府政策和计划；制定政策，领导、监督与外国人和移民有关的事务；执行社会经济发展计划；负责选举事务；协调农村和城市发展；预防和抵御自然灾害；管理国籍事务等。[2]

内政部下辖伊朗警察（Iran Police），又称伊朗执法部队（Law Enforce-ment Force of the Islamic Republic of Iran，NAJA）。其前身是成立于巴列维王朝时期的城市警察（Shahrbani，又称沙尔巴尼）和乡村警察（Gendarmerie，又称宪兵队）。1979 年伊斯兰革命后，伊朗开始实行伊斯兰化，很多警察被解雇，神职人员被授权监视警察。此后，霍梅尼成立伊斯兰革命卫队，负责维护社会秩序、保卫国家安全和捍卫伊斯兰革命。1989 年，伊朗总统阿里·阿克巴尔·哈希米·拉夫桑贾尼（Ali Akbar Hashemi Rafsanjani）试图减少政府预算。为此，议会于 1990 年通过一项法律，将伊朗革命卫队、城市警察、乡村警察和司法警察组合起来，成立一支现代警察部队。新警察部队于1991 年 4 月成立，被命名为伊朗执法部队。根据伊朗执法部队条例，该部队是隶属最高领袖的武装部队，最高领袖是该部队的总司令。虽然执法部队隶属内政部，但内政部长仅负责后勤事务。[3]

伊朗执法部队的下属机构伊朗边防卫队（Islamic Republic of Iran Border Guard Command）负责维护伊朗的陆地和海洋边界安全。此前，乡村警察负责处理边境事务。1991 年执法部队成立后，负责边防事务。2000 年，由于边防事务的重要性增加，最高领袖在执法部队内部增设了边防部队，即现在的

---

〔1〕 "Law on the Formation of Islamic Councils"，Iran Data Portal，http：//irandataportal. syr. edu/law-on-the-formation-of-islamic-councils，November 17，2018.

〔2〕 "Main Activities，Duties and Assignments of Interior Ministry"，Ministry of Interior Islamic Repub-lic of Iran，https：//www. moi. ir/portal/file/？407965/Main-activities. pdf，November 5，2018.

〔3〕 Saeid Golkar，"The Evolution of Iran's Police Forces and Social Control in the Islamic Republic"，*Crown Center for Middle East Studies* 120，2018，pp. 1-3.

伊朗边防卫队。[1]

5. 国防及武装后勤部

伊朗国防及武装后勤部管辖两支部队，伊朗常规军（伊朗伊斯兰国共和国常规军，Iran's Conventional Military，又称 Artesh）和伊朗革命卫队（Iranian Republican Guard Corps，IRGC，或称 Pasdaran）[2]。1979 年伊朗革命卫队成立时直接受最高领袖指挥，不受当时的国防和军队部指挥。[3]上述两支部队各有一支海军，分别是伊朗伊斯兰共和国海军（Islamic Republic of Iran Navy，IRIN，以下简称伊朗海军）和伊朗伊斯兰革命卫队海军（Islamic Revolutionary Guard Corps Navy，IRGCN，以下简称伊朗革命卫队海军）。

伊朗常规军的海军是 1979 年革命前就存在的传统军事力量。伊斯兰革命卫队最初只有地面部队，在 20 世纪 80 年代中期新增了海军力量。在过去的几十年间，伊朗革命卫队海军在政治上比伊朗海军更受重视，其利用此种优势获得了先进的武器和更好的平台。截至 2013 年，伊朗海军人员有 18000 名，伊朗革命卫队海军人员有 25000 名，海军陆战队有 8000 名海军步兵。

由于波斯湾是伊朗所有石油出口和大部分贸易的主要通道，加强波斯湾的海军力量对伊朗非常重要。考虑到海军结构已经过时，伊朗对海军进行了现代化改革。2007 年，伊朗海军和伊朗革命卫队海军进行了重组。重组前两支海军在里海、波斯湾和阿曼湾共同行动，重组明确了两方各自负责的区域。伊朗海军负责阿曼湾和里海，而伊朗革命卫队海军则负责波斯湾。地理上的分工不仅便于指挥和控制两支海军，而且还降低了作战时发生混乱或误传的可能性。这种重组符合伊朗的整体海军战略。伊朗海军并不试图通过击败敌人的军队来获胜。相反，它直接攻击敌人决策者的思想来摧毁敌人的作战意愿。[4]

---

[1] "Border Guard Command (Iran)", Wikipedia, https://en.wikipedia.org/wiki/Border_Guard_Command_(Iran)#cite_note-1, November 5, 2018.

[2] 伊朗革命卫队建立于 1979 年 5 月 5 日，其成立初衷是巩固政权并且压制之前效忠伊朗国王的国家武装部队。因此，伊朗革命卫队的主要职能即为保卫政权。根据《伊朗宪法》第 150 条，革命卫队的地位与武装部队等同。该宪法同时赋予革命卫队维护主权完整与政治独立的职能。革命卫队在伊朗国内一直享有特殊的政治和经济权力，因而这一武装力量也是一支强大的经济力量。See Afshon P. Ostovar, "Guardians of the Islamic Revolution-Ideology, Politics, and the Development of Military Power in Iran (1979-2009)", https://deepblue.lib.umich.edu/bitstream/handle/2027.42/64683/afshon_1.pdf; jsessionid = DF7BFA33BF18FF73E9117CB0504F14E1? sequence = 1, November 29, 2018.

[3] "MINISTRY OF DEFENSE AND ARMED FORCES LOGISTICS", Iran Data Portal, http://irandataportal.syr.edu/ministry-of-defense, November 29, 2018.

[4] "Islamic Republic of Iran Navy IRIN", Globalsecurity, https://www.globalsecurity.org/military/world/iran/navy.htm, February 29, 2018.

伊朗革命卫队还有一支驻扎在大法鲁岛（Greater Farur Island）上名为Sepah 的海军特种部队（Sepah Navy Special Force，SNSF）。[1]历史上，伊朗的海军人员年轻且缺乏经验，其中许多人员来自波斯湾群岛（Persian Gulf islands）的步枪部队和海军陆战队。为争夺优秀的作战人员和先进装备，伊朗两支海军之间存在激烈的竞争。

伊朗不断升级海军装备，以确保其拥有封锁霍尔木兹海峡的能力。水雷是伊朗的优势领域，在两伊战争期间，美国的"罗伯茨"号导弹护卫舰曾被伊朗水雷重创。[2]目前，伊朗拥有常规作战能力的潜艇主要包括三个级别：基洛级（Kilo class）、约诺级（Yono class）和鲸级（Nahang class）。[3]伊朗装备的三艘俄制基洛级柴电潜艇都以阿巴斯港（Port of Bandar Abbas）为基地。该港位于霍尔木兹海峡北岸，紧扼海峡出口。为了维持水下战力，进入21 世纪后伊朗陆续对这三艘潜艇进行了现代化改装。在 2006 年的一次演习中，伊朗首次对外展示了其最新研制的"塞格黑德"潜射反舰导弹。这标志着升级后的基洛级潜艇已经具备直接从水下发射反舰导弹的能力。毫无疑问，具备隐蔽攻击和远海巡逻能力的基洛级潜艇，将是伊朗海军封锁霍尔木兹海峡及在阿曼湾构建外层防线的利器。

6. 石油部

伊朗拥有世界第四大探明原油储量和和世界第二大的天然气储量。[4]。根据《伊朗宪法》第 44 条，伊朗对矿业实行国营。为了执行对石油和天然气储备及资源的国有化政策，伊朗于 1979 年 6 月 30 日成立石油部。

根据伊朗第六个"五年发展计划"[5]（6th Five-Year Development Plan），

---

〔1〕 "Sepah Navy Special Force"，Wikipedia，https：//en. wikipedia. org/wiki/Sepah_ Navy_ Special_ Force，November 12，2020.

〔2〕 王金志：《美军视水雷为最大威胁，正研发自动扫雷机器人》，载中国新闻网，https：//www. chinanews. com/mil/2012/09-26/4213407. shtml，最后访问日期：2018 年 11 月 12 日。

〔3〕 基洛级常规动力攻击潜艇是俄罗斯海军战后第三代、目前主力柴电潜艇，以火力强大、速度快、噪声极小而闻名。基洛级潜艇由国营的俄罗斯技术集团公司（Poctex）负责出口。约诺级潜艇又称鲑鱼级潜艇，是朝鲜建造的一类微型潜艇。鲸级潜艇是伊朗设计和制造的潜艇。参见妹子杨：《伊朗海军实力盘点：3 艘基洛领衔，微型潜艇狼群有多少胜算?》，载腾讯网，https：//new. qq. com/omn/20190517/20190517A0NT6B. html，最后访问日期：2020 年 12 月 9 日。

〔4〕 《伊朗国家概况》，载中华人民共和国外交部网站，https：//www. fmprc. gov. cn/web/gjhdq_ 676201/gj_ 676203/yz_ 676205/1206_ 677172/1206x0_ 677174/，最后访问日期：2022 年 8 月 11 日。

〔5〕 两伊战争后，伊朗开始制定有关政策和投资的五年发展计划，第一个发展计划始于 1989 年。伊朗第六个发展计划是从 2016 到 2021 的发展计划。See "6th Five-Year Development Plan （2016—2021）"，Iran-business New，http：//www. iran-bn. com/tag/6th-five-year-development-plan-2016-2021/，November 11，2018.

伊朗石油部的发展目标包括：通过规划促进石油和其他碳氢化合物的生产，创造财富；确保国内天然气、石油产品和石化产品的供应安全；利用生产的碳氢化合物使伊朗成为全球能源市场的关键角色；提高石油工业水平等。石油部的战略政策包括：扩大勘探活动的范围，在第六个"五年发展计划"结束之前完成边境地区的勘探；优先考虑非边境地区的勘探活动；在原油和天然气勘探中实现最低 0.6% 的替代率；每年将勘探部门钻井活动的等待时间减少至少 10%；每年进行至少 1000 平方公里的三维地震测试；升级地理信息系统[1]；提高油气田的生产能力；改进产油装置，恢复和维持大型油田的生产水平；开发和最大限度地开采共有的油气田等。[2] 石油部与海洋石油有关的公司和机构包括：伊朗国家石油公司，伊朗国家天然气公司[3]（National Iranian Oil Company，NIGC），伊朗国家炼油和分销公司[4]（National Iranian Oil Refining & Distribution Company，NIORDC），国家石化公司[5]（National Petrochemical Company，NPC），国际能源研究所（Institute for International Energy Studies），以及石油工业大学（Petroleum University of Technology）。

（1）伊朗国家石油公司。伊朗国家石油公司成立于 1951 年，是全球最大的石油生产公司之一。该公司拥有的矿藏已探明储量为 1565.3 亿桶液态烃和 33.79 万亿立方米天然气。该公司一直负责指导和制定与伊朗石油、天然气以及相关产品的勘探、钻探、生产、研发、炼油、分销和出口有关的政策。随着石油工业技术的进步和国际经济外交关系的复杂化，国家石油公司的地位得到提升，制定国家和区域政策，开展与其他工业国家在能源供应和

---

〔1〕 地理信息系统（Geographic Information System，GIS）是以地理空间数据为基础，采用地理模型分析方法，适时地提供多种空间的和动态的地理信息，对各种地理空间信息进行收集、存储、分析和可视化表达，是一种为地理研究和地理决策服务的计算机技术系统。参见"地理信息系统"，载百度百科，https：//baike. baidu. com/item/% E5% 9C% B0% E7% 90% 86% E4% BF% A1% E6% 81% AF% E7% B3% BB% E7% BB% 9F/171830？fr = aladdin，最后访问日期：2020 年 12 月 9 日。

〔2〕 "Vision"，Islamic Republic of Iran Ministry of Petroleum，http：//en. mop. ir/Portal/home/？generaltext/4012/4187/165639/Vision，November2，2018.

〔3〕 伊朗国家天然气公司成立于 1965 年，是中东地区十大天然气供应公司之一。截至 2016 年，该公司的天然气供应网络已覆盖伊朗 90% 的人口。See "Companies"，Islamic Republic of Iran Ministry of Petroleum，https：//en. mop. ir/home/，December 9，2020.

〔4〕 为将下游的加工、出口和分销活动与上游的勘探开发活动分离，1991 年 3 月，伊朗成立国家炼油和分销公司。See "Companies"，Islamic Republic of Iran Ministry of Petroleum，https：//en. mop. ir/home/，December 9，2020.

〔5〕 国家石化公司成立于 1963 年，是一家国有企业，负责发展和运营伊朗的石化行业。See "Companies"，Islamic Republic of Iran Ministry of Petroleum，https：//en. mop. ir/home/，December 9，2020.

稳定全球石油市场方面的合作等事项也已列入其议事日程。伊朗国家石油公司由 17 家生产公司、8 家技术服务公司、7 个管理部门、6 个行政部门和 5 个组织单位组成。[1]石油部和国家石油公司的首要任务是联合开发油田的生产管理。2013 年哈桑·鲁哈尼（Hassan Rohani）刚当选为伊朗总统时，南帕尔斯联合气田的产量仅为 2.8 亿立方米/天。由于鲁哈尼的温和派作风，伊朗石油出口增加，到了 2017 年，该气田产量达到 5.4 亿立方米/天。[2]2018 年 11 月，美国重新启动对伊朗的能源制裁，只剩下 8 个国家和地区可以从伊朗购买石油，这对伊朗的油气田产量造成影响。

　　伊朗国家石油公司旗下负责勘探和开发石油和天然气的子公司主要有：伊 朗 国 家 南 方 石 油 公 司[3]（National Iranian South Oilfields Company, NISOC），伊朗中部石油公司[4]（Iranian Central Oil Fields Company，ICOFC），可萨勘探和生产公司（Khazar Exploration and Production Company，KEPCO），帕尔斯石油天然气公司（Pars Oil and Gas Compan，POGC），伊朗海上石油公司（Iranian Offshore Oil Company，IOOC）与 Arvandan 石油和天然气生产公司（Arvandan Oil and Gas Production Company）。其中涉及海上石油勘探和开发的公司有帕尔斯石油天然气公司、可萨勘探和生产公司以及伊朗海上石油公司。除了负责勘探和开发石油的子公司，伊朗国家石油公司还有 6 个重要的子公司，分别是伊朗国家钻井公司（National Iranian Drilling Company）、伊朗石油码头公司（Iranian Oil Terminals Company）、帕尔斯特殊经济能源区（Pars Especial Economic Energy Zone）、伊朗燃料保护公司（Iranian Fuel Conservation Company）和伊朗国家天然气出口公司（National Iranian Gas Export Company）。[5]

〔1〕 "National Iranian Oil Company at a Glance", National Iranian Oil Company, http：//www. nioc. ir/portal/home/? generaltext/81026/81171/67776/, November2, 2018.

〔2〕 普氏能源资讯：《伊朗南帕尔斯气田新增每日 53 亿立方英尺》，载石油圈，http：//www. oilsns. com/article/222708，最后访问日期：2018 年 11 月 17 日。

〔3〕 该公司成立于 1971 年，是伊朗最大的石油和天然气公司。其生产了伊朗 83% 以上的石油和 16% 的天然气，每天生产 300 多万桶原油，约 2265 万立方米天然气和 150000 桶天然气凝析油。伊朗国家南方石油公司作为伊朗国家石油公司的子公司，负责 65 个油气田的规划、管理和生产。See "National Iranian South Oil Company", Wikipedia, https：//en. wikipedia. org/wiki/National_ Iranian_ South_ Oil_ Company, December 9, 2020.

〔4〕 伊朗中部石油公司成立于 1999 年，是伊朗五大石油和天然气公司之一，是伊朗最大的天然气生产商。该公司承担了伊朗大多数陆上油田的生产和开发。其负责 76 个油气田（45 个气田、31 个油田）的开发和生产。See "Iranian Central Oil Fields Company", Wikipedia, https：//en. wikipedia. org/wiki/Iranian_ Central_ Oil_ Fields_ Company#cite_ note-2, December 9, 2020.

〔5〕 See "NIOC Subsidiary Companies", Wikipedia, https：//en. wikipedia. org/wiki/National_ Iranian_ Oil_ Company#Subsidiary_ companies, December 9, 2020.

为了维护自身在波斯湾的气田的利益，伊朗石油部于1998年成立帕尔斯石油天然气公司，负责与卡塔尔共同开发的南帕尔斯气田的相关事宜。除正在开发的南帕尔斯气田外，该公司负责的项目还包括处于初期规划和建设阶段的北帕尔斯（North Pars）气田[1]、戈尔桑（Golshan）气田[2]、菲尔多西（Ferdowsi）气田[3]和南帕尔斯（South Pars）气田油层[4]等。这些矿藏均处于波斯湾靠近伊朗一侧。[5]

可萨勘探和生产公司成立于1998年1月，一直致力于开发里海的石油和天然气。其负责勘探、开发和生产里海南部和三个里海沿岸省[6]的石油和天然气资源。此外，该公司还负责监督当地政府和国际公司签署的油气勘探开发合同的签署与实施，包括其中的环境条款。[7]

伊朗签署的第一份勘探和开发波斯湾海底的石油合同是1951年伊朗国家石油公司与意大利阿吉普（AGIP）公司签署的合作合同。合同约定双方成立一个合资公司SIRIP，负责勘探和开发巴里根油田[8]。该油田勘探到石油之

〔1〕 北帕尔斯气田是伊朗最大的独立气田之一。该气田发现于1967年，位于布什尔东南120公里，波斯湾水深2米至30米处。1967年该气田第一个勘探井完工。第一个操作该气田的设计于1977年获得批准，钻探了17口井并安装了26个海上平台。但由于伊斯兰革命的爆发和后续的两伊战争，该项目暂停。中国一家公司与伊朗就北帕尔斯气田的开发项目进行谈判。参见朱锋：《记伊朗南北帕尔斯气田》，载中华人民共和国商务部网站，http://ir.mofcom.gov.cn/sys/print.shtml? /ztdy/200712/20071205262075，最后访问日期：2020年12月9日。
〔2〕 戈尔桑气田位于波斯湾伊朗海岸西南约65公里处。See "Golshan Gas Field", POGC, https://www.pogc.ir/GolshanGasField/tabid/156/Default.aspx, December 9, 2020.
〔3〕 菲尔多西气田位于波斯湾戈尔桑气田以西约30公里处。See "Ferdowsi Gas Field", POGC, https://www.pogc.ir/Default.aspx? tabid=112, December 9, 2020.
〔4〕 南帕尔斯气田油层项目的执行阶段和海上设施建设的运作已经开始。See "South Pars Gas Field", POGC, https://www.pogc.ir/Default.aspx? tabid=112, December 9, 2020.
〔5〕 "Home", POGC, http://pogc.ir/Default.aspx, November 2, 2018.
〔6〕 即马赞达兰省、戈莱斯坦省和吉兰省。See "Kepco at a Glance", Kepco, http://en.kepco.ir/index.aspx? fkeyid=&siteid=2&pageid=246, November 2, 2018.
〔7〕 "Kepco at a Glance", Kepco, http://en.kepco.ir/index.aspx? fkeyid=&siteid=2&pageid=246, November 2, 2018.
〔8〕 该油田是波斯湾最古老的油田之一，它位于巴里根区以西56公里处，包括1个主平台、7个卫星平台和12口井。从该平台生产的石油通过管道运送到巴里根区的陆上设施。两伊战争时期伊拉克经常轰炸这个平台。战争结束后，该油田的陆上和海上设施进行了重建。See "Bahregansar Oil Field", A Barrel Full, http://abarrelfull.wikidot.com/bahregansar-oil-field, December 9, 2020.

后，其他外国公司也与伊朗国家石油公司建立合资公司在哈格岛[1]（Kharg Island）、拉万岛[2]（Lavan Island）和锡里岛[3]（Sirri Island）勘探石油。在1979 年伊斯兰革命后，议会于 1980 年 12 月 9 日通过法律取消了所有的合资合同。一年后，伊朗海上石油公司成立，运营伊朗在整个波斯湾的石油和天然气田开发。伊朗海上石油公司在波斯湾和阿曼海的伊朗一侧开展业务，其活动集中在巴里根[4]、哈格、锡里、拉万、基什[5]（Kish）和格什姆[6]（Qeshm）六个地区，不包括南帕尔斯和北帕尔斯地区。[7]

（2）国际能源研究所。石油部下属的国际能源研究所成立于 1991 年，负责为伊朗能源部门官员提供政策建议，帮助石油行业高级管理人员做决策，处理国际石油和天然气市场以及大规模石油工业的相关战略问题。

该研究所主要研究领域包括：国内和国际能源经济学；国际能源市场趋势分析；石油工业战略规划；石油工业管理和人力资源；能源领域技术和期货研究管理；国家、国际组织和国际公司的能源政策和战略；生产力提高的

---

[1] 哈格岛位于伊朗海岸 26 公里（16 英里）、霍尔木兹海峡西北 483 公里（300 英里）处，由伊朗的布什尔省管理。See "Satellite Map of Kharg Island", Latitude, https：//latitude. to/satellite-map/ir/iran/24153/kharg-island, November 2, 2018. 在该岛勘探石油的是美国的阿莫科公司（Amoco Corporation）。该公司的前身是 1889 年成立的印第安纳州标准石油公司（Standard Oil Company）。后其合并了美国石油公司（American Oil Company）。1998 年 12 月，阿莫科与英国石油公司合并，组建了 BP 阿莫科。See Brand New, "New Logo for AMOCO", https：//www. underconsideration. com/brandnew/archives/new_ logo_ for_ amoco. php, Novemeber 2, 2018.

[2] 拉万岛位于伊朗海岸 18 公里处，面积 76 平方公里。该岛是伊朗四大原油出口终端之一。See "Lavan Island", Wikipedia, https：//en. wikipedia. org/wiki/Lavan_ Island, December12, 2020.

[3] 锡里岛是伊朗在波斯湾的岛屿，位于阿布穆萨（Abu Musa）岛以西 50 公里（31 英里）处。该岛是阿布穆萨岛群中的六个岛之一，由伊朗的霍尔木兹甘省管理。锡里岛上有伊朗石油平台，该平台曾于 1988 年 4 月 18 日在"螳螂行动"期间被美国海军部队摧毁。战后，该平台被重建。See "Sirri Island", Wikipedia, https：//en. wikipedia. org/wiki/Sirri_ Island, December12, 2020.

[4] 巴里根油区归伊朗南部的布什尔省管辖。

[5] 基什岛是伊朗南部波斯湾中的一座岛屿，面积 90 平方公里，北距伊朗南部海岸约 18 公里。该岛以出产珍珠闻名，有"波斯湾上的珍珠"之称。基什岛现为伊朗的一个经济特区，旅游业发达。

[6] 格什姆是指格什姆岛附近区域。格什姆岛是位于伊朗南海岸外霍尔木兹海峡中的一个岛。它的面积为 1491 平方公里，是伊朗最大的岛，也是波斯湾中最大的岛。克拉伦斯海峡（Clarence Strait）将该岛与伊朗大陆隔开。"格什姆岛"，参见维基百科，https：//zh. wikipedia. org/wiki/% E6% A0% BC% E4% BB% 80% E5% A7% 86% E5% B2% 9B，最后访问日期：2018 年 11 月 3 日。

[7] "Oil and Gas Production Companies", Iranian Offshore Oil Company, http：//www. iooc. co. ir/en-site/Pages. aspx? Pid = 32，November3, 2018.

方法等。其主要机构包括：能源经济研究中心（The Energy Economics Research Center），管理与人力资源研究中心（The Management and Human Resources Research Center），技术战略研究中心（The Strategic Studies of Technology Research Center），以及法律、环境和可持续发展研究中心（Law, Environment, and Sustainable Development Research Center）。其主要研究项目包括伊朗国家石油公司及其子公司的结构重组（NIOC Activities and Systems Reengineering）、伊朗国家能源总体规划（Iran National Energy Master Plan）和企业资源计划（Enterprise Resource Planning）。[1]

（3）石油工业大学。石油部下属的石油工业大学的前身是波斯历1318年[2]在阿巴丹建立的技术学校。石油工业大学的目标是培养石油、天然气、炼油和石油化工领域的优秀人才。该大学主要由四个学院组成，分别是：阿巴丹石油学院、阿瓦士石油学院、德黑兰石油学院和海洋科学学院。

石油工业大学的海洋科学学院成立于1985年。其成立时主要培养海运业方面的人才。后由于伊朗石油工业对海上石油勘探和海洋工业人才资源的需求增加，该学院人才培养的重点有所转移。目前，海洋科学学院开设海洋工程专业和能源系统专业的本科和研究生课程，以及短期培训课程。其目标包括：实现石油和天然气近海产业的可持续发展；能源优化和环境保护；满足石油和天然气行业的运营需求；开展石油和天然气工业相关实用领域的研究。[3]

7. 农业部

农业部是一个历史悠久的组织，在伊朗历史上也有重要战略地位。伊朗曾将渔业和水产养殖组织（Fisheries and Aquaculture Organization）与农业部分开，由圣战部（Ministry of Jihadism）管理。2000年，圣战组织和农业部合

---

[1] See Institute for International Energy Studies（Iran），https：//iies. mop. ir/portal/home/，August 11，2022.

[2] 波斯历是目前在伊朗和阿富汗使用的阳历，透过从德黑兰（或东经52.5度子午线）和喀布尔精确的天文观测，确定每年第一天（诺鲁孜）由春分开始。以公元622年（穆罕默德在那年从麦加出行到麦地那）为波斯历纪元元年，并以春分为每年的第一天，且指定月名和每个月的天数。太阳在伊朗传统文化里有重要的象征意义，故波斯人很早就开始使用阳历。参见《波斯历》，载波斯在线网，http：//www. iranzg. com/calendar. html，最后访问日期：2018年10月30日。波斯历1318年1月1日至12月29日对应公历1939年3月22日至1940年3月20日。

[3] "Faculty of Nautical Science Introduction"，Petroleum University of Technology，http：//put. ac. ir/HomePage. aspx？TabID = 6346&Site = PUT&Lang = en-US，November 3，2018.

并为伊朗农业部（Ministry of Agriculture-Jahad），渔业事务重归农业部管辖。农业部下设部长办公室（Ministerial Office）、人力资源和管理司（Department of Human Resources and Management）、规划和经济事务司（Department of Planning and Economic Affairs）、水与土壤司（Department of Water and Soil）、园艺事务司（Department of Horticultural Affairs）、农艺事务司（Department of Agronomic Affairs）、畜牧生产司（Department of Livestock Production）以及农业贸易与工业促进司（Trade and Industrial Promotion in Agriculture）等部门。此外，农业部还包括6个公司、1个基金会、4个研究所、1个学院和6个附属组织。[1]

（1）伊朗渔业组织。伊朗农业部的附属组织中与海洋有关的是伊朗渔业组织（Iran Fisheries Organization）。自波斯历1219年[2]开始，伊朗将里海南部海岸租赁给俄罗斯捕鱼。这种租用制度运行了80年，直到波斯历1299年[3]该制度才被废除。苏联成立后，伊朗和苏联政府签订合同，在里海南部海岸成立了一个捕鱼公司。波斯历1332年[4]，根据总理摩萨台的国有化政策，该捕鱼公司国有化，改名为伊朗渔业公司。同年，伊朗制定并实施了第一部有关里海的捕捞法规，该法规主要规定捕捞季节和捕捞区域。农业部成立后，伊朗渔业公司于1976年12月归属该部管辖。伊斯兰革命后，伊朗于1981年成立渔业研究组织。[5]1987年9月，伊朗渔业研究组织从农业部转移到圣战部。

（2）伊朗渔业科学研究所。伊朗在波斯湾和阿曼海的渔业研究可以追溯到1936年。1979年伊斯兰革命胜利后，这些研究活动的范围得到进一步扩展。2000年1月，伊朗渔业科学研究所（Iran Fisheries Science Research Institute）成立。2003年，该研究所加入农业部。[6]其组成部门包括：水产养殖部门、水资源生态部门、生物学和储备评估部门、生物技术部门、疾病研究部门以及经济和社会研究部门等。该研究所的目标包括：开展水产养殖和环境问题的科学研究；研究和保护里海和波斯湾的生态环境；促进伊朗渔业和

---

[1]　"Departments & Organizations", lslamic Republic of Iran Ministry of Agriculture-Jahad, https：//qz_ qazvin. maj. ir/index. aspx? lang = 2&sub = 0, November 17, 2018.

[2]　波斯历1219年1月1日至12月29日对应公历1840年3月21日至1841年3月20日。

[3]　波斯历1299年1月1日至12月30日对应公历1920年3月21日至1921年3月20日。

[4]　波斯历1332年1月1日至12月30日对应公历1953年3月21日至1954年3月20日。

[5]　关于伊朗渔业组织的介绍，参见伊朗渔业组织网站，http：//shilat. com/site/tarikcheh. aspx，最后访问日期：2018年11月4日。

[6]　"Iranian Fisheries Science Research Institute", Godan, https：//www. godan. info/organizations/iranian-fisheries-science-research-institute, November 4, 2018.

水产养殖的可持续发展。[1]

8. 道路和城市发展部

道路和城市发展部的历史可追溯到卡扎尔王朝。1919 年，公共工程部（Ministry of Public Works）成立，负责桥梁和道路的维护建设。后几经变迁，目前该部的管辖范围包括：公路、铁路、空运和海运的主要基础设施管理；运输事务管理；协调事务等。道路和城市发展部主要由人力资源管理和发展司（Department of Human Resource Management and Development），法律、议会事务和各省事务司（Department of Legal, Parliamentary Affairs and Provinces），规划和资源管理司（Department of Planning and Resource Management），运输司（Department of Transport），城市规划和建筑司（Department of Urban Planning and Architecture）组成。[2]此外，该部还下设 14 个附属组织和企业[3]，其中与海洋事务有关的是港口和海事组织（PMO）。

港口和海事组织的前身是 1949 年道路部（Roads Ministry）下设的港口和航运总局（General Agency of Ports and Shipping）。后其名称几经更改，于1974 年更名为港口和海事组织。港口和海事组织的发展目标包括：提高货运港和客运港的吞吐量；提高港口和海事组织的国际地位；提高服务水平，确保港口和海运的安全、可靠和清洁；为吸引国内外投资合作提供法律、行政和财务等方面的信息；增强社会责任感，提高服务质量；通过提高教育标准，改进人才培养模式；促进与港口和海洋活动有关的法律法规的完善；提供与港口和海事组织业务流程相关的信息，并确保信息的真实、完整；确保

---

[1] 关于伊朗渔业科学研究所的历史和介绍，参见伊朗渔业科学研究所网站，http://www.ifsri.ir/pages/abouthistory，最后访问日期：2020 年 12 月 9 日。

[2] "Organizational Chart", Ministry of Roads & Urban Development Islamic Republic of Iran, https://mrud.ir/en/Organizational-Chart, November 17, 2018.

[3] 分别为：国家土地和住房组织（National Organization of Land and Housing），公共和政府建筑和基础设施执行组织（Executive Organization for Public and Government Buildings and Infrastructures），道路维护和运输组织（Roads Maintenance and Transport Organization），伊朗气象组织（Iran's Meteorological Organization），民航组织（Civil Aviation Organization），伊朗铁路（Railway of IRI），伊朗机场和空中航行公司控股公司（Iran's Airports and Air Navigation Corporate Holding Company），伊朗航空（Iran Air），技术与土力学实验室公司（Technical and Soil Mechanics Laboratory Company），伊朗新城发展公司控股公司（Iran's New Towns Development Corporate Holding Company），伊朗城市发展和再生公司控股公司（Iran's Urban Development and Regeneration Corporate Holding Company），运输基础设施建设和发展公司（Construction and Development of Transport Infrastructures Company），道路、住房和城市规划研究中心（Roads, Housing and Urban Planning Research Center），港口和海事组织（Ports and Maritime Organization）。See "Organizational Chart", Ministry of Roads & Urban Development Islamic Republic of Iran, https://mrud.ir/en/Organizational-Chart, November 17, 2018.

信息网络安全。

港口和海事组织的职能包括：管理伊朗海港和商业航运事务；建设为海港活动和商业运输服务的建筑物、增加设施和扩大维修区域；执行与港口、海上活动以及商业航运有关的法规；根据港口和海事组织高级理事会的决定，处理与船舶引航有关的事务；全面监督与沿海和商业航运活动有关的事项；在海洋和河流中安装导航灯等辅助设备，以确保航道安全；负责船舶登记事务；根据有关规定，为海事单位工作人员颁发各类证书等。[1]

9. 科学研究与技术部

伊朗科学研究与技术部（Islamic Republic of Iran Ministry of Science Research and Technology，MSRT，以下简称伊朗科技部）是伊朗在高等教育、科学技术、创新活动和知识产权领域制定国家政策并进行监管的行政部门。伊朗科技部的具体职责包括：鼓励、支持大学和研究机构发展；开展基础研究和应用研究；发展工程、基础科学、艺术、人文科学和农业等领域的科学技术；促进科学技术领域的创新发展；改善全国人民的生活质量；为研究机构和高等教育机构提供服务；开展国内外学术交流活动；制定和批准国家高等教育标准；鼓励和支持国内教育机构在其他国家建立新校区等。该部管辖 49 个研究所，其中与海洋研究相关的有三个研究所。[2]

（1）国家海洋学与大气科学研究所（National Research Institute of Oceanography and Atmospheric Sciences，INIO）。国家海洋学与大气科学研究所在伊朗科技部的主导下运作。其职责包括：开展海洋领域的科学研究活动；在波斯湾、阿曼湾及里海沿岸的研究所和中心建设海洋研究实验室；提供海洋学领域的培训课程，组织区域和国际会议；帮助大学开设海洋科学技术课程；为在伊朗开展新的海洋技术研究提供必要的设施；与其他海洋中心和组织交流信息；向相关国家行政机构提供咨询服务；与国际或区域海洋组织进行交流与合作。该研究所下设的研究中心包括：海洋科学研究中心（Ocean Sciences Research Center）、海洋工程和技术研究中心（Ocean Engineering and Technology Research Center）及大气科学研究中心（Atmospheric Sciences Research Center）。其中，海洋科学研究中心的海洋政策部门参与研究与海洋政

---

〔1〕 "Introduction", Ministry of Roads & Urban Development Ports & Maritime Organization, https：//www.pmo.ir/en/aboutpmo/introduction, November 4, 2018.

〔2〕 "Research Institutions", Islamic Republic of Iran Ministry of Science Research and Technology, https：//www.msrt.ir/en/page/9/research-institutions, November 4, 2018.

策、海洋经济学、海洋法、国际关系以及海洋资源管理有关的事务。[1]

（2）海底研发中心。伊斯法罕理工大学（Isfahan University of Technology）的海底研发中心（Subsea Research & Development Centre）成立于1984年。当时名为航空海事科研中心（Aero-Maritime Science & Research Center），其目标是设计和开发各种潜艇。1992年该中心更名为海底研发中心。海底研发中心的研究任务包括：研究海底商业化技术；开发海底和海洋工程相关应用技术；提供技术转让服务；提供与海底科学和技术相关的硕士和博士课程；建立与海底技术有关的国家科学文献和信息中心；建立国家认证的海事服务实验室；建立与海事新兴技术相关的业务创新中心；提供与海底科学和技术相关的基础设施；为国家海事相关机构提供咨询。

（3）波斯湾研究所。隶属波斯湾大学（Persian Gulf University）的波斯湾研究所成立于1997年2月1日。该研究所主要由环境研究部、生物技术研究部以及海洋研究和渔业部组成。该研究所提供与海洋生物和环境有关的硕士和博士课程。[2]

10. 工矿贸易部

负责工业、矿业和贸易事务的工矿贸易部主要由三部分组成：内部机构、附属组织[3]和省级单位。内部机构主要负责决策、后勤、业务规划、事态监测和监控，以及矿山处理等事项。附属组织负责制定和实施其职权范围内的政策和计划。省级单位负责联系其他工业、矿业和贸易单位，实施省级计划和政策。[4]

附属组织中与海洋事务有关的是伊朗地质调查与矿产勘查组织和伊朗海洋发展基金。伊朗地质调查与矿产勘查组织成立于1962年，从1999年开始，该局承接工矿贸易部分配的勘探任务。该局目前负责伊朗全部的地质调查研究和碳氢化合物以外的矿物勘探事务，还负责信息收集、编制出版地质调查图等事

〔1〕 "About INIOAS", Iranian National Institute for Oceanography and Atmospheric Science, http://www. inio. ac. ir/Default. aspx? tabid = 1204, November 4, 2018.

〔2〕 参见伊朗波斯湾研究所网站, https://pgri. pgu. ac. ir/index. aspx? fkeyid = &siteid = 25&pageid = 2002, 最后访问日期：2018年11月5日。

〔3〕 附属组织包括：地质调查与矿产勘查组织、伊朗工业发展和改造组织、伊斯兰国际展览公司、工业和矿山银行、伊朗贸易发展组织、伊朗矿业和采矿业发展及改造组织、消费者保护和制造商协会、小型工业实体和工业城镇基金、投资担保基金、出口担保基金、伊朗国家地毯中心、电子商务发展中心、商业研究所、电子工业研究与发展基金、海洋发展基金、商业培训中心。

〔4〕 "Ministry of Industry, Mine & Trade at a Glance", Islamic Republic of IRAN Ministry of Industry, Mine & Trade, http://en. mimt. gov. ir/general_ content/233205-Ministry-of-Industry-Mine-Trade-at-Glance. html? t = General-content, November 20, 2018.

项。[1]伊朗海洋发展基金成立于 2012 年，旨在实现该国海运业的可持续发展，协调政府和企业的关系，以便为企业提供针对性的支持和投资。该基金还提供船舶建造与维修、供应链开发、海运服务、基础设施建设和投资等领域的服务。[2]

11. 环境局

该部门的起源可以追溯到 1956 年成立的伊朗狩猎俱乐部。后来，它发展成一个监督该国狩猎和捕鱼活动的组织。1971 年，该组织更名为环境局（Department of Environment）。该局是直属于总统的政府部门，除内设机构外，下设 22 个独立办公室，其中与海洋事务相关的包括海洋生态系统办公室、海洋污染审查办公室以及沿海与潮汐办公室等。[3]

12. 国家测绘组织

早在卡扎尔王朝的法特赫·阿里沙·卡扎尔（Fath-Ali Shah Qajar）统治时期就派人前往欧洲学习绘图。阿卜杜勒·拉扎克·巴加里（Abdul Razak Baghairi）等人学成归国后在制图领域提供了出色的服务，为国家确定了边界。1953 年，为绘制全国的地图，政府建立了国家测绘组织，旨在为官员、专业人士和公众提供地理空间信息。经过多年发展，其已成为伊朗制图行业的领导者。[4]

---

〔1〕 "Mission & Vision", Geological Survey & Mineral Exploration of Iran, https：//gsi. ir/en/page/2271/mission-vision, December 9, 2020.

〔2〕《关于我们：目标与任务》，载伊朗海洋发展基金网站，https：//imf. ir/about-us/% d8% a7% d9% 87% d8% af% d8% a7% d9% 81-% d9% 88-% d9% 88% d8% b8% d8% a7% db% 8c% d9% 81/，最后访问日期：2020 年 12 月 9 日。

〔3〕《海洋环境和湿地》，载伊朗伊斯兰共和国环境局网站，https：//www. doe. ir/Portal/home/？653478/% D8% B5% D9% 81% D8% AD% D9% 87-% D8% AC% D8% AF% DB% 8C% D8% AF-% D8% A7% D8% B5% D9% 84% DB% 8C-% D9% 85% D8% B9% D8% A7% D9% 88% D9% 86% D8% AA-% D8% AF% D8% B1% DB% 8C% D8% A7% DB% 8C% DB% 8C，最后访问日期：2018 年 11 月 9 日。

〔4〕 "The History of National Cartographic Center of Iran（NCC）", National Cartographic Center, https：//www. ncc. gov. ir/en/news/2191/the-history-of-national-cartographic-center-iran-ncc, December 10, 2020.

三、国内海洋立法

伊朗是一个很重视海洋立法的国家。[1]早在巴列维王朝时期，伊朗就颁布了《1934 年 7 月 19 日关于领海和监察区宽度的法》[2]（Act relating to the Breadth of the Territorial Waters and to the Zone of Supervision，July 19，1934）和《1955 年 6 月大陆架勘探开采法》[3][Loi du juin 1995 relative à l'exploration et à l'exploitation du « falat gharreh »（plateau continental de l'Iran）]。第一次联合国海洋法会议后，伊朗根据会议讨论的内容颁布《修订 1934 年 7 月 19 日关于领海和毗连区宽度的法的 1959 年 4 月 12 日法》（Act Dated 12 April 1959 Amending Act relating to the Breadth of the Territorial Sea and Contiguous Zone of Iran Dated 19 July 1934，以下简称《1959 年领海和毗连区法》[4]）。此后，伊朗先后颁布了《1973 年 7 月 21 日法令》[5]（Decree-Law，21 July 1973）和《1993 年伊朗伊斯兰共和国在波斯湾和阿曼海关于海洋区域的法》（Act on the Marine Areas of the Islamic Republic of Iran in the Persian Gulf and the Oman Sea，1993，以下简称《1993 年伊朗海洋法》[6]），对波斯湾和阿曼海的海域做了更新、更详细的规定。鉴于伊朗尚未批准《联合国海洋法公约》（United Nations Convention on the Law of the Sea，UNCLOS，以下简称《公约》），所以其某些国内海洋法规定与《公约》的规定有所不同。

（一）划定管辖海域的法

1. 领 海

（1）《1934 年 7 月 19 日关于领海和监察区宽度的法》。伊朗是波斯湾地区第一个确定领海宽度的国家。《1934 年 7 月 19 日关于领海和监察区宽度的法》规定：第一，波斯[7]的领水是与其海岸相邻、与低潮线平行的宽

---

〔1〕 有关伊朗海洋立法参见本书附录 3。

〔2〕 该法全文参见本书附录 4。

〔3〕 该法全文参见本书附录 5。第 1 条对"大陆架"用词进行规定，本法中使用的"Falat Gharreh"一词与英语中的"Continental Shelf"一词和法语中的"plateau continetal"一词含义相同。

〔4〕 该法全文参见本书附录 6。

〔5〕 该法全文参见本书附录 7。

〔6〕 该法全文参见本书附录 8。

〔7〕 此时伊朗的国名为波斯。

度为 6 海里[1]的水域；第二，对于海湾而言，领水的范围是从横跨湾口的直线开始测量，如果湾口超过 10 海里，则从离湾口最近的不超过 10 海里的横截线开始量起；第三，港口地区领水是从港口最前端的固定结构之间的连线开始量起；第四，波斯的每个岛屿都有自己的领水，构成群岛的岛屿应作为单一岛屿对待，其领水的宽度应从距离群岛中心最远的岛屿开始量起。[2]

该法第 4 条规定了无害通过制度。波斯湾地区领水的无害通过权适用于外国军舰，也适用于浮于水面的外国潜艇，除非与军舰潜艇所属国正处于战争状态，因为交战国或中立国的国内规章或者对其生效的国际条约在战争状态下处于效力待定状态。政府可以决定现行法规中无害通过权适用船舶的条件以及数量。该法第 5 条至第 8 条为对外国军舰的入港、停留、税费、港口管理和刑事管辖权等事项的规定。

（2）《1959 年领海和毗连区法》。在第一次联合国海洋法会议上，伊朗表示赞成 12 海里的领海宽度。虽然此次会议未能就领海宽度达成一致，但在沙特阿拉伯和伊拉克通过了有关 12 海里领海的法律后，伊朗也于 1959 年 4 月 12 日制定《1959 年领海和毗连区法》。与《1934 年 7 月 19 日关于领海和监察区宽度的法》相比，该法更改了将低潮线作为领海基线的规定，并将领海宽度增至 12 海里。

该法的主要内容包括：第一，伊朗的主权及于其陆地领土，及其内水以外邻接海岸的一带海域即领海，此项主权及于领海的上空、海床和底土；第二，从其领海基线开始测量，伊朗领海的宽度为 12 海里，基线将由伊朗政府根据国际法规则确定；第三，若伊朗海岸与另一国的海岸相邻或相对，并且不存在有相反规定的协议，则伊朗领海和该国领海的边界是一条其每一点同两国领海基线上的最近点的距离相等的中间线；第四，伊朗的每个岛屿都有自己的领海，间距小于 12 海里的岛屿应作为单一岛屿对待，其领海基线从距离岛群中心最远的岛屿量起；第五，伊朗海岸与基线之间的水域，以及距离不超过 12 海里的岛屿之间的水域，应被视为伊朗的内水；第六，伊朗在其领海之外的捕鱼权和其他权利保持不变。

（3）《1973 年 7 月 21 日法令》。1973 年，伊朗颁布《1973 年 7 月 21 日

---

[1]　该规定在之后的几次修订中未被修改。

[2]　该法前三条的英文版参见联合国立法合集第 1 卷《关于公海制度的法律和法规》。*Laws and Regulations on the Regime of the High Seas*，UN Library，https：//read. un-ilibrary. org/international-law-and-justice/laws-and-regulations-on-the-regime-of-the-high-seas-volume-i＿2b7e3c57-en＃page10，November 20，2018.

法令》确定其在波斯湾和阿曼湾的领海基线。根据该法令，伊朗在波斯湾和阿曼湾的领海基线是混合基线，由 21 段直线基线和 3 段低潮线组成[1]。

（4）《1993 年伊朗海洋法》。1993 年 5 月 2 日，伊朗批准《1993 年伊朗海洋法》。1993 年 7 月 6 日，伊朗驻联合国代表团向联合国递交了该法案文。该法延续了《1973 年 7 月 21 日法令》确定的伊朗在波斯湾和阿曼湾的领海基线。《1993 年伊朗海洋法》的主要内容包括：第一，伊朗主权及于其陆地领土、内水以及伊朗在波斯湾、霍尔木兹海峡和阿曼湾的岛屿以外毗邻领海基线的一带水域，称为领海；第二，领海的宽度为从基线量起 12 海里，并且伊朗的岛屿都拥有领海；第三，伊朗的岛屿和波斯湾、阿曼湾之外的其他区域的领海基线是沿海的低潮线，领海基线陆地一侧的水域和伊朗岛屿领海基线之间宽度不超过 24 海里的水域都是伊朗的内水；第四，若伊朗海岸与另一国的海岸相邻或相对，除非双方另有协议，否则伊朗领海与这些国家领海之间的分界线应为一条其每一点同两国领海基线最近点的距离相等的中间线。

该法还特别对无害通过制度做了详细规定。其第 5 条规定，外国过境船只应遵循无害通过原则，不损害伊朗的秩序、和平与安全，通过应连续不停和迅速进行。该法第 6 条明确了无害通过的含义，规定外国船舶在从事以下任何活动时，不得视为无害：第一，对伊朗伊斯兰共和国的主权、领土完整或政治独立进行任何武力威胁或使用武力，或者任何其他违反国际法原则的行为；第二，以任何种类的武器进行军事操练或演习；第三，任何目的在于搜集情报使伊朗的国家安全、防务或经济利益受损害的行为；第四，任何目的在于影响伊朗国家安全、防务或经济利益的宣传行为；第五，在船上发射或接载任何飞机、军事装置或人员，或将飞机、军事装置或人员转移到另一艘船上或海岸上的行为；第六，装载或卸载违反伊朗法律和规章的任何商品、货币或人员的行为；第七，任何违反伊朗规章和条例的污染海洋环境的行为；第八，任何捕捞或开采海洋资源的行为；第九，进行任何科学研究、制图和地震调查或采样的活动；第十，干扰伊朗的任何通信系统或任何设施或设备；第十一，与通过没有直接关系的任何其他活动。

在尊重无害通过的同时，该法第 7 条、第 8 条规定伊朗可采取以下措施：第一，伊朗政府应颁布有关无害通过行为和国家利益保护的其他必要规定；第二，伊朗政府为维护其国家利益和捍卫国家安全，可以暂停部分领海的无

[1] 伊朗领海基点的地理坐标参见本书附录9。其中1至6点、7至11点、12至14点和15至25点之间是直线基线，6至7点、11至12点和14至15点之间是低潮线。

害通过。对于军舰和潜艇，该法第9条规定，军舰、潜艇、核动力船只和舰艇或任何其他携带危害环境物质的浮动设施或船舶在通过伊朗领海前必须经伊朗有关当局批准，其中危害环境的物质特指核物质、其他危险或有毒物质。潜艇必须浮出水面并展示旗帜。对无害通过的船舶，该法第10条和第11条还分别规定了伊朗可行使刑事管辖权[1]和民事管辖权[2]的情形。

2. 毗连区

1934年，伊朗划定了一个功能相当于毗连区的区域，称为"海洋监察区"（zone of marine supervision）。《1934年7月19日关于领海和监察区宽度的法》第1条规定，为确保有关国家安全、利益和航行安全的法律和公约的执行，从低潮线量起的12海里宽的区域是海洋监察区。《1959年领海和毗连区法》的内容未作修改，只是在标题中将"海洋监察区"改为"毗连区"。

《1993年伊朗海洋法》的第二部分修改了有关毗连区的内容。该法第12条规定，毗连区是与领海相邻的区域，其外部界限距离领海基线24海里。该法第13条规定了伊朗在毗连区的民事和刑事管辖权，伊朗政府可以采取必要措施，以保障其在毗连区内有关安全、海关、海事、财政、移民、卫生、环境，及对违法者的调查和刑罚等方面的法律法规得以实施。

3. 专属经济区和大陆架

（1）《1955年伊朗大陆架勘探开采法》。该法的主要内容包括：第一，伊朗对于大陆架有主权权利；第二，关于里海，适用习惯国际法中封闭海域的相关规定；第三，伊朗与海岸相邻或相向的国家的大陆架划界争议将根据公平原则解决，政府将采取必要措施解决此类争端；第四，该法没有修改《1934年7月19日关于领海和监察区宽度的法》中有关领海边界监察区的规

---

[1]　《1993年伊朗海洋法》第10条　刑事管辖权

在下列情况下，对通过领海船舶所犯罪行的调查、起诉和处罚属于伊朗伊斯兰共和国司法当局的管辖范围：

（甲）如果罪行的结果及于伊朗伊斯兰共和国；

（乙）如果罪行属于扰乱国家的和平与秩序或领海的公共秩序的性质；

（丙）如船长或船旗国的外交代表或领事官员请求协助和调查；

（丁）如果这种调查和起诉对于取缔违法贩运麻醉药品或精神调理物质至关重要。

[2]　《1993年伊朗海洋法》第11条　民事管辖权

如果出现以下情况，伊朗伊斯兰共和国主管当局可以停止、转移或扣留船舶及其船员，以执行扣押令或法院判决：

（甲）该船在驶离伊朗内水后正在通过领海；

（乙）该船在伊朗领海内停泊；

（丙）该船舶正在通过领海，而附加令或法院判决涉及船舶本身民事责任所产生的义务或要求。

定，此法仍然有效；第五，本法不影响自由航行权和海底电缆铺设；第六，伊朗政府可以在大陆架上建立必要的设施，以勘探和开发自然资源，并采取必要措施保障这些设施的安全。

（2）《1993 年伊朗海洋法》。伊朗没有规定其专属经济区和大陆架的宽度。[1]《1993 年伊朗海洋法》的第三部分规定了伊朗在专属经济区和大陆架的主权和管辖权。对于专属经济区，该法第 14 条规定，伊朗在其领海之外被称为专属经济区的区域可行使以下主权权利和管辖权：第一，勘探、开发、养护和管理海床、底土及其海床上覆水域的生物和非生物资源的专属权利；第二，从事其他经济活动的专属权利，包括利用海水、海流和风力制造能源等；第三，制定和执行有关建造和使用人工岛屿、设施和结构，铺设海底电缆和管道，建立安全和保密区，进行任何类型的海洋研究，以及保护和保全海洋环境等事项的法律法规的专属权利；第四，区域性条约或全球性条约授予的主权权利。对于大陆架，该法第 15 条规定，伊朗的大陆架是其领海以外陆地领土向海洋的全部自然延伸，包括海床和底土。伊朗对大陆架的主权权利和管辖事项参照该法第 14 条的规定。对于专属经济区和大陆架的划界，该法第 19 条规定，除非双方另有约定，否则伊朗专属经济区和大陆架的界限应为一条其每一点同两国领海基线最近点的距离相等的线。

该法对伊朗专属经济区和大陆架的其他规定包括：第一，禁止在专属经济区和大陆架内进行外国军事活动和演习、收集信息以及不符合伊朗利益的任何其他活动；第二，在专属经济区和大陆架进行的任何回收被淹没物体、科学研究和勘探的活动都必须得到伊朗有关当局的许可；第三，伊朗政府应采取适当措施，保护和保全专属经济区和大陆架的海洋环境，并适当开发生物资源和其他资源；第四，伊朗应对违反专属经济区和大陆架的相关法律和规章的人行使其刑事和民事管辖权，对其采取适当的调查或拘留措施；第五，伊朗政府保留对违反有关内水、领海、毗连区、专属经济区和大陆架的规定的人的紧追权。

（二）渔业相关立法[2]

1984 年伊朗颁布《关于波斯湾传统行业捕虾的规定》（Regulations Rela-

---

[1] Oceans & Law of The Sea United Nations, "Table of Claims to Maritime Jurisdiction (as at 15 July 2011)", http：//www. un. org/Depts/los/LEGISLATIONANDTREATIES/PDFFILES/table_ summary_ of_ claims. pdf, November 6, 2018.

[2] 参见本书附录 10。

tive to Shrimp Catching by the Traditional Sector in the Persian Gulf)、《关于波斯湾工业捕捞行业捕虾的规定》（Regulations Relative to Shrimp Catching by the Industrial Fishing Sector in the Persian Gulf)、《关于波斯湾手工捕鱼的规定》（Regulations Relative to Artisanal Fishing in the Persian Gulf）和《关于在阿曼海捕鱼的规定》（Regulations relative to Fishing in the Oman Sea)。这 4 部简短的立法分别规定了在波斯湾和阿曼湾使用手工捕捞、传统渔船和工业渔船捕捞作业的季节、工具等具体事项。其中，《关于波斯湾工业捕捞行业捕虾的规定》规定工业渔船有权在超出海岸线 6 海里的海域捕鱼，《关于在阿曼海捕鱼的规定》规定工业海底拖网渔船的作业区域在 12 海里的领海界限外，《关于波斯湾手工捕鱼的规定》规定传统拖网渔船有权在距离海岸线 3—6 海里、水深超过 10 米的海域内捕捞鱼类。

1995 年，伊朗批准《伊朗伊斯兰共和国渔业资源保护和开发法》（Law of Protection and Exploitation of Fisheries Resources of the Islamic Republic of Iran)，以保护和开发渔业资源。2004 年，为建立伊朗渔业组织，伊朗颁布《建立伊朗渔业组织法》（Law Establishing the Iranian Fisheries Organization)。该法规定了渔业组织的隶属、资金流转、负责人等事项。

（三）石油相关立法

由于伊朗油气资源中的相当比例是海洋油气资源，所以伊朗国内的石油立法对海洋活动的影响极大。

1. 巴列维王朝时期

伊朗的石油工业可以追溯到 20 世纪初，1901 年外国公司获得了第一批特许权，随后由英国—波斯石油公司（英伊石油公司和英国石油公司的前身）进行了勘探和生产。第一批特许权是由伊朗伊斯兰议会批准的单独谈判达成的协议。由于缺乏管理石油活动的立法，这种特许权没有受到限制，在早期呈现出涉及地理范围广、持续时间长、特许权使用费低的特点。[1] 1951 年，伊朗通过《国有化法》（Nationalization Act)。根据该法，伊朗政府成立国家石油公司，控制所有的石油勘探、开采和开发活动。

1953 年摩萨台政府倒台后，伊朗和七家英美石油公司组成的财团重新谈判，并达成了一项协议（以下简称"财团协议"）。该协议由 51 条组成，授予财团开采伊朗石油的特许权。事实上，该财团成为伊朗国家石油公司的代

---

[1] "Oil Regulation", Getting The Deal Through, https：//gettingthedealthrough.com/area/24/jurisdiction/98/oil-regulation-2018-iran/, November 10, 2018.

理人。该协议规定，石油一离开井口就不再属于伊朗，而是归财团所有，并且财团免缴所有关税和捐税。这样的规定使伊朗成为其自然资源有名无实的"所有者"。

1957 年，伊朗颁布其历史上第一部石油相关立法，该法为伊朗与国际石油公司之间的产品分成合同和联合运营协议提供了法律框架。这是伊朗向其急需投资和技术的现实妥协的结果。该法规定，伊朗国家石油公司在其参与成立的合资公司中的最低股权为 30%，但该原则没有得到很好的遵守。

1973 年第一次石油危机[1]提高了伊朗政府的谈判地位，伊朗废除了1957 年的石油立法，颁布了《1974 年石油法》（1974 Petroleum Law）。该法规定伊朗的石油工业为国有产业。尽管该法仍允许伊朗国家石油公司通过服务合同吸引投资，但真正实现了伊朗石油工业的国有化。根据该法规定的服务合同机制，外国企业只是承包商，伊朗向它们支付报酬以换取它们的服务。与先前特许权和产品分成协议相比，外国公司无权在油藏或井口获得石油的所有权。该法第一次建立了系统和有竞争力的招标制度，并对报酬进行了具体规定。外国公司只能以原油折扣的形式获得报酬。但于 1953 年签订的财团协议依然有效。[2]

2. 伊朗伊斯兰共和国时期

1979 年伊斯兰革命后，伊朗伊斯兰议会废除了之前所有的特许权合同、合资合同和服务合同。1980 年，两伊战争爆发，伊朗的石油生产中断。1987 年，战争将要结束时，伊朗颁布了其建立伊朗伊斯兰共和国之后第一部也是迄今为止唯一一部《石油法》（Petroleum Law）。两伊战争对这部立法的影响十分明显。该法第 2 条规定，所有石油储备都是伊朗的公共财富。该法完全禁止外国投资，所有资金都来自国家财政预算拨款。这实际上是一个非常难以实现的目标。在这种法律框架下，服务合同是唯一可行的选择，外国公司在不出资的条件下提供服务，以换取固定数额的报酬。自 1995 年以来，伊朗采用风险服务回购合同模式，鼓励外国公司投资其上游石油产业。使用风险

---

[1] 1973 年 10 月，第四次中东战争爆发，为打击以色列及其支持者，石油输出国组织的阿拉伯成员国采取了减产和提高油价的措施，使油价猛然上涨了两倍多，从而触发了第二次世界大战之后最严重的全球经济危机。此次危机被称为第一次石油危机。参见《第一次石油危机》，载 MBA 智库百科，https://wiki.mbalib.com/wiki/%E7%AC%AC%E4%B8%80%E6%AC%A1%E7%9F%B3%E6%B2%B9%E5%8D%B1%E6%9C%BA，最后访问日期：2018 年 11 月 10 日。

[2] Nima Nasrollahi Shahri, "The Petroleum Legal Framework of Iran: History, Trends and the Way", *The China and Eurasia Forum Quarterly* 8, 2010, p. 118.

服务模式有效地规避了伊朗宪法禁止向外国实体提供矿产特许权的规定。[1]

（四）港口、船舶与航运相关立法

1964 年 9 月 20 日，伊朗颁布《伊朗海事法》，该法规定了船舶登记、船员国籍、航运许可等事项。2012 年 11 月 21 日，伊朗颁布《伊朗海商法》，修改了《伊朗海事法》的部分用语，规定了船舶注册等事项。[2]此外，伊朗还制定了大量港口和海事法规，这些法规可以分为关于港口和海事组织的职责和权限范围的规定，关于港口的相关规定，船舶登记、转让和交易的规定等。[3]

（五）海洋环境保护立法

1974 年 6 月 2 日，伊朗通过《环境保护法》（Environmental Protection Law），该法规定了保护和管理环境的规则和措施。该法共有 21 条，其中包括建立对野生生物和海洋资源的监督和监测系统的规定。根据《环境保护法》第 21 条，1975 年 3 月 1 日，伊朗通过了《环境保护法条例》（Regulations on Environmental Protection Law），包括建立海洋资源监督和监测系统等事项的《环境保护法》的相关内容。[4]

---

〔1〕 "Oil Regulation"，Getting The Deal Through，https：//gettingthedealthrough. com/area/24/juris-diction/98/oil-regulation-2018-iran/，November 10，2018.

〔2〕《伊朗海商法》，载伊朗伊斯兰共和国港口和海事组织网站，https：//www. pmo. ir/pso_ content/media/law/636409086911519549. pdf，最后访问日期：2018 年 11 月 10 日。

〔3〕 伊朗港口和海事相关立法参见本书附录 11。

〔4〕 "Iran（Islamic Republic of）"，International Labour Organization，https：//www. ilo. org/dyn/nat-lex/natlex4. countrySubjects？ p_ lang＝en&p_ country＝IRN，November 10，2018.

四、缔结和加入的海洋法条约^{〔1〕}

（一）联合国框架下的海洋法条约

1. 日内瓦海洋法公约体系

1958 年 2 月 24 日至 4 月 27 日，联合国在日内瓦召开第一次海洋法会议，达成四项公约，即《领海及毗连区公约》（Convention on the Territorial Sea and the Contiguous Zone）、《大陆架公约》（Convention on the Continental Shelf）、《公海公约》（Convention on the High Seas）和《捕鱼及养护公海生物资源公约》（Convention on Fishing and Conservation of the Living Resources of the High Seas）。伊朗签署了上述四项公约但都未批准，并对其中三项公约作出保留^{〔2〕}。

《领海及毗连区公约》于 1964 年 9 月 10 日生效。伊朗在 1958 年 5 月 28 日签署该公约但尚未批准。伊朗签署时对该公约第 14 条的所有权利作出保留，认为该条越权，非沿海国家不能拥有无害通过权。

《公海公约》于 1962 年 9 月 30 日生效。伊朗在 1958 年 5 月 28 日签署该公约但尚未批准。伊朗签署时，对该公约的部分条款作出保留。首先，伊朗认为该公约第 2 条"任何国家不得对公海的任何部分主张主权"中的公海不包括大陆架；其次，伊朗保留与该公约第 2、第 3、第 4 条内容有关的所有权利，反对这些条款体现出的"越权"，认为公海自由不适用于非沿海国；最后，伊朗保留该公约第 2 条第 3 款及第 26 条第 1、第 2 款规定的铺设海底电缆和管道的权利，认为就大陆架而言，其他国家铺设海底电缆和管道应当取得沿岸国家的授权。

《捕鱼及养护公海生物资源公约》于 1966 年 3 月 20 日生效。伊朗于 1958 年 5 月 28 日签署该公约但尚未批准。

《大陆架公约》于 1964 年 6 月 10 日生效。伊朗于 1958 年 5 月 28 日签署该公约但尚未批准。伊朗签署时对该公约第 4 条和第 6 条第 1、第 2 款作出保留。首先，伊朗保留允许在其大陆架上铺设、维护电缆和管道的权利；其次，伊朗认为在特殊情况下，从高潮线量起应当是被允许测量大陆架的方法

---

〔1〕 伊朗缔结和加入的相关海洋法条约参见本书附录 12。

〔2〕 保留全文参见本书附录 13、附录 14、附录 15。

之一。[1]

2. 《联合国海洋法公约》

1982 年召开的第三次海洋法会议通过了《联合国海洋法公约》，1994 年 11 月 16 日生效。截至 2023 年 3 月，《公约》共有 168 个成员国和 1 个观察员国家。

1979 年伊斯兰革命之后，伊朗更加关注安全问题。为了避免卷入可能的东西方冲突，伊朗采取了不结盟的外交政策。根据这项新政策，伊朗认为若 1982 年《公约》中规定的 12 海里的领海宽度成为国际标准将有助于其国家安全。[2]因此，伊朗于 1982 年 12 月 10 日签署了《公约》。但是，出于对军舰无害通过和过境通行的规定的担心，伊朗至今尚未批准公约。[3]

伊朗于签署《公约》时发布了一份关于海峡问题的解释性声明[4]。第一，根据条约于第三国无损益的原则，伊朗认为只有缔约国才能享有《公约》规定的权益，例如用于国际航行海峡的过境通行权、拥有专属经济区等。第二，根据国际习惯，伊朗认为沿海国为了维护安全利益有权采取措施限制无害通过，尤其是限制军舰的无害通过。第三，伊朗认为内陆国出入海洋和航行通过时，应当在互惠的基础上征得有关国家的同意。第四，根据《公约》第 70 条，特殊地理特征的国家[5]享有的权利不得妨碍沿海国对封闭和半封闭海域拥有排他的专属权。第五，相关沿海国划界时，应充分考虑处于封闭和半封闭海域的小岛，这些小岛能维持人类生活但因资源限制无法得到发展，应属于《公约》第 121 条规定的岛屿。根据第 121 条，这些小岛的领海、毗连区、专属经济区和大陆架应按照适用于其他陆地领土的规定加

---

[1]　United Nations Treaty Collection，"Multilateral Treaties Deposited with the Secretary-General"，https：//treaties. un. org/Pages/Treaties. aspx？id = 21&subid = A&clang = _ en，November 10，2018.

[2]　Ahmad Razavi，*Continental Shelf Delimitation and Related Maritime Issues in the Persian Gulf*，Leiden，Brill | Nijhoff，1997，pp. 25-27.

[3]　United Nations Treaty Collection，"Status of Treaties"，https：//treaties. un. org/Pages/ViewDetailsIII. aspx？src = TREATY&mtdsg_ no = XXI-6&chapter = 21&Temp = mtdsg3&clang = _ en，November 10，2018.

[4]　声明及保留全文见本书附录16。

[5]　根据《公约》，地理不利国（geographically disadvantaged states）是指其地理条件使其依赖于发展同一分区域或区域的其他国家专属经济区内的生物资源，以供应足够的鱼类来满足其人民或部分人民的营养需要的沿海国，包括闭海或半闭海沿岸国在内，以及不能主张有自己的专属经济区的沿海国。依据此定义，结合伊朗作出的保留，本书认为伊朗所称特殊地理特征的国家（states with special geographical characteristics）是一个类似于地理不利国的概念。

以确定。第六，伊朗声称不接受《公约》第 287 条、第 298 条中规定的强制性解决程序，其保留立场会在适当时宣布。

（二）缔结和加入的海事条约

伊朗于 1951 年 2 月 26 日签署《1948 年国际海事组织公约》（Convention on the International Maritime Organization, 1948），该公约于 1958 年 3 月 17 日对伊朗生效。[1] 在国际海事组织[2]（International Maritime Organization, IMO）框架下，伊朗加入了众多国际海事条约。这些条约主要涉及船舶管理、防治海洋污染、海上航行安全、海员管理、赔偿责任等方面。

其中，与船舶管理有关的条约有：《1966 年国际载重线公约》（International Convention on Loacl Lines, 1966）及其 1988 年议定书（Protocol of 1988 relating to the International Convention on Load Lines, 1966），《1969 年国际船舶吨位丈量公约》（International Convention on Tonnage Measurement of Ships, 1969），《2004 年国际船舶压载水和沉积物控制和管理公约》（International Convention for the Control and Management of Ships' Ballast Water and Sediments, 2004）等。

与防治海洋污染有关的条约有：《1969 年国际油污损害民事责任公约》（International Convention on Civil Liability for Oil Pollution Damage, 1969），《1969 年国际干预公海油污事故公约》（International Convention relating to Intervention on the High Seas in Cases of Oil Pollution Casualties, 1969），《1972 年防止倾倒废物及其他物质污染海洋公约》（Convention on the Prevention of Marine Pollution by Dumping of Wastes and Other Matter, 1972）及其 1996 年议定书（1996 Protocol to the Convention on the Prevention of Marine Pollution by Dumping of Wastes and Other Matter, 1972），《1973 年干预公海非油类物质污染议定书》（Protocol relating to Intervention on the High Seas in Cases of Pollution by Substances Other than Oil, 1973），《1973 年国际防止船舶造成污染公约的 1978 年议定书》附则一、附则二、附则五（International Convention for the

---

[1] 伊朗草签日期为 1948 年 3 月 6 日。See "Convention on the International Maritime Organization", ECOLEX, https://www.ecolex.org/details/convention-on-the-international-maritime-organization-tre-000498/participants/?, December 10, 2020.

[2] 国际海事组织，是联合国下属的专门负责全球海上航行安全、防止船舶污染的国际组织。其宗旨为促进各国间的航运技术合作，鼓励各国在促进海上安全、提高船舶航行效率、防止和控制船舶对海洋污染方面采取统一的标准，处理有关的法律问题。"Introduction to IMO", International Maritime Organization, https://www.imo.org/en/About/Pages/Default.aspx, December 10, 2020.

Prevention of Pollution from Ships, 1973 as modified by the Protocol of 1978 relating thereto, Annex I, II, V), 《1978 年关于 1973 年国际防止船舶造成污染公约的议定书的 1997 年议定书》 (Protocol of 1997 to amend the International Convention for the Prevention of Pollution from Ships, 1973, as modified by the Protocol of 1978 relating thereto), 《1990 年国际油污防备、反应与合作公约》 (International Convention on Oil Pollution Preparedness, Response and Cooperation, 1990), 《2000 年有毒有害物质污染事故防备、反应与合作议定书》 (Protocol on Preparedness, Response and Cooperation to Pollution Incidents by Hazardous and Noxious Substances, 2000), 《2001 年控制船舶有害防污底系统国际公约》 (International Convention on the Control of Harmful Anti-Fouling Systems on Ships, 2001) 等。

　　与海上航行安全有关的条约有:《1965 年便利国际海上运输公约》 (Convention on Facilitation of International Maritime Traffic, 1965), 《1972 年国际海上避碰规则公约》 (Convention on the International Regulations for Preventing Collisions at Sea, 1972), 《1972 年国际集装箱安全公约》 (International Convention for Safe Containers, 1972), 《1974 年国际海上人命安全公约》 (International Convention for the Safety of Life at Sea, 1974) 及其 1978 年议定书 (Protocol of 1978 relating to the International Convention for the Safety of Life at Sea, 1974) 和 1988 年议定书 (Protocol of 1988 relating to the International Convention for the Safety of Life at Sea, 1974), 《1976 年国际海事卫星组织公约》 (Convention on the International Maritime Satellite Organization, 1976) 以及《国际海事卫星组织业务协定》 (Operating Agreement on the International Maritime Satellite Organization, 1976), 《1976 年国际移动卫星组织公约》 (Convention on the International Mobile Satellite Organization, as amended, 1976), 《1979 年国际海上搜寻救助公约》 (International Convention on Maritime Search and Rescue, 1979), 《1988 年制止危害海上航行安全的非法行为公约》 (Convention for the Suppression of Unlawful Acts against the Safety of Maritime Navigation, 1988), 《1988 年制止危害大陆架固定平台安全的非法行为议定书》 (Protocol for the Suppression of Unlawful Acts against the Safety of Fixed Platforms Located on the Continental Shelf, 1988), 《1989 年国际救助公约》 (International Convention on Salvage, 1989), 《2007 年内罗毕国际船舶残骸清除公约》 (Nairobi International Convention of Removal of Wrecks, 2007) 等。

　　与海员管理有关的条约有:《1978 年海员培训、发证和值班标准国际公约》 (International Convention on Standards of Training, Certification and Watchkeeping for Seafarers, 1978）。伊朗于 1919 年加入国际劳工组织（International Labour Organization, ILO），在国际劳工组织框架下，伊朗加入了以下关于海员管理的条约：《1958 年海员身份证件公约》（Seafarers Identity Documents Convention, 1958），《2003 年海员身份证件公约（修订）》（Convention Revising the Seafarers Identity Documents Convention, 2003），《2006 年海事劳工公约》（Maritime Labour Convention, 2006）等。[1]

与损害赔偿责任有关的条约主要是：《1969 年国际油污损害民事责任公约》（International Convention on Civil Liability for Oil Pollution Damage, 1969）及其 1992 年议定书（Protocol of 1992 to amend the International Convention on Civil Liability for Oil Pollution Damage, 1969），《1976 年海事索赔责任限制公约》（Convention on Limitation of Liability for Maritime Claims, 1976），《修正〈1971 年设立国际油污损害赔偿基金公约〉的 1992 年议定书》（Protocol of 1992 to amend the International Convention on the Establishment of an International Fund for Compensation for Oil Pollution Damage, 1971），《2001 年国际油污损害民事责任公约》（International Convention on Civil Liability for Bunker Oil Pollution Damage, 2001）等。

（三）缔结和加入的海洋环境保护条约

为了保护海洋生态环境，伊朗还加入了以下有关海洋环境保护的区域性条约：《1978 年关于合作保护海洋环境免受污染的科威特区域公约》（Kuwait Regional Convention for Cooperation on the Protection of the Marine Environment from Pollution, 1978，以下简称《科威特区域公约》），《2003 年保护里海海洋环境框架公约》（Framework Convention for the Protection of the Marine Environment of the Caspian Sea, 2003）及其议定书，《2011 年关于应对原油污染事故的区域准备、反应和合作议定书》（The Protocol Concerning Regional Preparedness, Response and Cooperation in Combating Oil Pollution Incidents to the Framework Convention for the Protection of the Marine Environment of the Caspian Sea, 2011）等。

---

[1] "Ratifications for Iran（Islamic Republic of）", International Labour Organization, https://www.ilo.org/dyn/normlex/en/f? p = 1000：11200：0；：NO：11200：P11200＿COUNTRY＿ID：102800, November 2, 2018.

五、海洋争端解决

伊朗与周边国家多有海洋争端。20世纪，伊朗逐步调整自己的对外政策，缓和与周边国家的冲突。1958年伊拉克政变后，伊朗与海湾国家之间关系普遍得到改善。[1] 20世纪60年代之后，伊朗与周边国家的海洋划界争端大多已通过双边条约解决。而关于里海的法律地位争议也于2018年通过多边条约解决。

（一）通过多边条约解决的海洋争端

在伊朗的海洋争端解决实践中，仅有关于里海法律地位的争端是通过多边条约解决的。2018年8月12日，伊朗、俄罗斯、哈萨克斯坦、阿塞拜疆和土库曼斯坦签署了《里海法律地位公约》（Convention on the Legal Status of the Caspian Sea，以下简称《里海公约》[2]），里海之争，暂时落幕。

1. 《里海公约》的签订背景

里海位于亚欧交界处，面积达37万平方公里，盛产石油、天然气和鱼子酱。据英国广播公司（BBC）报道，里海海底蕴藏着500亿桶石油和近8.4万亿立方米天然气。[3] 在1991年苏联解体之前，关于里海主权几无争议，它被认为是苏联和伊朗的界湖，只有这两个国家的船只才能在里海航行。[4]

1921年2月26日，伊朗和苏俄在莫斯科签署了《俄罗斯—波斯友好条约》（Russo-Persian Treaty of Friendship）。根据该条约，包括《土库曼恰伊条约》[5]（Treaty of Turkmenchay）在内的所有缔约方之间达成的协议均被取消。伊朗

---

〔1〕 冀开运、邢文海：《巴列维王朝的波斯湾战略及其地区影响》，载《阿拉伯世界研究》2017年第4期。

〔2〕 该公约全文参见本书附录17。

〔3〕 谢莲：《俄伊等五国签公约禁域外军队驻里海》，载中国新闻网，http：//www.chinanews.com/gj/2018/08-14/8598773.shtml，最后访问日期：2018年11月8日。

〔4〕 孙壮志：《里海公约22年谈判思路》，载新华网，http：//www.xinhuanet.com/globe/2018-09/10/c_137446760.htm，最后访问日期：2018年11月8日。

〔5〕 《土库曼恰伊条约》是波斯和俄罗斯帝国在俄罗斯—波斯战争（1826—1828年）后于1828年2月10日在伊朗土库曼恰伊（Turkamanchay）签署的。根据该条约，波斯将俄罗斯实际控制的南高加索几个地区割让出来。割让之后，俄罗斯和波斯之间的边界设在阿拉斯河（Aras River）。波斯割让的这些地区包括今天的亚美尼亚，阿塞拜疆南部、纳希切万自治共和国（Nakhchivan），以及土耳其的伊迪尔省（Iğdır Province）。See Republic of Azerbaijan Ministry of Foreign Affairs, "Treaty of Turkmenchay（1828）", https：//mfa.gov.az/files/shares/Treaty%20of%20Turkmenchay.pdf, December 10, 2020.

和苏联在里海拥有充分和平等的运输权，并有权在其商船上悬挂各自的国旗。[1]1935 年 8 月 25 日，伊朗和苏联签署《建设、通商及航海条约》[2]（Treaty of Establishment, Commerce and Navigation with Full Protocols and Annex）。双方都强化了在《俄罗斯—波斯友好条约》中确立的在各自商船上悬挂国旗的权利。该条约规定，两国都被允许在距离海岸线 10 海里内的里海区域捕鱼。虽然此项规定没有涉及海床和底土资源，但双方达成了一项谅解，即尽管其余海域被视为共有海域，但在 10 海里外进行任何进一步的勘探仍然符合苏联和伊朗的利益。[3]

1991 年苏联解体后，阿塞拜疆[4]、土库曼斯坦[5]和哈萨克斯坦[6]先后独立，里海沿岸国家从两个变为五个。丰富的油气资源使得这片水域的地位变得特殊起来，沿岸五国互不退让，争端持续了 20 多年。争议主要聚焦在里海到底是“海”还是“湖”。若定位为“海”，则里海受《联合国海洋法公约》的制约，各国需要依照本国海岸线的长度来划界，明确本国的领海和专属经济区范围。同时，其他国家也可以利用里海的资源。但若定位为“湖”，那么它就必须按照界湖的划界原则被五国全部“瓜分”，任何一方开采能源须得到其他四国一致同意。伊朗和土库曼斯坦两国附近水域油气资源较少，主张里海是内陆湖，其他三国相邻的里海水域油气资源丰富，主张里海是内陆海。[7]

2018 年 8 月 12 日，伊朗、俄罗斯、哈萨克斯坦、阿塞拜疆和土库曼斯坦五国总统出席在哈萨克斯坦阿克套（Aktau）举行的第五届里海沿岸国家首脑会议。会上各国代表签署了《里海法律地位公约》，[8]确定了里海非湖

---

〔1〕 Farshad M. Kashani, "Iran and the Incomplete Legal Regime of the Caspian Sea: More than Two Decades after Fall of Soviet Union", https: //www. questia. com/library/journal/1P3-3657264361/iran-and-the-incomplete-legal-regime-of-the-caspian, November 8, 2018.

〔2〕 该条约于 1940 年经两国换文生效。See "International Law and Concers of the Caspian Sea Region" Stanford, https: //web. stanford. edu/class/e297a/International% 20Law% 20and% 20Concerns% 20of% 20the% 20Caspian% 20Sea% 20Region. htm, November 8, 2018.

〔3〕 "International Law and Concers of the Caspian Sea Region", Stanford, https: //web. stanford. edu/class/e297a/International% 20Law% 20and% 20Concerns% 20of% 20the% 20Caspian% 20Sea% 20Region. htm, November 8, 2018.

〔4〕 1991 年 8 月 30 日宣布独立，成立阿塞拜疆共和国。

〔5〕 1991 年 10 月 27 日宣布独立，成立土库曼斯坦共和国。

〔6〕 1991 年 12 月 16 日宣布独立，成立哈萨克斯坦共和国。

〔7〕 《世界最大湖泊：因发现石油导致 5 国争夺，水面时深浅至今成谜》，载网易新闻，https: //3g. 163. com/dy/article/DFR29FNM0524URRR. html，最后访问日期：2018 年 11 月 8 日。

〔8〕 《伊朗关于〈里海法律地位公约〉发表解释性声明》，载 Pars today 网站，http: //parstoday. com/zh/news/iran-i38917，最后访问日期：2018 年 11 月 8 日。

非海的法律地位，禁止域外军事力量进入里海。

2.《里海公约》有关领海的规定

（1）有关领海宽度的规定

根据《里海公约》，里海的所有水域分为内水、领海（territorial waters）、渔区（fishery zone）和共同的海洋空间（common maritime space）。各国海岸线及于其陆地领土和内水以外邻接的海域，称为领海。领海基线可以是自然基线，也可以是直线基线。自然基线指的是里海平均水位线[1]，该水位线的垂直高度是 1977 年波罗的海海平面基准[2]（1977 Baltic Sea Level Datum）的 -28 米，起点为喀琅施塔得海表[3]（Kronstadt sea-gauge）的零点。直线基线是在海岸线曲折或紧接海岸有一系列岛屿的情形下，连接海岸线上各适当点形成的直线。

缔约方应确定其领海的宽度，最宽不超过 15 海里。领海的外部界限应为每一点与领海基线最近点的距离为领海宽度的点连成的线。构成海港体系组成部分的最外部永久海港工程应视为海岸的一部分，但近岸设施和人工岛屿不应视为永久海港工程。相邻海岸国家之间的内水和领海的划定应考虑国际法原则和规范的协定进行。

---

〔1〕 里海的水位是不稳定的，它好像有周期性涨落的奇妙现象。自 1830 年以来，大约在一个世纪内，里海的水位呈上升趋势；但 1930 年以来，里海的水位又开始下降。苏联为使里海水位不再下降，曾于 20 世纪 70 年代末计划将西伯利亚的河水引入里海。这个"河水逆流计划"受到一些学者的反对，他们认为这样做会打乱西伯利亚和中亚的生态系统，结果计划没有实现。到了 1978 年里海水位又开始上升。据 1994 年 11 月 29 日俄罗斯《消息报》称，里海的水位比 1929 年时高出了 2 米多，造成里海西北部的阿斯特拉罕州土地减少十分之一。参见《里海水位上升之谜》，载中国科学院南海海洋研究所网站，http://www. scsio. ac. cn/kepu/201012/t20101228_ 3050850. html，最后访问日期：2018 年 11 月 8 日。

〔2〕 波罗的海是 1977 年 1 月 1 日年定义的地形测绘、大地测量的垂直基准面，适用于亚美尼亚、阿塞拜疆、白俄罗斯、捷克、爱沙尼亚、格鲁吉亚、哈萨克斯坦、吉尔吉斯斯坦、拉脱维亚、立陶宛、摩尔多瓦、俄罗斯联邦、斯洛伐克、塔吉克斯坦、土库曼斯坦、乌克兰、乌兹别克斯坦 等国。See "Datum：Baltic Sea"，Georepository，https://georepository. com/datum_ 5105/Baltic-Sea. html，November 8，2018.

〔3〕 建有潮汐亭的喀琅施塔得海表是波罗的海系统深度和高度的零级。俄罗斯和其他一些国家的所有深度和高度（甚至是空间飞行器的高度）都是从喀琅施塔得海平面测量的。See "The Kronstadt Sea-gauge"，Visit，http://www. visit-saint-petersburg. ru/sea-gauge/，November 8，2018. 喀琅施塔得，俄罗斯的一个港口城市，位于芬兰湾口上的科特林岛上、圣彼得堡以西约 30 千米处。行政上它属于圣彼得堡，也是圣彼得堡的主要港口。喀琅施塔得曾是俄罗斯海军指挥所和波罗的海舰队的基地。参见"喀琅施塔得"，载维基百科，https://zh. wikipedia. org/zh-cn/% E5% 96% 80% E7% 90% 85% E6% 96% 96% BD% E5% A1% 94% E5% BE% 97，最后访问日期：2018 年 11 月 8 日。

（2）有关领海无害通过的规定

① 无害通过的定义

悬挂缔约方国旗的船舶"通过"领海，是指穿过领海但不进入内水或停靠内水以外的泊船处或港口设施，或是为了驶往或驶出内水或停靠这种泊船处或港口设施。军舰、潜艇和其他潜水器通过领海的条款和程序，应根据船旗国与沿海国之间的协定确定，若没有此类协定，则根据沿海国的国内法确定。若军舰由于不可抗力或遇难，或为救助遇险或遇难的人员、船舶或飞机的目的，要求进入领海，则军舰的舰长在接近领海时应通知沿海国，并应沿着由舰长确定且沿海国同意的路线进入。一旦进入领海的原因不复存在，军舰须立刻离开领海。

通过领海不得损害沿海国的和平、良好秩序或安全。通过领海应该是连续不停和迅速的。此类通过应符合《里海公约》的规定。无害通过领海的军舰、潜艇和其他潜水器，无权在另一缔约方港口停靠，或在其领海内停泊，除非其因不可抗力或遇难而获得适当许可或需要这样做，或向遇难人员、船舶或飞机提供救助。一方的潜艇和其他潜水器在通过另一缔约方的领海时，应在水面航行并展示旗帜。

通过缔约方领海时不利于沿海国的和平、良好秩序或安全的行为包括：第一，对沿海国的主权、领土完整或政治独立进行武力威胁或使用武力，或以任何其他方式违反《联合国宪章》所体现的国际法原则进行武力威胁或使用武力；第二，以任何种类的武器进行任何操练或演习；第三，任何旨在搜集情报使沿海国的防务或安全受损害的行为；第四，任何旨在影响沿海国防务或安全的宣传行为；第五，在船上发射、降落或接载任何飞机或军事装置并实施控制；第六，漂浮、淹没或携带任何军事装置并控制它；第七，违反沿海国海关、财政、移民或卫生的法律和规章；第八，违反《里海公约》规定的任何故意、严重污染行为；第九，任何捕鱼活动；第十，进行研究或水文调查活动；第十一，任何目的在于干扰沿海国任何通信系统或者任何其他设施或设备的行为；第十二，与通过领海没有直接关系的任何其他活动。

② 缔约国的权利和义务

在其领海内，缔约国可采取必要措施，防止外国船舶通过领海时，违反《里海公约》的有关规定。根据该公约和其他国际法准则的规定，缔约方可制定关于无害通过领海的法律和规章。此类法律和规章可规定的事项包括：航行安全和海上交通管理；保护航行设施和设备以及其他设施或设备；保护电缆和管道；养护海洋生物资源；防止违反沿海国的渔业法律和规章；保护沿海国的环境并防止、减少和控制其污染；海洋科学研究和水文测量；防止违反有关沿海国的海关、财政、移民或卫生的法律法规的行为；确保国家安全。缔约方应适当公布与通过领海有关的所有法律和法规。

悬挂缔约方国旗的船舶在通过领海时，应遵守沿海国与此类通行有关的所有法律和规章。出于航行安全，在必要时，每一缔约方可要求悬挂其他缔约方国旗的船舶遵守关于航道的规定和分道通航制。在船舶驶往内水或停靠内水外的港口设施的情形下，沿海国也有权采取必要的步骤，以防止对通航条件的破坏。出于保护国家安全的必要，沿海国可以暂时停止外国船舶的无害通过，但暂停不得造成歧视且应在正式公布后发生效力。

军舰或其他用于非商业目的的政府船舶违反有关领海通过制度的规定，则缔约方可要求其立即离开本国领海。在这种情况下，军舰或其他用于非商业目的的政府船舶的船旗国应承担国际法上的责任。

除为执行该《里海公约》或根据该公约制定的法律和条例，缔约方不得妨碍悬挂其他缔约方国旗的船舶通过其领海。特别是，缔约方不得采取实际后果等同于停止无害通过的行为，不应造成形式上或事实上的歧视。沿海国应将其所知的在其领海内对航行有危险的任何情况妥为公布。

3. 《里海公约》关于海床、底土与人工岛屿的规定

各缔约方应以协定的方式划分海床和底土，划界协定应适当考虑公认的国际法原则和规范，并能使协定各方拥有底土开发以及与海床和底土资源开发有关的其他合法经济活动的主权权利。此种主权权利不得侵犯该公约规定的其他缔约方的权利和自由。

在划界协定划分的归属自己的"区域"[1]内，沿海国应拥有建造、运营和使用人工岛屿、设施和结构的专属权利。在必要时，沿海国可在人工岛屿、设施和结构周围建立安全区，以确保安全。安全区的宽度不得超过 500米，从这些人工岛屿、设施和结构的外缘的每个点开始量起。此类结构的地理坐标和安全区的轮廓[2]应通知所有缔约方。所有船舶必须尊重这些安全区。

4. 《里海公约》关于渔区的规定

各缔约方应建立一个毗邻领海的 10 海里宽的渔区。相邻缔约方渔区的

---

[1] 根据《里海公约》第 1 条的规定，此处的"区域"指的是为了进行底土开发以及与海床和底土资源开发有关的其他合法经济活动，缔约方之间划定的海床和底土。

[2] 这里的轮廓指的是等高线轮廓（contours）。在地理信息系统中，等高线的高程值是由一组属性数据决定的。软件根据所选择的一个域的属性数据，自动生成某一个区域的等高线轮廓，并显示出相应图形。参见《GIS 功能与应用分析》，载百度文库，https://wenku.baidu.com/view/7b0f7a2b915f804d2b16c1d4.html，最后访问日期：2018 年 11 月 14 日。

划界协定应适当考虑国际法原则和规范。根据该公约和缔约方以国内立法和该公约为基础缔结的单独协定，每个缔约方应在其渔区拥有收获[1]水生生物资源的专属权利。在该公约和国际机制的基础上，缔约方应共同确定里海共享水生生物资源的可捕总量，并确定各国配额。如果缔约方无法捕捞其全部配额，则可以通过缔结双边协定或通过其依据国内立法确定的安排，向其他缔约方出售剩余配额。收获里海共享水生生物资源的条款和程序应由所有缔约方缔结的单独协定另行规定。

5. 《里海公约》关于出入里海和过境自由的规定

悬挂缔约方国旗的船舶应享有在缔约方领海外部界限外水域航行的自由。航行自由应根据该公约的规定和双方缔结的协定行使。但此种双边协定不得损害该公约所确定的缔约方的主权和专属权利。对于自由进入其里海港口的悬挂其他缔约方国旗的载有货物、乘客和行李的船舶或执行拖拽或救援行动船舶，各缔约方应给予其与本国船舶相同的待遇。这些待遇包括装卸货物、上下乘客、支付吨位费和其他港口费、使用导航服务和进行常规商业活动等。上述里海港口指的是对其他缔约方船舶开放的港口。

各缔约方拥有通过里海进入其他海和大洋的自由。为此，缔约方的所有运输工具应享有通过其他缔约方领土的过境自由。此类条款和程序应由有关缔约方与过境缔约方通过签订双边协定确定，若没有此类协定，则根据过境缔约方的国内法确定。过境缔约方在对其领土行使完全主权时，有权采取一切必要措施，以确保自身合法利益。

6. 《里海公约》关于管辖权的规定

《里海公约》第12条规定了缔约方在其"区域"内的管辖权。第一，各缔约方对在里海悬挂本国国旗的船舶行使管辖权。第二，各缔约方对在其"区域"内的人工岛屿、设施和结构，以及本国铺设的海底电缆和管道拥有管辖权。第三，各缔约方在行使其经济性权利时，为确保其他缔约方的船舶遵守本国法律和法规，可以实施登临、检查、紧追、扣押、逮捕，以及适用司法程序。上述措施的适用必须合理，否则应赔偿所造成的任何损失和损害。登临、检查、紧追和扣押等措施只能由军舰、军用飞机或其他有清楚标志可以识别的为政府服务并经授权的船舶或飞机上的缔约方主管政府当局代表实施。第四，除该公约第11条规定的情况外，该公约的任何规定均不影响为非商业目的而运营的军舰和政府船舶的豁免权。

---

〔1〕 根据《里海公约》第1条规定，"收获"指的是旨在从其自然栖息地移走水生生物资源的任何类型的活动。

7. 《里海公约》关于海洋科学研究的规定

各缔约方在行使主权时拥有在其领海内许可并进行海洋科学研究的专属权利。悬挂缔约方国旗的船舶只有在经另一缔约方书面许可并符合其规定的条件时才能在该缔约方领海、渔区、"区域"内进行海洋科学研究。各缔约方在行使管辖权时拥有规制、授权和从事与渔区水生生物资源、"区域"内海床和底土资源的勘探开发有关的海洋科学研究的专属权利。

签发许可的条款和程序应由各缔约方根据其国内法确定，并以适当的方式通知其他缔约方。各缔约方就进行海洋科学研究的许可权问题做决定时，不得有任何不合理的拖延或否认。上述海洋科学研究活动不得对缔约方在行使该公约规定的主权和专属权利时开展的活动造成不合理的妨碍。

上述获得海洋科学研究许可的缔约方应确保批准此类研究的许可方有权参加或有代表参与研究，特别是于实际可行时在研究船上参与研究，但对许可方的科学工作者无须支付报酬，许可方亦无分担研究费用的义务。被许可方应在完成研究后向许可方提供最后成果、结论，以及从海洋研究中获得的所有资料和样本。

缔约方有权要求暂停或停止在其领海内进行的任何海洋科学研究活动。许可方有权要求暂停或停止海洋科学研究活动的情形包括：第一，研究活动不是根据申请授予许可时提供的信息进行的；第二，所开展的研究活动违反之前规定的条件；第三，在开展研究项目时未遵守该条约第 13 条的任何规定；第四，这种暂停或停止对于确保其安全至关重要。在遵守本条第 2 款（经许可）和第 3 款（通知）的前提下，悬挂缔约方国旗的船舶有权在沿海国领海界限外的水域进行海洋科学研究，不论其是否属于渔区和"区域"。双边和多边海洋科学研究合作应通过有关缔约方之间的协定进行。

8. 《里海公约》关于海底电缆和管道的规定

各缔约方可在里海海床上铺设海底电缆和管道。各缔约方可在里海海床上铺设海底干线管道，条件是项目符合其所加入的国际协定所载的环境标准和要求，上述国际协定包括《保护里海海洋环境框架公约》和相关议定书。海底电缆和管道路线应由沿线各"区域"所属国家协商确定。海底电缆和管道路线上不允许锚泊、用接近海底的捕捞器捕鱼、疏浚或水下作业和拖锚航行。海底电缆和管道的地理坐标应由海底电缆和管道经过"区域"所属的缔约国向其他所有缔约国通报。

9. 《里海公约》关于环境保护的规定

各缔约方应承诺保护和维持里海的生态系统及其所有要素。缔约方应共同或单独采取一切必要措施并开展合作，以保护生物多样性，以可持续和合理的方式保护、恢复和管理里海的生物资源，并预防、减少和控制任何来源的里海污染。禁止任何损害里海生物多样性的活动。对于里海生态系统造成的任何损害，各缔约方应根据国际法规则承担责任。

10. 《里海公约》中的其他规定

各缔约方与非该公约缔约方的自然人、法人和国际组织的合作应符合该公约的规定。各缔约方应在打击国际恐怖主义及其融资，打击贩运武器、毒品、精神调理物质及其未完成品，打击偷猎，预防和制止海上偷运移民以及其他犯罪活动等方面开展合作。经所有缔约方同意，该公约的规定可修改或补充。该公约不应影响缔约方作为其他国际条约的缔约方所产生的权利和义务。关于该公约的解释和适用的分歧与争议，应由缔约各方协商和谈判解决。

11. 《里海公约》的后续事宜

《里海公约》解决了有关里海法律地位的争议，但仍有很多问题尚待解决。具体包括：第一，俄罗斯总统普京建议签署一份在里海地区打击贩毒的文件；第二，普京建议加强合作，建立海军伙伴关系，军舰互访常态化，增加人员和船只联合行动；第三，公约未明确规定里海海底油气资源该如何进行划分，伊朗总统鲁哈尼因此建议，既然公约没有明确设定海底分界线，就应该另外签署协议；第四，该公约规定，非沿岸国家的武装力量不得在里海驻军，是否能实现，尚待观察；第五，按照土库曼斯坦总统的提议，首届里海经济论坛和第六届里海沿岸国家首脑会议分别于 2019 年和 2022 年在土库曼斯坦召开，对于里海沿岸自贸区建设和沿岸国家加强区域内政治协同达成了合作意向，但具体制度架构仍不明确。第六，土库曼斯坦签约后即表态，将铺设通往欧洲的海底天然气管道。如此看来，《里海公约》签署之后，里海沿岸五国和其他国家围绕里海的新一轮大博弈已悄然而起。[1]

（二）通过双边条约解决的海洋争端

20 世纪以来，随着石油资源的开发与利用，波斯湾地区的重要性和国际影响不断凸显。同时，波斯湾沿岸各国存在激烈竞争与合作的微妙关系。[2] 巴列维国王认为要确保波斯湾地区的安全，伊朗就必须与波斯湾的阿拉伯国家保

---

〔1〕 陆兵：《里海史与〈里海法律地位公约〉之瞻望》，载搜狐网，https：//www. sohu. com/a/ 248665805_ 618422，最后访问日期：2018 年 11 月 26 日。

〔2〕 Christian Marshall, *Iran's Persian Gulf Policy：From Khomeini to Khatami*, London, Routledge, 2003. 参见冀开运：《伊朗与伊斯兰世界研究》，时事出版社 2012 年版；范红达：《伊朗与美国》，新华出版社 2012 年版。

持友好睦邻关系。[1]20 世纪 60 年代，作为和平勘探开发波斯湾海床和底土中石油资源的基础，伊朗与多个国家划定了大陆架边界。[2]

1.《沙特阿拉伯和伊朗关于阿尔阿拉比亚和法尔西两岛的主权和海底区域划界的协定》

（1）签订背景

在谈判前，两国对哈尔克岛[3]（Kharg）、阿尔阿拉比亚岛[4]（Al Jazīrat al'Arabiyah）和法尔西岛[5]（Farsi）的主权一直存在争议。在谈判期间，该地区的划界也因涉及这三个岛屿而变得复杂。[6]1968 年 10 月 24 日，伊朗和沙特阿拉伯就阿尔阿拉比亚和法尔西两岛的主权以及海底地区划界问题签订了《沙特阿拉伯和伊朗关于阿尔阿拉比亚和法尔西两岛的主权和海底区域划界的协定》（Agreement Concerning the Sovereignty over the Islands of Al'Arabiyah and Farsi and the Delimitation of the Boundary Line）。依协定所载生效要件，该协定于 1969 年 1 月 29 日双方交换批准书之日生效。其于 1969 年 10 月 27 日在联合国交存登记，登记编号为 9976。[7]

（2）协定主要内容

第一，双方承认沙特阿拉伯对阿尔阿拉比亚岛的主权以及伊朗对法尔西岛的主权。每一个岛屿都拥有以低潮线为领海基线、宽度为 12 海里

---

〔1〕 冀开运、文海：《巴列维王朝的波斯湾战略及其地区影响》，载《阿拉伯世界研究》2017 年第 4 期。

〔2〕 Reza Dehghani，"Continental Shelf Delimitation in the Persian Gulf"，https：//www. un. org/Depts/los/nippon/unnff_ programme_ home/fellows_ pages/fellows_ papers/dehghani_ 0809_ iran. pdf，November 8，2018.

〔3〕 哈尔克岛位于北纬 29°14′0″、东经 50°19′0″，波斯湾西北部，隶属伊朗布什尔省管辖，岛上面积 49 平方公里，因周围水深且靠近伊朗主要油田，20 世纪 70 年代初在此建立现代化油港。此港口距阿巴丹炼油基地 144 海里，距霍尔木兹海峡 406 海里，码头装油能力每小时 6 万吨，全港年输油能力 2 亿吨以上，是世界最大的输油港之一。该港于两伊战争期间曾遭破坏，原油输出一度中断，战后已经修复。参见"哈尔克岛"，载航运在线网站，http：//port. sol. com. cn/result. asp? id = dfji，最后访问日期：2018 年 11 月 22 日。

〔4〕 阿尔阿拉比亚岛位于北纬 27°46′42.9″、东经 50°10′34.4″，波斯湾西北部，由沙特阿拉伯管辖。See "Al Jazīrat al Arabiyah"，Mapcarta，https：//mapcarta. com/12565776，November 22，2018.

〔5〕 法尔西岛位于北纬 27°59′36″、东经 50°10′22″，波斯湾西北部，由伊朗管辖。岛上驻扎一个伊朗伊斯兰革命卫队海军基地。See "Farsi Island"，Wikipedia，https：//en. wikipedia. org/wiki/Farsi_ Island，November 22，2018.

〔6〕 Young Richard，"Equitable Solutions for Offshore Boundaries：The 1968 Saudi Arabia-Iran Agreement"，*The American Journal of International Law* 64，1970，p. 152.

〔7〕 Oceans & Law of the Sea United Nations，"Iran（Islamic Republic of）"，http：//www. un. org/Depts/los/LEGISLATIONANDTREATIES/STATEFILES/IRN. htm，November 23，2018.

的领海。在领海重叠的区域，应划定两个岛屿领海之间的分界线。该分界线应当与每一岛屿的低潮线的距离相等。国际社会认为，该协定规定两岛仅获得 12 海里的领海，不能主张毗连区和专属经济区，其划界效力相对于陆地有所限制。因此，伊朗与沙特阿拉伯赋予了阿尔阿拉比亚岛与法尔西岛部分效力。[1]

第二，该协定第 2 条规定，双方应当承认，为了勘探和开发自然资源，双方均对分界线靠近己方一侧的海底区域的海床和底土拥有主权权利。协定第 3 条规定了划分沙特阿拉伯和伊朗海底区域的分界线。首先，除了阿尔阿拉比亚岛和法尔西岛附近的区域，分界线是第 I 部分 表 1 所示坐标点连成的直线。其次，阿尔阿拉比亚岛和法尔西岛附近的分界线应由以下规则确定：第 I 部分 表 1 坐标点连成的线延伸至法尔西岛领海外部界限时，该线应沿着法尔西岛面向沙特一侧的领海外部界限延伸，直至与划分阿尔阿拉比亚岛和法尔西岛领海的分界线交会。然后，该条边界线将向东延伸，直到达到阿尔阿拉比亚岛领海外部界限。最后，边界线沿着面向伊朗一侧的领海外部界限延伸，直到该边界线再次与第 I 部分 表 1 坐标点连成的分界线相交为止。

第 I 部分 表 1　阿尔阿拉比亚岛和法尔西岛附近区域的分界线坐标[2]

序号	纬度（北）	经度（东）
1	27°10.0′	50°54.0′
2	27°18.5′	50°45.5′
3	27°26.5′	50°37.0′

---

[1]　根据岛屿在海洋划界中参照陆地划界效力之强弱，通常将其划界效力划分为全效力（full effect）、部分效力（partial effect）、零效力（zero effect）三种类型。全效力是指在海洋划界中，岛屿被看成与陆地一样，作为划界基点被充分考虑。部分效力是指在海洋划界中，岛屿的划界效力既不被完全忽略也不被完全承认，而是比照全效力的标准，在不同程度上减损其某些方面的效力。争议岛屿被赋予部分效力的情况大致包括两种：一是岛屿仍然被作为划界基点，但是岛屿所属国的权利从该基点向外延伸的范围受到不同程度的限制；二是岛屿不被作为划界基点，但是其本身可以享有适当的海域，这种"适当的海域"既可以是领海、专属经济区或者大陆架，也可以是上述海域的一部分或其组合。部分效力中有一种特殊的情况为半效力（half effect），是指在某个当事国取得争议岛屿主权的前提下，仍然以该岛屿作为该当事国海洋划界的基点，但是以这种方式所划出的海域只能有一半归于该当事国，而另一半归于其他当事国。零效力是指在海洋划界中，岛屿的划界效力被完全忽略，从而对划界不构成实质性的影响。参见罗国强、叶泉：《争议岛屿在海洋划界中的法律效力：兼析钓鱼岛作为争议岛屿的法律效力》，载《当代法学》2011 年第 1 期。

[2]　该表格整理自协定内容。

序号	纬度（北）	经度（东）
4	27°56.5′	50°17.5′
5	28°08.5′	50°06.5′
6	28°17.6′	49°56.2′
7	28°21.0′	49°50.9′
8	28°24.7′	49°47.8′
9	28°24.4′	49°47.4′
10	28°27.9′	49°42.0′
11	28°34.8′	49°39.7′
12	28°37.2′	49°36.2′
13	28°40.9′	49°33.5′
14	28°41.3′	49°34.3′

第三，测量上述坐标的基础是美国陆军工程兵部队于 1966 年编制的地图。边界线在已经签署的地图的副本中作了说明。双方均不得在该协定第 3 条所述边界线任何一侧宽度为 500 米的海底区域内进行石油钻井作业。协定最后附上了伊朗与沙特阿拉伯的四个换文，主要规定了 Marjan-Fereydoon 区域的位置以及开采范围的确定方式。

1968 年 10 月 24 日，在给沙特阿拉伯的第一个换文中，伊朗建议在协定生效后应尽快设立一个由 4 名成员组成的联合技术委员会，该委员会由两国分别任命的 2 名专家组成。在双方同意的基础上，该委员会需确定在近海已存在的有实际可采储量的地点。在伊朗一侧为 Fereydoon 2 油井、Fereydoon 3 油井。在沙特阿拉伯一侧为 Fereydoon 7 油井，若该区域没有实际可采储量则转而设在 Marjan 1。设在 Marjan 1 是指当在沙特阿拉伯一侧开凿一个新的油井时，若其存在实际可采储量，且在边界线附近，该 Marjan 1 应当属于前述所指的近海已存在的有实际可采储量地点之一，从而使地点总数达到 4 个。在委员会提出报告后一个月内若双方均未提出异议，则委员会确定的地点视为被两国政府接受。此后，在两国政府管辖下的 Marjan-Fereydoon 区域内，所有根据协定进行石油作业的地区，应当根据标准的调查技术，参照 Marjan 1 建立。在此换文的最后，伊朗说明若沙特阿拉伯同意上述建议，则双方的换文将构成两国政府间的协定，且换文自协定生效之日起生效。1968 年 10 月 24 日，沙特阿拉伯给伊朗的回复中表示同意伊朗的建议。

伊朗于同日给沙特阿拉伯的第二个换文中提出了三条建议。第一，关于石油钻井作业。协定第 4 条规定的"石油钻井作业"应包括直接在禁区进行石油开采作业，并应扩大到禁区外所有的钻探作业。此处的"石油钻井作业"是指对石油或天然气的钻井作业。两国应保证紧邻禁区的钻井为垂直井，但若以合理的成本水平为基础，在技术上存在不可避免的偏差。只要有关缔约方未提出抗议，这种偏差不应被视为对协定的违反。两国政府应一致认为，注气或钻探观察井对 Marjan-Fereydoon 区域油气藏是有利的和可适用的。根据商定的条件，为了特定目的，两国政府应对选址、钻井以及在禁区内的作业达成合意，钻井应由各国政府在禁区的各自一边直接或授权代理人进行。第二，关于信息交换。自协定生效之日起，两国政府应直接或授权代理人交换在边界线两公里范围内进行的钻井作业过程中所获得的所有定向调查资料。信息的交换应在互惠和持续更新的基础上进行。第三，关于石油资源养护。当技术达不到石油工业惯常遵循的养护规则时，双方政府应当保证其授权经营的公司不得从事破坏 Marjan-Fereydoon 区域油气藏的作业。同样，在此换文的最后，伊朗说明若沙特阿拉伯同意上述建议，则双方的换文将构成两国政府间的协定，此种协定自两国关于阿尔阿拉比亚和法尔西两岛的划界协定生效之日起生效。1968 年 10 月 24 日，沙特阿拉伯在给伊朗的回复中表示同意伊朗的换文内容。

（3）协定执行情况

在 1968 年签订的划界协定中，伊朗与沙特阿拉伯划定的边界线共穿过四个油田，分别是阿拉比亚油田、哈斯巴油田、马赞油田以及露露油田。伊朗与沙特阿拉伯的协定及换文中除了马赞油田，并未对其他油田如何开发作出规定。在寸土寸金的波斯湾中部海域，伊朗与沙特阿拉伯就边界线涉及的油田产生了诸多争议。

2010 年 1 月 12 日，沙特阿拉伯公布其位于波斯湾的领海基点[1]，2010—2012 年，伊朗向联合国共发出两次照会对上述基点及"阿拉伯湾"的名称提出异议，认为其基点偏离了海岸的大致走向，不符合国际习惯，并强调伊朗不接受由此产生的任何后果。但沙特阿拉伯拒绝了伊朗的主张，认为其所确定的领海基点符合本国法及国际习惯，并无不妥。自 2012 年起，伊朗开始频繁进入 1968 年划定的边界线附近的海域，两国在马赞油田、哈斯巴油田、阿拉比亚油田等区域多次发生摩擦。

第一，沙特阿拉伯抗议伊朗入侵位于前者领海的阿拉比亚油田。首先，2011 年，一艘伊朗军舰入侵距离沙特阿拉伯领海约两英里的阿拉比亚 5 号油

---

[1] "Law of the Sea, Bulletin No. 72", United Nations, http：//www. un. org/Depts/los/doalos_publications/LOSBulletins/bulletinpdf/bulletin72e. pdf, November 23, 2018.

田平台，并对该平台进行了拍照和录像。其次，2012 年 7 月 26 日，两艘伊朗军舰在阿拉比亚油田区域拦截沙特阿美石油公司承包商的船。随后该船又接近一艘沙特阿美石油公司承包商的船并对阿拉比亚 1 号油井平台进行了拍照和录像，当时承包商正在对阿拉比亚 1 号油井平台进行测量。沙特阿拉伯认为伊朗入侵阿拉比亚 5 号油田的行为违反了 1968 年 10 月 24 日两国签订的划界协定，要求伊朗停止入侵行为，且根据沙特阿拉伯现行法律将对伊朗的入侵行为采取必要措施，伊朗应对因其入侵而产生的任何后果负全部责任。伊朗则认为，其在波斯湾地区的所有活动都符合国际法以及伊朗的国内法，因此抗议沙特阿拉伯提出的毫无根据的要求。

第二，沙特阿拉伯抗议伊朗入侵位于其专属经济区内的哈斯巴油田保护区和马赞油田保护区。对于哈斯巴油田，沙特阿拉伯抗议伊朗直升机于 2012 年 7 月 25 日多次在哈斯巴油田的 ADC - 38 钻井平台以及 NRL - 337 钻井平台上空盘旋。对于马赞油田，沙特阿拉伯曾于 2013 年 6 月 18 日、2014 年 10 月 24 日及 2015 年 1 月 21 日致信伊朗外交部，指责伊朗未经授权的船只入侵沙特阿拉伯马赞油井附近的海域，伊朗船上的船员甚至爬上该油井平台。

2.《伊朗和卡塔尔关于大陆架边界的协定》

1969 年 9 月 20 日，伊朗和卡塔尔就大陆架划界问题签订了《伊朗和卡塔尔关于大陆架边界的协定》（Agreement Concerning the Boundary Line Dividing the Continental Shelf Between Iran and Qatar）。依协定所载生效要件，该协定于 1970 年 5 月 10 日双方交换批准书之日生效，于 1971 年 7 月 8 日在联合国交存登记，登记编号为 11197。[1] 该协定内容共有 5 条，划界长度为 131 海里，包含 5 个基点，基点之间的平均距离为 32.75 海里。与《沙特阿拉伯和伊朗关于阿尔阿拉比亚和法尔西两岛的主权和海底区域划界的协定》不同，伊朗和卡塔尔的协定中使用了大陆架（continental shelf）的表述。[2]

该协定的主要内容包括：第一，协定的第 1 条划定了伊朗与卡塔尔大陆架的界限（坐标见第 I 部分　表 2）。大陆架界限是一系列坐标点连成的大地线[3]。点 1 是卡塔尔所属大陆架界限北端的西部的最西点，在点 2 以西 278°

---

[1] Oceans & Law of the Sea United Nations, "Iran（Islamic Republic of）", http：//www. un. org/Depts/los/LEGISLATIONANDTREATIES/STATEFILES/IRN. htm, November 23, 2018. 关于伊朗海洋争端解决，下文提及的文件可根据编号在此网检索。

[2] Reza Dehghani, "Continental Shelf Delimitation in The Persian Gulf", https：//www. un. org/Depts/los/nippon/unnff_ programme_ home/fellows_ pages/fellows_ papers/dehghani_ 0809_ iran. pdf, November 8, 2018.

[3] 大地线是指在地球的椭球形表面上，两点之间最短的曲线。See "Geodetic Line", The Free Dictionary by Farlex, https：//www. thefreedictionary. com/Geodetic + line, November 23, 2018.

14′27″的大地方位角的位置[1]。第二,协定第 2 条规定,若任何一个石油地质结构或者任何其他矿物地质结构或区域,延伸越过了本协定第 1 条规定的边界线,且位于边界线一侧的此类地质结构或区域可以通过在边界线的另一侧定向钻井而被部分或完整开发时;则一方面除非双方政府互有协定,否则不得在第 1 条所规定的边界线的任何一侧 125 米范围内钻井;另一方面,双方政府应就在边界线两侧作业的协调或统一尽最大努力以达成协议。第三,协定第 3 条规定,第 1 条所指分界线参照英国海军制图第 2837 号地图(该协定附件)。上述地图一式两份,由双方政府代表签字保存。第四,协定第 4 条规定,本协定的任何内容均不影响大陆架任何部分上覆水域或水域上空的法律地位。

第 I 部分 表 2　伊朗和卡塔尔大陆架划界部分坐标[2]

划界点	纬度(北)	经度(东)
点 2	27°00′35″	51°23′00″
点 3	26°56′20″	51°44′05″
点 4	26°33′25″	52°12′10″
点 5	26°06′20″	52°42′30″
点 6	25°31′50″	53°02′05″

3. 《伊朗和巴林关于划定大陆架边界的协定》

1971 年 6 月 17 日,伊朗与巴林就大陆架划界问题签订了《伊朗和巴林关于划定大陆架边界的协定》(Agreement Concerning Delimitation of the Continental Shelf Between Iran and Bahrain)。依协定所载生效要件,该协定于 1972 年 5 月 14 日双方交换批准书之日生效,于 1972 年 6 月 9 日在联合国交存登记,登记编号为 11838。该协定共有 5 条,协定的主要内容如下:

第一,协定第 1 条划定了伊朗与巴林大陆架的界限(坐标见第I部分 表3)。该界限并未完全遵循等距离原则。[3]大陆架的界限应当是由 4 个坐标点连成的大地线。其中,点 1 和点 4 是由已经存在的大陆架界限协议决定的,剩下 2 个点与巴林和伊朗的距离几乎相等。点 1 是位于巴林大陆架北部边界线东

---

〔1〕 点 1 在巴林和卡塔尔划界协议缔结之前,尚未界定。

〔2〕 该表格整理自协定内容。

〔3〕 Reza Dehghani, "*Continental Shelf Delimitation in The Persian Gulf*", https://www.un.org/Depts/ los/nippon/unnff_ programme_ home/fellows_ pages/fellows_ papers/dehghani_ 0809_ iran. pdf, November 8, 2018.

部的最东端的点，该点是两条线的相交点：一条是以北纬 27°00′35″、东经 51°23′00″为起点，向 278°14′27″大地方位角延伸的线；另一条是巴林和卡塔尔大陆架的分界线。

第 I 部分 表3　伊朗和巴林大陆架划界部分坐标[1]

划界点	纬度（北）	经度（东）
点 2	27° 02′46″	51° 05′54″
点 3	27° 06′30″	50° 57′00″
点 4	27° 10′00″	50° 54′00″

第二，协定第 2 条规定，如果任何一个石油地质结构或油田，或任何其他矿物地质结构或区域，延伸越过了本协定第 1 条规定的边界线，且在边界线一侧的此类地质结构或区域可以通过在边界线的另一侧定向钻井而被部分或完整开发；则一方面，除非伊朗和巴林之间互有协定，否则不得在第 1 条所规定的边界线的任何一侧 125 米范围内钻井；另一方面，若出现本条所述情况，双方政府应就在边界线两侧作业的协调或统一尽最大努力以达成协议。

第三，协定第 3 条规定，第 2 条所指边界线参照英国海军制图第 2837 号地图。

第四，协定第 4 条规定，本协定的任何内容均不影响大陆架任何部分上覆水域或水域上空的法律地位。

伊朗通过与巴林签署大陆架划界协定拓展了其海洋边界。伊朗与巴林大陆架的划界，促进了巴林和卡塔尔之间大陆架协定的发展，推动了波斯湾地区中心地带海床划界问题的解决。[2]

4. 伊朗与阿曼的海洋划界相关协定

（1）《伊朗和阿曼关于划定大陆架边界的协定》

1974 年 7 月 25 日，伊朗与阿曼就大陆架划界签订了《伊朗和阿曼关于划定大陆架边界的协定》（Agreement Concerning Delimitation of the Continental Shelf Between Iran and Oman）。依协定所载生效要件，该协定于 1975 年 5 月 28 日双方交换批准书之日生效，于 1975 年 6 月 24 日在联合国交存登记，登

---

[1]　该表格整理自协定内容。

[2]　The Geographer Office of the Geographer Bureau of Inteligence and Research，"Continental Shelf Boundary：Bahrain-Iran"，https：//www.state.gov/documents/organization/61504.pdf，November 23，2018.

记编号为 14085。该协定共有 5 条。[1] 当事国原则上适用等距离原则，在涉及岛屿等特殊情况时做相应调整。该协定的主要内容如下：

第一，协定第 1 条划定了伊朗与阿曼的大陆架界限。分界线是一条由 22 个坐标点（第 I 部分 表4）构成的大地线。点 1 是两条大地线的交叉点。第一条线是点 0（55°42′15″N、26°14′45″E）和点 2（55°47′45″E、26°16′35″N）之间的线；第二条线则是阿曼和哈伊马角[2]的横向近海分界线。

第 I 部分 表4　伊朗和阿曼大陆架划界部分坐标[3]

划界点	纬度（北）	经度（东）
点 2	26°16′35″	55°47′45″
点 3	26°18′50″	55°52′15″
点 4	26°28′40″	56°06′45″
点 5	26°31′05″	56°08′35″
点 6	26°32′50″	56°10′25″
点 7	26°35′25″	56°14′30″
点 8	26°35′35″	56°16′30″
点 9	26°37′00″ (W. Intersect of Larac 12m)	56°19′40″
点 10	26°42′15″ (E. Intersect of Larac 12m)	56°33′00″
点 11	26°44′15″	56°41′00″
点 12	26°41′35″	56°44′00″
点 13	26°39′40″	56°45′15″
点 14	26°35′15″	56°47′45″
点 15	26°25′15″	56°47′30″
点 16	26°22′00″	56°48′05″
点 17	26°16′30″	56°47′50″
点 18	26°11′35″	56°48′00″
点 19	26°03′05″	56°50′15″
点 20	25°58′05″	56°49′50″
点 21	25°45′20″	56°51′30″

---

[1] Oceans & Law of the Sea United Nations, "Iran (Islamic Republic of)", http://www.un.org/Depts/los/LEGISLATIONANDTREATIES/STATEFILES/IRN.htm, November 23, 2018.

[2] 哈伊马角（Ras Al Khaimah），又称"拉斯海玛"，是阿联酋七个酋长国之一，位于北纬25°47′、东经55°57′。参见"哈伊马角"，载维基百科，https://zh.wikipedia.org/wiki/% E6% 8B% 89% E6% 96% AF% E6% B5% B7% E7% 8E% 9B，最后访问日期：2018 年 11 月 22 日。

[3] 该表格整理自协定内容。

点 22 是该划界线最南端的点，它是两条线的交叉点。一条是以点 21 为起点，向 190°00′00″方位角延伸的大地线。另一条是阿曼与沙迦[1]之间的横向近海边界线。

第二，协定第 2 条规定，如果任何一个石油地质结构或油田，或任何其他矿物地质结构或区域，延伸越过了本协定第 1 条规定的边界线，且在边界线一侧的此类地质结构或区域可以通过在边界线的另一侧定向钻井而被部分或完整开发；则一方面，除非伊朗和阿曼之间互有协定，否则不得在第 1 条所规定的边界线的任何一侧 125 米范围内钻井；另一方面，若出现本条所述情况，双方应就统一双方边界线尽最大努力达成协议。

第三，协定第 3 条规定，第 1 条所述边界线参照英国海军制图第 2888 号（1962 年版本[2]）。此图一式两份，由双方代表签字保存。协定第 4 条规定，本协定的任何内容均不影响大陆架任何部分上覆水域或水域上空的法律地位。

（2）《伊朗和阿曼关于阿曼海的海洋划界协定》

2015 年 5 月 26 日，伊朗与阿曼在马斯喀特[3]就阿曼海海洋划界签订了《伊朗和阿曼关于阿曼海的海洋划界协定》（Agreement on the Delimitation of the Maritime Boundary in the Sea of Oman Between the Islamic Republic of Iran and the Sultanate of Oman）。依协定所载生效要件，该协定于 2016 年 9 月 4 日双方交换批准书之日生效，于 2017 年 1 月 18 日在联合国交存登记，登记编号为 54173。该协定共有 9 条，主要内容如下：

第一，协定第 1 条第 1 款划定了双方在阿曼海的海洋边界。[4]该海洋边界是由坐标点连接的大地线。第 2 款规定阿曼海的海洋划界应是按照本条第 1 款划定的大陆架和专属经济区的单一划界线。第 3 款规定，以点 55 为起点，向 313°方位角延伸的直线大地线，应视为本条第 1 款所规定的海洋边界线的延伸。

第二，协定第 2 条有 3 款，第 1 款规定本协定第 1 条中的地理坐标使用的是 1984 世界大地测量系统（WGS－84)[5]。第 2 款规定本协定第 1 条划定

[1] 沙迦（Imaratal-Sharjah）位于北纬 25°26′、东经 55°23′，是阿联酋成员国之一。
[2] 此版本于 1974 年做了小的修改。
[3] 马斯喀特（Mascat）是阿曼首都，也是该国第一大城市。
[4] 参见本书附录 9。
[5] 1984 世界大地测量系统（WGS－84）：WGS（World Geodetic System）是指世界大地测量系统，是一种用于地图学、大地测量学和导航（包括全球定位系统）的大地测量系统标准。WGS－84 是 WGS 的最新版本，全球定位系统使用的就是 WGS-84 参考系。参见"世界大地测量系统"，载维基百科，https://zh.wikipedia.org/wiki/%E4%B8%96%E7%95%8C%E5%A4%A7%E5%9C%B0%E6%B5%8B%E9%87%8F%E7%B3%BB%E7%BB%9F，最后访问日期：2018 年 11 月 22 日。

的海洋边界线已制成表格并附于本协定，该表格一式两份，已由双方签署保存。第3款规定，若本协定第1条第1款中标出的坐标点和本协定附件中的海洋边界线之间产生任何分歧和差异，以本协定第1条第1款中标出的地理坐标点为准。

第三，协定第3条规定，在不影响本协定第1条规定的海洋边界线的情况下，应当承认为了勘探、开发、养护和管理生物及非生物自然资源，双方在各自海域拥有主权权利和管辖权。协定第4条规定，在本协定第1条所规定的海洋边界线任一侧250米范围内，任何一方可以开展任何形式的调查活动，钻探勘探井或评估石油、天然气及任何其他资源。任何一方在开展此类活动前，应通过外交途径，至少提前一个月通知另一方。另外，在上述250米范围内钻探勘探井应仅限于勘探之用，未经双方同意，任何一方不得在其他目的下使用上述250米范围内的勘探井。

第四，协定第5条规定，若任何单一石油地质结构或油田，或任何其他自然资源的单一地质结构和区域与本协定第1条所规定的海洋边界线相交，且该区域部分位于海洋边界线的一侧，同时可以从海洋边界线的另一侧通过全部或部分的钻井被勘探，则应当适用的规定包括：首先，除非互有协定，否则不得在本协定第1条所划定的边界线的任何一侧125米范围内钻井；其次，上述资源应在双方协议下开采，且依据国际法及公平公正原则予以分配；最后，本条所述的125米范围适用于本协定第1条划定的海洋边界线的任一侧。

第五，协定第6条与第7条规定，在不影响本协定第1条划定的海洋边界线的情况下，双方应当建立联合委员会来管理相关事务。双方应当用和平手段解决因实施或解释本协定所产生的任何争端。

2017年10月5日，阿联酋致函[1]联合国秘书长，要求其对2017年9月27日阿联酋外交部提交给秘书长的函件予以注意。阿联酋主张，《伊朗和阿曼关于阿曼海的海洋划界协定》切割了阿联酋的海域并把它们划给了阿曼主张的海域。因此阿联酋不承认上述协定第1条划定的第51点（北纬24°58′56″、东经57°18′16″）到第55点（北纬25°05′38″、东经57°09′08″）。同时，阿联酋不接受这些基点所产生的任何后果，也不承认与阿联酋理解不一致的三国边界重合点。

5. 《伊朗和阿联酋关于大陆架划界的协定》

1974年8月31日，伊朗与阿联酋签订了《伊朗和阿联酋关于大陆架划界的协定》（The Agreement Concerning the Boundary Line Dividing Parts of the

---

〔1〕 文件编号：2017/502。

Continental Shelf Between Iran and the United Arab Emirates States)。该协定于1975 年 3 月 15 日被伊朗批准，但未获得阿联酋的批准[1]。该协定共有 5 条，主要内容包括：

第一，协定第 1 条划定了伊朗与阿联酋的大陆架界限。除了锡里岛附近，该大陆架边界是第 I 部分 表 5 所示坐标点连接的大地线。第二，协定第2 条规定，如果任何一个石油地质结构或油田，或者任何其他矿物地质结构或区域，延伸越过了本协定第 1 条规定的边界线，且在边界线一侧的此类地质结构或区域可以通过在边界线的另一侧定向钻井而被部分或完整开发；则一方面，除非伊朗和阿联酋之间有协定，否则不得在第 1 条所规定的边界线的任何一侧 125 米范围内钻井；另一方面，若出现本条所述情况，双方政府应就在边界线两侧作业的协调或统一尽最大努力以达成协议。第三，协定第3 条规定，本协定第 1 条所指的分界线参照英国海军制图第 2837 号（该协定附件）。第四，协定第 4 条规定，本协定的任何内容均不影响大陆架任何部分上覆水域或水域上空的法律地位。

第 I 部分 表 5　伊朗和阿联酋大陆架划界坐标[2]

划界点	纬度（北）	经度（东）	备注
点 1	25°38′13″	54°05′16″	
点 2	25°39′55″	54°26′18″	
点 3	25°41′35″	54°30′25″	从该点开始，大陆架界限与锡里岛南部的领水界限重合
点 4	25°47′20″	54°44′50″	
点 5	54°45′07″	25°47′30″	

（三）未决争端

1. 伊朗与沙特阿拉伯、科威特的三方争端

2000 年后，伊朗多次进入毗邻沙特阿拉伯与科威特分隔区[3]（divided zone）的海域，尤其是海域内的油田附近，从而再次引发了有关海洋边界主

---

〔1〕 The Geographer Office of the Geographer Bureau of Intelligence and Research, "Continental Shelf Boundary: Iran-United Arab Emirates (Dubai)", https://www.state.gov/documents/organization/61493.pdf, November 23, 2018.

〔2〕 该表格整理自协定内容。

〔3〕 1922 年，科威特和沙特阿拉伯为解决两国陆地争端，决定建立中立区（neutral zone）。1938 年，在中立区以北发现了布尔甘油田（Burgan oil field）。为了更好地确定双方在中立区的权益，两国政府于 1965 年签署协议对中立区进行进一步分隔，形成了各自的分隔区。

权的争端。三国的海洋争端主要存在于杜拉油田[1]。该油田位于北纬29°2′9.68452″、东经49°12′32.32206″[2]。

伊朗自2010年以来多次进入杜拉油田附近，沙特阿拉伯与科威特对此表示强烈抗议。沙特阿拉伯与科威特认为，只有它们享有毗邻其分隔区的海域及海底区域的主权权利，也只有它们有权勘探开发此区域的自然资源。此外，两国出于和平解决争端的考虑，呼吁伊朗参与划分该地区的三方谈判。而伊朗认为其在此区域的行为均符合国际法及伊朗的国内法。根据"条约于第三方无损益"的习惯国际法，伊朗不承认沙特阿拉伯与科威特之间对此区域的双边协议，并要求与科威特、沙特阿拉伯分别进行双边谈判解决争端。

2. 伊朗与沙特阿拉伯的双边争端

伊朗与沙特阿拉伯都是波斯湾地区的大国，两者的关系对波斯湾地区乃至整个中东都有巨大的影响。1979年伊斯兰革命以来，伊朗与沙特阿拉伯处于紧张与对抗的关系，伊沙关系主要围绕伊斯兰现代主义、海湾安全和石油三个问题展开。1990年之后，伊朗与沙特阿拉伯的关系趋向缓和与合作。霍梅尼去世后，伊朗的外交政策重点在于改善同波斯湾国家的关系[3]。进入21世纪，尽管伊朗与沙特阿拉伯在外交关系上有所缓和，但在海洋关系上双方仍存在摩擦。该摩擦主要体现在伊朗对波斯湾名称的异议、对沙特阿拉伯领海基线基点的异议以及伊朗在争议领域的武装侵入。

首先，伊朗与沙特阿拉伯对波斯湾的名称存在异议。2010年3月5日，沙特阿拉伯根据《公约》第16条第2款向联合国秘书长提交海图和地理坐标[4]。在该份文件中沙特阿拉伯使用了"Arabian Gulf"来指代波斯湾。2010年12月22日，伊朗致函[5]联合国秘书长表示，"Persian Gulf"作为被广泛接受的名词，是波斯湾唯一正确的地理表述。在此地区使用其他名字将会引起疑惑和误解，也不具有任何法律意义。2018年7月5日，沙特阿拉伯致联合国秘书长的照会[6]中仍然使用了"Arabian Gulf"。2018年8月31日，

---

〔1〕 沙特阿拉伯及科威特称此油田为杜拉（Al-Durra）油田，伊朗称此油田为阿拉什（Arash）油田，该油田位于毗邻沙特阿拉伯与科威特分隔区的海域，横跨伊朗、沙特阿拉伯及科威特三国。

〔2〕 参见沙特阿拉伯给联合国秘书长的第7/2/1/201672号普通照会。

〔3〕 吴冰冰：《从对抗到合作：1979年以来沙特与伊朗的关系》，载《阿拉伯世界研究》2001年第1期。

〔4〕 文件编号：No. M. Z. N. 77. 2010. LOS。

〔5〕 文件编号：No. 1596。

〔6〕 文件编号：A/73/212。

伊朗致联合国秘书长的照会[1]中，再次重申"Persian Gulf"是伊朗和阿拉伯半岛之间水域的唯一标准地理表述。此外，联合国的文件与实践也表明了"Persian Gulf"这个表述是适用于该地区的唯一表述。

其次，伊朗对沙特阿拉伯领海基线基点持保留意见。2010 年 1 月 11 日，沙特阿拉伯作出部长理事会第 15 号决议。该决议划定红海[2]、亚喀巴湾[3]以及阿拉伯湾（the Arabian Gulf）的领海基点的地理坐标。2010 年 1 月 12 日，沙特阿拉伯通过了第 M/4 号皇家法令，确认了上述决议的内容。2010 年 3 月 5 日，沙特阿拉伯依据《公约》第 16 条第 2 款，将划定的地理坐标点交存联合国秘书长处[4]。在沙特阿拉伯皇家法令中，沙特阿拉伯公布了两段"阿拉伯湾"的领海基点。一段是用来划分沙特阿拉伯和科威特的大陆架，另外一段是用来划分沙特阿拉伯与卡塔尔的海洋边界。

2012 年 8 月 14 日，伊朗照会[5]联合国秘书长对沙特阿拉伯交存给联合国秘书长的地理坐标提出异议。伊朗对沙特阿拉伯提出的基线的有效性持保留立场。伊朗认为，根据 1958 年《领海及毗连区公约》与《联合国海洋法公约》，下列规则成为习惯国际法：在海岸线极为曲折的地方，或者如果紧接海岸有一系列岛屿，测算领海宽度的基线的划定可采用连接各适当点的直线基线法。直线基线的划定不应在任何明显的程度上偏离海岸的一般方向，而且基线内的海域必须充分接近陆地领土，使其受内水制度的支配。伊朗认为沙特阿拉伯与科威特划定的基点 3（北纬 28°11′55″、东经 48°57′57″）、基点 5（北纬 27°42′48″、东经 49°21′12″）、基点 6（北纬 27°32′14″、东经 49°33′28″）、基点 8（北纬 26°59′24″、东经 50°12′54″）位于开放水域，违反了习惯国际法并强调伊朗不接受由此产生的任何后果。2013 年 2 月 20 日，伊朗致函[6]联合国秘书长，重申了上述保留意见。2013 年 3 月 14 日，沙特阿

---

[1]　文件编号：A/73/375。

[2]　红海（Red Sea），位于北纬 22°、东经 38°，非洲东北部与阿拉伯半岛之间，呈狭长形。其西北面通过苏伊士运河与地中海相连，南面通过曼德海峡与亚丁湾相连。参见"红海"，载维基百科，https：//zh. wikipedia. org/wiki/% E7% BA% A2% E6% B5% B7，最后访问日期：2020 年 12 月 11 日。

[3]　亚喀巴湾（Gulf of Aqaba），也称"埃拉特湾"，位于北纬 28°45′、东经 34°45′，是红海的一个海湾，位于红海北端西奈半岛以东，阿拉伯大陆以西。其海岸线分属四个国家：埃及、以色列、约旦和沙特阿拉伯。参见"亚喀巴湾"，载维基百科，https：//zh. wikipedia. org/wiki/% E4% BA% 9A% E5% 96% 80% E5% B7% B4% E6% B9% BE，最后访问日期：2020 年 12 月 11 日。

[4]　文件编号：No. M. Z. N. 77. 2010. LOS。

[5]　文件编号：No. 692。

[6]　文件编号：A/67/762。

拉伯致函[1]联合国秘书长,对伊朗给秘书长的函件 A/67/762 以及照会 No.692 作出了回应。沙特认为,其所划定的领海基线于 2010 年 1 月 11 日由沙特阿拉伯部长理事会第 15 号决议作出,并于 2010 年 1 月 12 日由第 M/4 号皇家法令批准,完全符合国际法。

最后,伊朗在争议区域的军事行动引发了双方海洋边界主权的争端。2011 年 9 月 18 日,沙特阿拉伯外交部致函[2]伊朗外交部,抗议伊朗于 2010 年 8 月 3 日入侵沙特阿拉伯与伊朗之间根据两国 1968 年协定所划定的边界。同时,沙特阿拉伯还抗议 2011 年 8 月 21 日一艘伊朗武装船只入侵距离沙特阿拉伯领水约两公里处的阿拉比亚 5 号油田,随后该船又接近一艘属于沙特阿美石油公司承包商的船。沙特阿拉伯强烈要求伊朗停止入侵行为,并表示保留采取适当措施以保卫其水域和石油设施的权利,要求伊朗对产生的任何后果负全部责任。

2012 年 10 月 19 日,沙特阿拉伯致函[3]联合国秘书长,函件中还包含两个附件。附件一是沙特阿拉伯于 2012 年 10 月 6 日给伊朗的照会[4]。在附件一中,沙特阿拉伯向伊朗外交部对伊朗于 2012 年 7 月 25 日及 2012 年 7 月 26 日对沙特阿拉伯海域的侵犯提出抗议,[5]要求伊朗政府保证此类侵犯行为不会再次发生。沙特阿拉伯认为,根据 1968 年 10 月 24 日沙特阿拉伯与伊朗关于海底区域的划分协定,伊朗武装入侵的油田都位于沙特阿拉伯的海域。同时,沙特阿拉伯声明其将保留采取适当行动保卫其水域和石油设施的权利,并要求伊朗当局对任何后果承担全部责任。附件二是沙特阿拉伯于 2012 年 10 月 7 日给联合国秘书长的函件[6]。附件二重申了附件一中的内容。2013 年 2 月 20 日,伊朗致函[7]联合国秘书长。该函件包括三个附件,其中附件三是伊朗对于沙特阿拉伯给联合国照会[8]的回应。伊朗根据其调查认为沙特阿拉伯所指控的行为无法得到确认,因此驳回沙特阿拉伯的要求。此外,伊朗强调其所有的飞机(包括直升机)和船只的行动均符合国家间协议

---

[1] 文件编号:A/67/836。
[2] 文件编号:92/21/317151。
[3] 文件编号:UN/SG/971。
[4] 文件编号:7/2/1/327421。
[5] 根据沙特阿拉伯给伊朗的照会,2012 年 7 月 25 日 8 时 53 分,一辆伊朗直升机在哈斯巴油田的 ADC‐38 钻井平台、NRL‐337 钻井平台上空盘旋;2012 年 7 月 26 日 7 时 15 分,两艘伊朗军舰在阿拉伯油田拦截了一艘属于沙特阿美公司的船只。
[6] 文件编号:7/2/1/328359。
[7] 文件编号:A/67/762。
[8] 文件编号:7/2/1/327421。

与国际法。

2018 年 7 月 5 日，沙特阿拉伯致函[1]联合国秘书长，强烈抗议伊朗船只入侵沙特阿拉伯领海区域的油田保护区和钻井平台。在此封普通照会中，沙特阿拉伯列举了伊朗多次入侵其领海及专属经济区的时间：2016 年 11 月 17 日、2017 年 6 月 16 日、2017 年 10 月 27 日和 2017 年 12 月 21 日。沙特阿拉伯认为伊朗的入侵违反了 1968 年 10 月 24 日两国缔结的划界协定，要求伊朗停止入侵行为，并表示将根据沙特阿拉伯已生效的法律就伊朗的入侵行为采取必要措施。此外，沙特阿拉伯强调，伊朗对因入侵而产生的任何结果负全部责任。2018 年 8 月 31 日，伊朗致函[2]联合国秘书长，对沙特阿拉伯给秘书长的第 A/73/212 号普通照会作出了回应。伊朗认为，其在波斯湾地区的所有活动符合国际法以及伊朗的国内法，因此驳回沙特阿拉伯提出的毫无根据的要求。

3. 伊朗与阿联酋的争端

大通布岛（Greater Tunb）、小通布岛（Less Tunb）与阿布穆萨岛位于波斯湾东部，霍尔木兹海峡入口处，具有重要战略意义。历史上，这些岛屿曾归英国所有，20 世纪 60 年代英国将其控制权交给沙迦，但沙迦与其他国家组成的阿联酋尚未独立，无法实际进行控制。1971 年 11 月英军撤退后，伊朗出兵占领了该地区。伊朗通过在海峡沿岸及三个岛上部署岸炮及反舰导弹实现对海峡的封锁，实际上扼住了霍尔木兹海峡。多年来，对该岛的主权争端仍是伊朗和阿联酋产生摩擦的根源。阿联酋坚持主张对三岛的主权，要求将争端提交国际法院裁决，但该要求被伊朗拒绝。阿联酋还积极寻求阿拉伯国家及国际社会的支持，海湾阿拉伯国家合作委员会[3]一致谴责伊朗的行为，并于 2001 年 12 月 31 日发表声明支持阿联酋对这三个岛屿的主权，宣布伊朗对岛屿的所有权是"无效的"，并支持"阿联酋采取任何和平的手段来

---

[1] 文件编号：A/73/212。

[2] 文件编号：A/73/375。

[3] 海湾阿拉伯国家合作委员会（The Cooperation Council for the Arab States of the Gulf），简称"海合会"，于 1981 年 5 月 25 日成立。海合会共有 6 个成员国，分别是巴林、科威特、卡塔尔、沙特阿拉伯、阿曼及阿联酋。伊朗因不是阿拉伯国家而被排除在外。海合会由最高理事会、部长理事会及总秘书处构成，最高理事会是海合会的最高权力机构。海合会是一个贸易集团，其宗旨是加强成员国之间在各领域内的协调、合作和一体化；加强和密切成员国人民间的联系、交往与合作；推动六国发展工业、农业、科学技术，建立科学研究中心，兴建联合项目，鼓励私营企业间的经贸合作。参见《海湾阿拉伯国家合作委员会》，载中华人民共和国外交部网站，https：//www.fmprc.gov.cn/web/wjb_ 673085/zzjg_ 673183/xybfs_ 67332 7/dqzzhzjz_ 673331/hwalb_ 673375/gk_ 673377/，最后访问日期：2018 年 11 月 22 日。

重获三岛的主权"[1]。伊朗则坚持三岛主权归属伊朗。伊朗认为大、小通布岛是伊朗领土不可分割的一部分，而阿布穆萨岛的主权归属可以在谅解备忘录的框架内进行讨论，但必须有利于伊朗在海湾的安全，有利于伊朗经济发展，不允许大国介入，不得把三岛问题提交国际法院裁决。[2]

（1）三岛的地理状况

大通布岛位于北纬 26°15′至北纬 26°19′、东经 55°16′至东经 55°19′[3]，地处伊朗最大岛屿格什姆岛[4]以南约 31 公里处，距伦格港[5]不到 50 公里，距阿布穆萨岛约 53 公里，由伊朗霍尔木兹甘省管辖。此外，大通布岛是伊朗南部霍尔木兹海峡的防御链中的一环，对伊朗有重要的战略防御意义。

小通布岛位于北纬 26°14′至北纬 26°15′、东经 55°08′至东经 55°09′，地处大通布岛以西 12 公里，距离伦格港 45 公里。小通布岛几乎呈三角形，面积约为 2 平方公里。该岛无人居住，没有饮用水，有一些防御工事和军事装备。

阿布穆萨岛[6]位于北纬 25°51′、东经 55°01′至东经 55°04′，地处波斯湾东南部邻近霍尔木兹海峡的水域，距离霍尔木兹海峡 160 公里。阿布穆萨岛气候炎热且潮湿，缺乏合适的农业用地，但能进行有限的种植，当地居民多从事渔业。阿布穆萨岛是伊朗原油出口中心之一，该岛与大、小通布岛之间的海域距离与水深适当，是伊朗大型油轮唯一的运输路线。[7]

（2）伊朗与阿联酋对三岛的争端始末

19 世纪末期，波斯在海湾北岸地区扩张势力。1887 年，波斯政府提出对阿布穆萨岛和大、小通布岛的主权要求，但遭到英国政府拒绝。1902 年，英

---

〔1〕 李越峰编译：《波斯湾地区的石油天然气出口概况》，载中华人民共和国驻科威特大使馆经济商务处网站，http：//kw. mofcom. gov. cn/article/ztdy/200304/20030400087178. shtml，最后访问日期：2018 年 11 月 21 日。

〔2〕 赵克仁：《伊朗胡齐斯坦问题透析》，载《世界民族》2009 年第 4 期。

〔3〕 Ahmad Jalinusi, Vahid Barari Arayeh, "The Three Islands：(Abu Musa, the Greater & Lesser Tunb Island) Integral Parts of Iran", *The Iran Journal of International Affairs* 19，2017，p. 2. 小通布岛和阿布穆萨岛的经纬度信息也引此。

〔4〕 格什姆岛（Qishm）是伊朗最大的岛屿，也是波斯湾中最大的岛屿，位于伊朗南部。

〔5〕 伦格港（Bandar Lengeh）是伊朗重要的海运港口（港口代码：IRLNG），位于伊朗南部波斯湾沿岸，霍尔木兹海峡西口北岸，由霍尔木兹甘省管辖，距离布什尔约 420 公里。

〔6〕 阿布穆萨在历史文件和地图中被标注为布姆奥乌，除此之外，还曾被叫作布姆苏兹和布姆苏。

〔7〕 《波斯湾的伊朗岛屿（16）》，载 Pars Today，http：//parstoday. com/zh/radio/programs-i39539，最后访问日期：2018 年 11 月 22 日。

国对邻近霍尔木兹海峡且有重要战略意义的岛屿制定了先行占领的政策，"帮助"沙迦和哈伊马角两个酋长国确立对三岛的主权。对此，波斯政府一边表示抗议，一边采取行动争夺三岛主权。1935 年波斯改名为伊朗。整个 20 世纪 30 年代，对于伊朗对三岛的主权要求和行动，英国都予以拒绝。随着二战爆发，三岛主权争端被搁置。

二战后，随着非殖民主义运动[1]的兴起，英国于 1968 年宣布，英国军队将于 1971 年年底前全部撤离波斯湾地区，在这种情况下，英国开始积极寻求对三岛争端的解决办法。1970 年 7 月，英国派遣特使威廉·卢斯（William Luce）前往海湾解决三岛主权问题。1971 年 11 月 29 日，威廉·卢斯代表沙迦与伊朗签订《谅解备忘录》（The Memorandum of Understanding）。双方就阿布穆萨岛问题达成合意。[2]备忘录主要内容为：第一，伊朗有权在岛上建立军事基地；第二，规定伊朗与沙迦共同占有该岛，并划定了占领区；第三，伊朗与沙迦同意岛屿的领海宽度为 12 海里；第四，经伊朗同意，该岛及其领海底土的石油资源的勘探开发由巴茨天然气和石油公司（Buttes Gas & Oil Company）进行，勘探出来的石油资源由伊朗与沙迦平分；第五，伊朗与沙迦在该岛领海区域拥有同等的捕鱼权；第六，伊朗需对沙迦提供金融援助。伊朗同意在 9 年内，每年向沙迦提供价值 150 万英镑的援助，直到沙迦的石油年收入超过 300 万英镑为止。[3]该备忘录仅确认了双方的管辖权，并未确定三岛的主权归属。沙迦虽对备忘录内容不满但仍予以接受。

1971 年 11 月 30 日，伊朗出兵占领阿布穆萨岛和大、小通布岛。1971 年 12 月 2 日，阿拉伯联合酋长国建立。1971 年 12 月 3 日，阿尔及利亚、伊拉克、利比亚、也门致函联合国安理会[4]，要求安理会对伊朗于 1971 年 11 月 30 日的武装占领作出决议。总的来说，1971 年到 1992 年，尽管阿联酋不断地重申其对三岛的主权要求，但一直保持着克制的态度；伊朗也未对阿布穆萨岛由两国分管的现状提出异议。海湾战争后，出于对阿拉伯国家在地区安

---

〔1〕　非殖民主义运动（Decolonization），是指一个地方因外国殖民统治，造成政治与经济上的不平等关系，转而进行独立及自治的过程。非殖民化主要是指第二次世界大战后不少西方列强位于亚洲和非洲的殖民地争取独立的过程。See Wolfgang Reinhard, *Kleine Geschichte des Kolonialismus*, Stuttgart, Alfred Kröner Verlag, 1996；Dirk van Laak, *Über alles in der Welt. Deutscher Imperialismus im 19. und 20. Jahrhundert*, München, C. H. Beck, 2005.

〔2〕　Ahmad Jalinusi, Vahid Barari Arayee, "The Three Islands：（Abu Musa, the Greater & Lesser Tunb Island）Integral Parts of Iran", *The Iran Journal of International Affairs* 19，2017，p. 2.

〔3〕　赵克仁：《伊朗胡齐斯坦问题透析》，载《世界民族》2009 年第 4 期。

〔4〕　文件编号：S/10409。

全安排上的不满，[1]伊朗于1992年3月出兵占领了阿布穆萨岛上的阿联酋管辖区，并确立了对该三岛的实际占领。阿联酋认为伊朗此举违背了《谅解备忘录》，双方矛盾再度激化。同年12月，第十三届海湾阿拉伯国家合作委员会举行六国首脑会议，呼吁伊朗取消在阿布穆萨岛的行动，并停止对大、小通布岛的占领。但伊朗坚持认为这是伊朗与沙迦的双边争端，第三方势力不应介入。[2]自此，海湾阿拉伯国家合作委员会多次重申支持阿联酋对三个岛屿及相关领水、领空、大陆架和专属经济区的主权权利，视它们为阿联酋不可分割的组成部分。2017年1月5日，阿联酋致函联合国安理会主席，对1971年12月3日阿尔及利亚、伊拉克、利比亚以及也门的联合国常驻代表给安理会主席的函件发表意见，阿联酋认为大、小通布岛与阿布穆萨岛均属于阿联酋，该争端需通过协商或者国际法院裁决等和平手段解决，以确保公正、全面和长久地解决该问题。

4. 伊朗与伊拉克的双边争端

伊拉克是伊朗最大的陆地邻国。两伊矛盾可溯及阿拉伯帝国入侵波斯高原以及奥斯曼帝国与伊朗萨菲王朝[3]（Safavid Dynasty）的冲突。两伊的领土问题十分复杂，由于双方缺乏信任，加之条约对边界的划分并不明确，边界条约便不时被撕毁。两伊边界的分歧主要集中在对胡齐斯坦地区和阿拉伯河的归属上。[4]两伊之间的紧张关系经过一段时间的不断加剧和边界冲突之后，于1980年9月爆发，即两伊战争。[5]战后两伊关系的发展逐渐从消极对抗转向积极中立。2018年11月17日，伊朗最高领袖阿亚图拉·赛义德·阿里·哈梅内伊在德黑兰会见伊拉克总理巴尔哈姆·萨利赫（Barham Salih）

---

〔1〕 海湾战争后，海湾六国试图同埃及和叙利亚建立一个海湾安全机制。1991年3月，埃及、叙利亚和海合会六国签署《大马士革宣言》，准备由海湾国家提供资金，由埃及和叙利亚作为骨干力量组建一支海湾维和部队。此宣言排除了伊朗和伊拉克。尽管《大马士革宣言》签字国每年举行两次外长会议，但由于海湾国家对实施该宣言持消极态度，该宣言事实上已不起作用。参见吴冰冰：《从对抗到合作：1979年以来沙特与伊朗的关系》，载《阿拉伯世界研究》2001年第1期。

〔2〕 参见吴冰冰：《从对抗到合作：1979年以来沙特与伊朗的关系》，载《阿拉伯世界研究》2001年第1期。

〔3〕 萨菲王朝又称萨法维王朝，在中国明朝时期被称为巴喇西。萨菲王朝于1501—1736年统治伊朗。在此期间，伊朗实现各个省的统一，并将伊斯兰教什叶派正式定为国教。《萨非王朝》，载维基百科，https：//zh. wikipedia. org/wiki/% E8% 90% A8% E9% 9D% 9E% E7% 8E% 8B% E6% 9C% 9D，最后访问日期：2018年11月29日。

〔4〕 参见胡文媛：《两伊战争：波斯湾石油之祸》，载《国企管理》2017年第12期。

〔5〕 《伊朗与伊拉克的冲突》，载联合国网站，http：//www. un. org/chinese/peace/issue/pm10. htm，最后访问日期：2018年11月26日。

时，表示要扩大与伊拉克的双边合作。同时，萨利赫拒绝承认美国对伊朗的制裁。[1]纵观历史，虽然对陆地边界的争夺使得两伊关系充满了紧张与对抗，但在海洋事务中两伊冲突和对立相对较少。双方唯一的海洋争端仅存在于对伊拉克领海基线的划定上。

2011 年 4 月 15 日，伊拉克根据《联合国海洋公约》第 16 条第 2 款向联合国秘书长交存其领海基线基点的地理坐标及海图[2]。2011 年 5 月 9 日，联合国公布了伊拉克海图的地理坐标[3]。2015 年 8 月 3 日，伊朗致函[4]联合国秘书长发表其对上述文件的保留意见。在该照会中，伊朗对伊拉克所划定基线的有效性持保留立场，认为该基线不具有任何法律效力，并且不接受其所产生的任何后果。

5. 伊朗与科威特的双边争端

2014 年 10 月 29 日，科威特出台了关于海域划界的第 317 号法案，此法案于公布之日生效。该法案共有 9 条，主要规定了领海基线、内水、领海宽度、毗连区、专属经济区以及大陆架。伊朗对该法案持保留态度，并认为该法案第 6 条与第 7 条的规定不符合习惯国际法。

该法案第 6 条规定，专属经济区是领海以外并邻接领海的一个区域，延伸至相邻或相对国家的领海。科威特在专属经济区享有与自然资源相关的同领海内权利一样的权利。除此之外，还享有《公约》第 56 条所规定的权利。若其专属经济区与相邻或相对国家的专属经济区重叠，且与相关国家没有划界协议时，应采用科威特专属经济区最外缘量起的中间线进行划界。

该法案第 7 条规定，大陆架的定义与《公约》第 76 条的定义相同。科威特在大陆架享有与海床和底土自然资源相关的同领海内权利一样的权利。除此之外，还享有《公约》第 77 条规定的权利。当与相邻或相向国家的大陆架主张相重叠且没有签署大陆架划界协议时，应采用自科威特大陆架的最外缘量起的中间线进行划界。

2017 年 12 月 21 日，伊朗致函[5]联合国秘书长，认为科威特在法案中对专属经济区和大陆架外部界限的划定违反了习惯国际法，同时，上述法案

---

〔1〕《哈梅内伊称：伊朗决心加强与伊拉克的合作》，载中华人民共和国驻伊朗伊斯兰共和国大使馆经济商务处网站，http://ir. mofcom. gov. cn/article/jmxw/201811/20181102808404. shtml，最后访问日期：2018 年 11 月 26 日。

〔2〕 文件编号：MZN83. 2011. LOS。

〔3〕 "Law of the Sea Bulletin No. 77", United Nations, http://www. un. org/Depts/los/doalos_ publications/LOSBulletins/bulletinpdf/bulletin77e. pdf, November 23, 2018.

〔4〕 文件编号：No. 2398。

〔5〕 文件编号：3577。

及海图完全不符合伊朗与科威特双边谈判的记录与达成和解的内容,科威特的行为可能会危及未来关于此区域的双边谈判。伊朗强调适用习惯法、先例以及国家间谈判记录的必要性,并表示反对科威特依据上述法案作出的新的声明。伊朗不会承认由该法案产生的任何权利和管辖权,并认为其在未来的双边谈判中没有任何效力。伊朗将此照会视为其官方立场,且呼吁与科威特就海洋边界问题进行双边谈判。

2018 年 5 月 9 日,科威特致函[1]联合国秘书长,对伊朗于 2017 年 12 月 21 日给秘书长发出第 3577 号照会作出回应。科威特认为第 317 号法案符合国际公约、国际法院的裁决以及习惯国际法。另外,科威特认为,虽然两国的双边谈判未能就其专属经济区和大陆架问题达成协议,但双方均同意划界应当符合国际法。为符合双方的意愿,科威特决定依据双边协议将争端提交至国际法院、国际海洋法法庭、国际海洋法仲裁机构或者双方根据国际法确定的其他机制解决。同时,科威特强调在未解决此争端前,2014 年的第 317 号法案应当继续生效。

---

[1] 文件编号:A/72/871。

六、国际海洋合作

如前文所述，由于濒临里海和波斯湾，伊朗的海洋资源十分丰富。尽管面临着国际制裁的压力，伊朗仍然开展了众多海洋领域的合作。其合作主要集中在石油、防务、科研、渔业、基础设施建设和环境保护等领域。

（一）海洋油气资源合作

1979 年伊斯兰革命后，一方面，美国单方面对伊朗实施了 40 多年的国际制裁，[1] 从公开渠道没有发现伊朗与美国公司的海洋油气资源合作，另一方面，伊朗虽然面临国际制裁的巨大压力，但其在海洋油气资源合作方面仍保持积极和开放的态度，与中国、俄罗斯和法国等国家开展海洋油气资源合作。

1. 与中国的油气资源合作

伊朗与中国的油气资源合作既有陆上合作也有海上合作，其中，陆上合作的亚达瓦兰（Yadavaran）油田开发项目和北阿扎德甘（North Azadegan）油田开发项目是中伊能源合作的典范。[2] 伊朗与中国的海上油气资源合作项目主要是以下两个：

第一，伊朗与中国石油天然气集团（China National Petroleum Corporation, CNPC，以下简称"中石油"）、法国道达尔公司[3]（Total，以下简称"道达尔"）合作开发南帕尔斯气田第 11 期项目。2017 年 7 月，伊朗国家石油公司与中石油和道达尔在德黑兰签署合作协议，共同开发伊朗南帕尔斯气田第 11 期项目。根据协议，道达尔是该项目作业方，持股 50.1%，中石油持股 30%，伊朗国家石油公司持股 19.9%。项目开采经营期 20 年，总投资额 48 亿美元。

继北阿扎德甘项目的合作后，伊朗国家石油公司选择与中石油再次合作是对中石油专业技术的肯定，也是对多年来中国与伊朗在能源开发领域友好合作的认可。伊朗石油部部长称，中石油与伊朗以往的合作口碑良好，期待

---

〔1〕 吴化章：《风雨四十载：美国对伊朗制裁的前世今生》，载新浪网，http://finance.sina.com.cn/money/future/fmnews/2018-08-14/doc-ihhtfwqq5545430.shtml，最后访问日期：2018 年 11 月 28 日。

〔2〕《中伊合作》，载中华人民共和国驻伊朗伊斯兰共和国大使馆经济商务处网站，http://ir.mofcom.gov.cn/article/zxhz/，最后访问日期：2018 年 11 月 26 日。

〔3〕 道达尔在 130 多个国家开展业务，是一家顶级国际石油和天然气公司。See "Our Identity", Total, https://www.total.com/en/group/identity, November 21, 2018.

双方通过南帕尔斯气田项目进一步加强在油气领域的合作。另外，对于道达尔而言这是一项重大协议，该协议标志着法国石油公司正式重返伊朗，开启了法国与伊朗伙伴关系历史的新篇章。[1]据了解，南帕尔斯气田第 11 期项目分两阶段开发。第一阶段的工作是钻探 30 口油井并建成两座海上钻井平台。第二阶段根据气藏条件建造海上天然气压缩设施。项目投产后，日均天然气产量将达到 56 亿立方米。[2]

第二，伊朗与中国海洋石油集团有限公司（以下简称"中海油"）合作开发北帕尔斯气田。2006 年年底，伊朗国家石油公司与中海油签署了合作谅解备忘录。根据双方最初的协议，中海油将对北帕尔斯气田项目的上下游产业进行投资，计划工期 8 年，投资总额预计超过 160 亿美元。其中，110 亿美元将用于下游产业开发，其余将用于上游产业开发。依据此份协议，中海油有权每年从伊朗购买 1000 万吨液化天然气，有效期 25 年。中海油总经理曾在博鳌亚洲论坛上表示，一旦达成协议，中海油将为北帕尔斯气田开发提供技术服务，负责生产液化天然气工厂的建设以及运输和销售环节，并将取得所产液化天然气收益的 50%。

早在 2006 年年底合作谅解备忘录刚被公布时，美国国会就认为它可能违背联合国对伊朗的制裁决议，并对此展开调查。2008 年 2 月底，伊朗媒体传出中伊要签署协议时，美国国务院、财政部再次扬言要调查该协议是否违反美国制裁法案。中海油与伊朗国家石油公司原计划于 2008 年 2 月底正式签署北帕尔斯气田项目的合同，但因故推迟。[3]2011 年，中海油宣布暂停北帕尔斯气田的开发。

2016 年 1 月，中国国家主席习近平访伊期间，中伊发表《建立全面战略伙伴关系的联合声明》，其中就指出，"考虑到双方积极发展双边关系的意愿、经济互补性以及双方在能源、基建、工业、技术等领域的合作，双方同意就达成 25 年全面合作协议进行必要沟通和和磋商"。[4]在中国和伊朗建交

---

〔1〕 "Total and NIOC Ink Deal to Develop Phase 11 of South Pars Gas Field", Offshore Energy Today, https://www.offshoreenergytoday.com/total-nioc-ink-deal-to-develop-phase-11-of-south-pars-gas-field/, November 8, 2018.

〔2〕 朱敏洁：《中石油与法国道达尔携手破冰伊朗 总投资 48 亿美元开发天然气田》，载观察者网，https://www.guancha.cn/Neighbors/2017_07_04_416523_2.shtml，最后访问日期：2018 年 11 月 11 日。

〔3〕 梁有昶：《中海油与伊朗合作谈判进入最后阶段》，载慧聪网，http://info.chem.hc360.com/2008/04/22145431488.shtml，最后访问日期：2018 年 11 月 12 日。

〔4〕 《中华人民共和国和伊朗伊斯兰共和国关于建立全面战略伙伴关系的联合声明》，载中国一带一路网，https://www.yidaiyilu.gov.cn/info/ilist.jsp?cta_id=100020&info_id=307317&tm_id=126，最后访问日期：2021 年 11 月 19 日。

50 周年之际，中国国务委员兼外交部长王毅于 2021 年 3 月 26—27 日应邀访问伊朗。其间，王毅外长和伊朗代表共同签署了《中伊 25 年全面合作计划》。这两份文件虽然没有直接指向具体的油气资源开发项目，但为中国和伊朗在油气资源领域的合作奠定了坚实的基础。

2. 与意大利的油气资源合作

第一，伊朗与意大利阿吉普公司[1]（Azienda Generale Italiana Petroli）的合作。伊朗国家石油公司与意大利阿吉普公司于 1951 年签署了第一份在波斯湾海床上进行石油勘探和生产的合作合同。根据该合同，由伊朗和意大利成立的合资公司来勘探和开采巴里根油田。

在该油田勘探出石油后，其他石油公司如美国的阿莫科公司（Amoco Corporation，AMOCO），大西洋里奇菲尔德公司（Atlantic Richfield Company，ARCO），墨菲石油公司（Murphy Oil Corporation），加利福尼亚联合石油公司，SUN 公司，菲利浦公司（Philips）和法国的埃尔夫公司（Elf Aquitaine）等各自通过与伊朗国家石油公司建立合资公司从事石油开采活动。但在 1979 年伊斯兰革命后，伊朗对外签订的此类合作合同都被取消。[2]

第二，伊朗与意大利埃尼集团[3]（Ente Nazionale ldrocarburi，以下简称"埃尼集团"）合作开发南帕尔斯气田第 4 期和第 5 期项目。2000 年 7 月，伊朗的 Naftiran Intertrade Company（以下简称 NICO）[4]和伊朗波斯石油公司（Petropars）[5]与埃尼集团签订价值 38 亿美元的协议。根据该协议，双方将合作开发南帕尔斯气田的第 4 期和第 5 期项目。其中，埃尼集团拥有该项目 60% 的股份，NICO 和 Petropars 分别拥有该项目 20% 的股份。2004 年该项目正式投产，每年生产约 200 亿立方米天然气。[6]

---

[1]　意大利阿吉普公司成立于 1926 年，是一家汽油、柴油、液化石油气、润滑油、燃料油和沥青零售商。See "Agip"，Wikipedia，https：//en. wikipedia. org/wiki/Agip，November 5，2018.

[2]　"ABOUT US"，IOOC，http：//www. iooc. co. ir/ensite/Pages. aspx？Pid＝32，November 3，2018.

[3]　"Ente Nazionale Idrocarburi（ENI）S. P. A."，IDE-JETRO，http：//www. ide. go. jp/English/Data/Africa_ file/Company/algeria04. html，November 21，2018.

[4]　NICO 是 NIOC 的子公司。See Azernews，"Iran's NICO，France's Total to Resume Oil Swap"，https：//www. azernews. az/oil_ and_ gas/102075. html，November 21，2018.

[5]　Petropars Ltd. 是 NIOC 的子公司。See U. S. Securities and Exchange Commission，"Section 13（r）Disclosure"，https：//www. sec. gov/Archives/edgar/data/61398/000006139819000021/a33119ex-991. htm，December 11，2020.

[6]　"Eni Started Production at the South Pars Gas Field in Iran"，Gulfoilandgas，http：//www. gulfoil-andgas. com/webpro1/main/mainnews. asp？id＝958，November 21，2018.

第三，伊朗与意大利塞班公司[1]（Saipem）的合作。2016年1月，伊朗帕尔西（Parsian）公司[2]与意大利塞班公司签署了谅解备忘录，讨论塞班公司在改造和升级帕尔斯设拉子（Pars Shiraz）炼油厂[3]和大不里士炼油厂[4]的合作。同年，塞班公司与伊朗国家天然气公司签署了另一份谅解备忘录，讨论塞班公司在伊朗国家天然气公司管道项目中的合作，该项目覆盖管道达1800公里。[5]

3. 与科威特的油气资源合作

2012年7月23日，伊朗海洋石油公司（Iranian Offshore Oil Company）的总经理宣布伊朗准备与科威特合作，共同开发阿拉什油田。[6]他强调："伊朗愿意在这一领域与科威特合作，增加两个国家的共同利益，并深化这两个国家的双边关系，区域、社会和政治关系。"[7]

4. 与俄罗斯的油气资源合作

第一，俄罗斯天然气工业股份公司[8]（Publichnoe Aktsionernoe Obshchestvo Gazprom，PAO Gazprom）开发伊朗的四个海上天然气田。该公司的代表团于2017年12月对伊朗进行了工作访问，并签署了关于碳氢化合物勘探

---

〔1〕 塞班公司是意大利石油和天然气行业的承包商，它是意大利能源公司埃尼的子公司。See "Saipem", Wikipedia, https：//en. wikipedia. org/wiki/Saipem, November 4, 2018.

〔2〕 "Home", Parsian Oil & Gas Development Group Co., http：//www. pogdc. com/en/homeold, November 21, 2018.

〔3〕 设拉子是一家炼油厂，由伊朗国家炼油和分销公司（NIORDC）拥有和经营，位于伊朗西南部的设拉子市。See "Shiraz (Pars) Oil Refinery", NrgEdge Staff, https：//www. nrgedge. net/project/shiraz-pars-oil-refinery, November 4, 2018.

〔4〕 大不里士炼油厂（Tabriz Oil Refining Co.）最初设计于1974年，建造作业于1978年2月结束。这家炼油厂从1998年开始作为独立的法人经营，并更名为大不里士炼油公司。See "Tabriz Oil Refining Co.", Parsian Oil & Gas Development Group Co, http：//www. pogdc. com/en/portfolio/me/tabriz, November 4, 2018.

〔5〕 "Saipem Signs a Second MOU Concerning Potential Cooperation for Future Pipeline Prejects in Iran", Euro-petrole, https：//www. euro-petrole. com/saipem-signs-a-second-mou-concerning-potential-cooperation-for-future-pipeline-projects-in-iran-n-i-12572, November 4, 2018.

〔6〕 See "Arash (Oil)", Iran Oil Gas, http：//www. iranoilgas. com/fields/details? id = 11&title = Arash + (Oil), November 5, 2018.

〔7〕 "Iran and Kuwait Cooperate on Development of Arash Field", Offshore Energy Today, https：//www. offshoreenergytoday. com/iran-and-kuwait-cooperate-on-development-of-arash-field/, November 5, 2018.

〔8〕 俄罗斯天然气工业股份公司是一家成立于1989年的大型公司，主要从事天然气的开采、生产、运输和销售。See "Gazprom", Wikipedia, https：//en. wikipedia. org/wiki/Gazprom, November 6, 2018.

和生产的谅解备忘录。双方将对法扎德- A（Farzad-A）气田[1]、法扎德- B（Farzad-B）气田[2]、北帕尔斯气田和基什气田[3]的开发项目进行研究合作。[4]随后，俄罗斯天然气工业股份公司和伊朗国家石油公司在德黑兰签署了价值 40 亿美元的天然气项目协议。在签字仪式上，伊朗国家石油公司表示将在未来几个月内确定合作方式。根据该协议，俄罗斯天然气工业股份公司应在六个月内进行财务和技术研究，并于 2018 年第一季度向伊朗石油部提交对这四个伊朗天然气田的研究结果。[5]

第二，与俄罗斯造船商 Krasnye Barrikady[6]合作建造钻井平台。2016年，俄罗斯造船商 Krasnye Barrikady 与伊朗 Tasdid 离岸公司（Tasdid Offshore Development Company)[7]签署了一项价值 10 亿美元的协议。根据该协议，双方将在波斯湾合作建造 5 个海上钻井平台，以便对该区域的石油和天然气进行勘探和开采。该项目将由俄罗斯和伊朗共同出资，伊朗有望通过该项目成为有能力建造钻井平台的国家之一。[8]

5. 与韩国的油气资源合作

伊朗国家石油公司与韩国天然气公司[9]（Korea Gas Corporation，KOGAS）主要有两项合作。第一项合作是韩国天然气公司对位于波斯湾的巴拉尔气田[10]

---

〔1〕 法扎德- A 气田位于波斯湾海岸线约 100 公里处，距离布什尔港口 120 公里，横跨伊朗与沙特阿拉伯的边境。

〔2〕 法扎德- B 气田位于伊朗境内的波斯湾。该气田于 2012 年发现并于 2013 年开始生产。

〔3〕 基什气田位于波斯湾，是波斯湾第二大气田，仅次于南帕尔斯油气田。

〔4〕 "Gazprom Interested in Four Offshore Gas Fields in Iran", Offshore Energy Today, https：//www. offshoreenergytoday. com/gazprom-interested-in-four-offshore-gas-fields-in-iran/, November 8, 2018.

〔5〕 "Gazprom Inks Agreement on Iran's ＄4b Gas Project", TEHRANTIMES, https：//www. tehran-times. com/news/419317/Gazprom-inks-agreement-on-Iran-s-4b-gas-project, November 8, 2018.

〔6〕 SSZ Krasnye Barrikady OAO 成立于 1992 年，总部位于俄罗斯联邦的阿斯特拉罕。See "SSZ Krasnye Barrikady OAO", Bloomberg, https：//www. bloomberg. com/profile/company/5358125Z：RU, December 11, 2020.

〔7〕 "Introducing Tasdid Company", TASDID, https：//en. tasdid. com/home/tasdid-at-a-glance/in-troducing, November 6, 2018.

〔8〕 "Iran, Russia Ink ＄1 Billion Oil Rig Deal", PRESSTV, https：//www. presstv. com/Detail/2016/08/28/482054/Iran-Russia-oil-drilling-rig-deal, November 7, 2018.

〔9〕 《致力于人类生活的清洁能源公司》，载 KOGAS 网站, http：//www. kogas. or. kr/portal/con-tents. do? key＝2083，最后访问日期：2018 年 11 月 22 日。

〔10〕 巴拉尔（Balal）气田位于拉万（Lavan）岛西南约 90 公里、波斯湾的南帕尔斯气田东南 40公里，伊朗—卡塔尔边界水深 60 米—75 米处。See "South Korea Takes Part in Development of Iran's Offshore Resources", Offshore Energy Today, https：//www. offshoreenergytoday. com/south-korea-takes-part-in-development-of-irans-offshore-resources/, November 7, 2018.

的开发。[1]第二项合作是韩国天然气公司为伊朗两条主要天然气管道的建设提供工程服务，即伊朗天然气干线 7 号线（Iran Gas Trunk-Line 7）和 9 号线（Iran Gas Trunk-Line 9）。工程完工后，将通过 7 号线把天然气从阿萨鲁耶[2]输送到东南部的霍尔木兹甘省、克尔曼省以及锡斯坦-俾路支斯坦省；通过 9 号线把天然气从阿萨鲁耶带到伊朗与土耳其的边境，以便将来出口到欧洲。[3]

6. 与法国的油气资源合作

伊朗与法国的油气资源合作主要是与法国的道达尔公司展开的。1997 年法国道达尔公司、俄罗斯天然气工业股份公司和马来西亚国家石油公司[4]（Petroliam Nasional Berhad）与伊朗签订了一份价值 20 亿美元的协议。根据该协议，各方将合作开发南帕尔斯气田的第 2 期和第 3 期，其中，道达尔拥有 40% 的股份，俄罗斯天然气工业股份公司拥有 30% 的股份，马来西亚石油公司拥有 30% 的股份。该项目于 2003 年正式投产，其天然气产能为每年 289 亿立方米，凝析油产能为每年 400 万吨。1998 年，伊朗与道达尔和马来西亚国家石油公司签订合作协议。根据该协议，由道达尔和马来西亚国家石油公司运营锡里岛的 A 油田和 E 油田。该项目运营后，石油产量为每日 9.5 万桶。[5]

7. 与日本的油气资源合作

2017 年 7 月，伊朗波斯石油公司和日本东洋工程公司[6]（Toyo Engineering Corporation，以下简称"东洋公司"）签署了一项合作协议，该协议旨在更新设施并提高波斯湾萨尔曼[7]油气田的采收率。根据协议条款，伊朗波斯石油公司将为该项目的研究阶段提供资金，而东洋公司将为其执行阶段提供资金。

---

〔1〕 "KOGAS Wins Deal over Balal Gas Field", PRESSTV, https：//www.presstv.com/Detail/2016/05/02/463645/KOGAS-wins-deal-over-Balal-gas-field/, November 7, 2018.

〔2〕 阿萨鲁耶（Assaluyeh）位于伊朗的布什尔省。See "Asaluyeh", Wikipedia, https：//en.wikipedia.org/wiki/Asaluyeh, November 21, 2018.

〔3〕 "KOGAS Wins Deal over Balal Gas Field", PRESSTV, https：//www.presstv.com/Detail/2016/05/02/463645/KOGAS-wins-deal-over-Balal-gas-field/, November 7, 2018.

〔4〕 马来西亚国家石油公司情况参见 PETRONAS 网站，https：//www.petronas.com/about-us/overview，最后访问日期：2018 年 11 月 21 日。

〔5〕 郭振华：《波斯湾地区海洋开发与海洋争端问题研究》，郑州大学 2013 年硕士学位论文，第 37 页。

〔6〕 日本东洋工程公司经营范围比较广泛，包括化工、石化、炼油、天然气、电力和核电、医疗设施，以及生物技术领域的设计、建造、设备采购、施工、测试操作和技术指导。该公司的大部分业务都在日本以外的地区，主要包括中国、印度、印度尼西亚、伊朗和俄罗斯。See "Japan's Toyo Signs Agreement to Develop Iran's Salman Field", FINANCIAL TRIBUNE, https：//financialtribune.com/articles/energy-economy/68519/japans-toyo-signs-agreement-to-develop-irans-salman-field, November 20, 2018.

〔7〕 萨尔曼（Salman）油气田位于拉万岛以南 144 公里处，它拥有近 50 个油井和 10 个注水井，并通过 22 英寸的海上管道输送到拉万岛。

东洋公司自 20 世纪 80 年代以来一直活跃在伊朗，此前其所有活动都是在伊朗干旱地区进行的，该协议标志着东洋公司在伊朗第一次进行海上活动。[1]

8. 在石油输出国组织框架下开展的合作

石油输出国组织（Organization of the Petroleum Exporting Countries，以下简称"欧佩克"）成立于 1960 年。其初始成员国为伊朗、伊拉克、科威特、沙特阿拉伯和委内瑞拉。欧佩克旨在协调和统一成员国之间的石油政策，以确保石油生产商的公平和稳定价格；向消费国提供有效、经济和定期的石油供应；为投资该行业的人提供公平的回报。欧佩克现有 13 个成员国[2]。

欧佩克成立之初的十年，因为国际石油市场产能持续过剩，欧佩克市场份额不高，所以对国际油价的影响十分有限。但进入 20 世纪 70 年代，国际石油市场开始朝有利于欧佩克的方向发展。20 世纪 70 年代初，日本和欧洲石油需求持续增长而美国石油产量开始下降。越来越多的石油需求需要依靠欧佩克，特别是欧佩克中的中东产油国来满足。石油市场的变化让欧佩克国家在与国际石油公司的斗争中渐渐占有优势，该组织也开始加强对石油生产的控制。[3]

此后，欧佩克经历了三次石油危机[4]。该组织在石油危机中发挥了控

---

[1]　"Petropars, Toyo Ink Oil MOU", MEHRNEWS, https://en.mehrnews.com/news/126560/Petropars-Toyo-ink-oil-MoU, November 20, 2018.

[2]　欧佩克成员国包括：伊朗、伊拉克、科威特、沙特阿拉伯、委内瑞拉、利比亚、阿联酋、阿尔及利亚、尼日利亚、加蓬、安哥拉、赤道几内亚和刚果（布）。其中，厄瓜多尔、卡塔尔、印度尼西亚曾为成员国，后退出该组织。详细情况见中华人民共和国常驻维也纳联合国和其他国际组织代表团网站，http://vienna.china-mission.gov.cn/nyhz/201507/t20150720_8867756.htm，最后访问日期：2023 年 3 月 10 日。

[3]　刘冬：《石油卡特尔的行为逻辑》，社会科学文献出版社 2015 年版，第 81—82 页。

[4]　1973 年 10 月，第四次中东战争爆发，为打击以色列及其支持者，欧佩克的阿拉伯成员国采取了减产和提高油价的措施，使油价猛然上涨了两倍多，从而触发了第二次世界大战之后最严重的全球经济危机。此次危机被称为第一次石油危机。1978 年年底伊斯兰革命爆发，1978 年 12 月 26 日至 1979 年 3 月 4 日，伊朗石油出口全部停止，造成石油供应短缺，石油价格从每桶 13 美元猛升至 34 美元，引发了第二次石油危机。1980 年 9 月 22 日，伊拉克突袭伊朗，两伊战争爆发，伊朗和伊拉克的石油出口量锐减，并一度中断。全球石油产量剧减，油价暴涨。由于 1979 年以来持续一年多的原油抢购使西方国家有了较充足的原油储备，加上沙特阿拉伯迅速提高了本国石油产量，到 1981 年油价终于趋于稳定。此次危机成为 20 世纪 70 年代末西方经济全面衰退的一个主要原因。1990 年 8 月初伊拉克攻占科威特之后，伊拉克遭受国际经济制裁，伊拉克的原油供应中断，国际油价急升至 42 美元的高点。这就是第三次石油危机。美国经济在 1990 年第三季度加速陷入衰退，拖累全球 GDP 增长率在 1991 年跌破 2%。国际能源署（International Energy Agency，IEA）启动了紧急计划，每天将 250 万桶的储备原油投放市场，使原油价格在一天之内就暴跌 10 多美元。欧佩克也迅速增加产量，很快稳定了世界石油价格。参见《第三次石油危机》，载 MBA 智库百科，https://wiki.mbalib.com/zh-tw/%E7%AC%AC%E4%B8%89%E6%AC%A1%E7%9F%B3%E6%B2%B9%E5%8D%B1%E6%9C%BA，最后访问日期：2018 年 11 月 22 日。

制油价、平衡全球石油产量的重要作用。伊朗作为创始成员国之一，对欧佩克的决策制定、发展方向都产生了重要影响，并积极配合该组织的活动，承担成员国的义务。

（二）海洋防务合作

1. 导　弹

海岸防御巡航导弹系统（Coastal Defense Cruise Missiles）是伊朗在波斯湾和霍尔木兹海峡防御体系的重要一环。伊朗可从本国海岸、岛屿和石油平台，利用相对较小的机动发射装置发射弹道导弹（ballistic misssile）或反舰巡航导弹[1]（anti-ship cruise missiles）。这些导弹所形成的高密度火力覆盖，将是任何打算突破霍尔木兹海峡封锁线的海上力量无法回避的难题。

1987 年，伊朗从朝鲜接收了大约 100 枚飞毛腿 B 型导弹。伊朗同意为朝鲜的远程导弹计划提供资金，以换取导弹技术和购买导弹的机会。1995 年，伊朗接受朝鲜四架飞毛腿导弹发射车（Scud Transporter Erector Launcher）。2010 年 10 月，朝鲜的阅兵式上展示了一枚类似于伊朗的"流星-3"的鼻导弹，这使得一些分析人士将其作为伊朗与朝鲜在导弹发展方面进行技术合作的证据。2011 年 5 月，根据联合国专家小组的一份报告，伊朗和朝鲜可能使用定期航班交换弹道导弹技术。据报道，2017 年 5 月，伊朗试图从"加迪尔"（Ghadir）级微型潜艇中测试在霍尔木兹海峡发射的潜射巡航导弹。"加迪尔"是朝鲜"约诺"级潜艇的伊朗变种。而英国简氏集团也认为，伊朗的微型潜艇项目得到了朝鲜的援助。从外形和吨位来看，"加迪尔"级潜艇与朝鲜的"山高"（Sang-O）级潜艇颇为相似。[2]

2. 海军互访和演习

（1）与俄罗斯的海军互访和演习

伊朗与俄罗斯两国海上军事交往频繁。2009 年，俄罗斯和伊朗的第一次

---

〔1〕 弹道导弹发射后基本无动力，按照预定线路打击目标，其弹道很容易被预测，常用于打击固定目标；反舰巡航导弹可以依靠弹翼、弹体产生的升力维持它在空中飞行，精度高。参见《反舰导弹》，载百度百科，https://baike.baidu.com/item/% E5% 8F% 8D% E8% 88% B0% E5% AF% BC% E5% BC% B9/414270？fr = aladdin，最后访问日期：2020 年 12 月 12 日。

〔2〕 "加迪尔"级潜艇属于近岸活动的微型潜艇，吨位在 270—300 吨之间，艇长 36 米。操作人员编制为 5 人，乘员 20 名。艇上装有 2 具小型鱼雷发射管，估计可携带 6 枚鱼雷或者 16 枚水雷执行作战任务。参见刘栋：《伊朗微型潜艇瞄准美航母，轻骑兵技术疑源于朝鲜》，载央视网，http://news.cctv.com/world/20061212/112848.shtml，最后访问日期：2020 年 12 月 11 日。

联合军事演习在里海举行。[1]2017 年 7 月 15 日，俄罗斯第五舰队和伊朗海军在里海举行联合海军军事演习。[2]2017 年 10 月 13 日，伊朗军舰到访俄罗斯。访问期间，伊朗和俄罗斯在里海举行联合海军演习。[3]

　　除军演外，两国海军还进行了军舰互访。2014 年 12 月，俄罗斯两艘战舰到访伊朗北部港口城市安扎里[4]。2015 年 8 月 10 日，有媒体报道，俄罗斯海军派遣两艘俄罗斯战舰前往伊朗北部的安扎里。[5]2015 年 10月，伊朗向俄罗斯领海派遣了第二支战舰，并在俄罗斯的阿斯特拉罕（Astarakhan）港口停留了 12 天。2016 年 11 月 18 日，俄罗斯海军研究船"琥珀"（Yantar）号到访伊朗。[6]2017 年 3 月 9 日，伊朗海军舰队停靠在马哈奇卡拉（Makhachkala）。这是伊朗海军自 2013 年以来第三次访问俄罗斯。[7]

　　此外，两国海军还开展了其他合作。2013 年国际海事防务展（International Maritime Defence Show 2013）期间，伊朗与俄罗斯高级海军将领在圣彼得堡举行会晤。在这次会晤中，双方强调了在里海安全、联合演习、互访、教育和技术方面的合作。双方还就海洋问题、维护国际水域安全、打击海盗和恐怖主义等问题交换了意见。伊朗海军指挥官还与来自德国、希腊、波兰、阿联酋和科威特的同行举行会谈。[8]2015 年 1 月 20 日，俄罗斯与伊朗签订了以加强海

〔1〕　Clara Weiss, "Russia and Iran Deepen Political and Military Cooperation", World Socialist Web Site, https：//www. wsws. org/en/articles/2013/08/08/russ-a08. html, November 22, 2018.

〔2〕　"Iran, Russia Hold Joint Naval Drill", MEHR NEWS AGENCY, https：//en. mehrnews. com/ news/126522/Iran-Russia-hold-joint-naval-drill, November 20, 2018.

〔3〕　"Iran, Russia to Hold Joint Naval Drill in Caspian Sea", PRESS TV, https：//www. presstv. com/ Detail/2017/10/13/538470/Iran-missile-Russia-military-drills-Sayyari-Damavand-Peykanclass-Ma-khachkala, November 20, 2018.

〔4〕　安扎里（Anzali）是伊朗北部里海沿岸城市，位于吉兰省境内。See "ANZALI", Marine Traffic, https：//www. marinetraffic. com/en/ais/home/zoom：14/centerx：49. 467475/centery： 37. 47754/showports：1, November 23, 2018. "Russian Naval Fleet Visits Iranian Port on Caspi-an Sea", Customs Today Report, http：//www. customstoday. com. pk/russian-naval-fleet-visits-i-ranian-port-on-caspian-sea/, November 23, 2018.

〔5〕　Zachary Keck, "Russia Sends Two Warships to Iran", Nationalinterest, https：//nationalinterest. org/blog/the-buzz/russia-sends-two-warships-iran-13542, November 22, 2018.

〔6〕　"Russian Navy's Research Vessel Berths at Iranian Port", IFP News, https：//ifpnews. com/rus-sian-navys-research-vessel-berths-iranian-port, November 22, 2018.

〔7〕　Vishakha Sonawane, "Iran-Russia Ties：Tehran Seeks Naval Cooperation With Moscow in Caspian Sea", International Business Times, https：//www. ibtimes. com/iran-russia-ties-tehran-seeks-na-val-cooperation-moscow-caspian-sea-2508634, November 22, 2018.

〔8〕　"Iran, Russia Navies Eager to Hold Joint Drills", Young Journalists Club, https：//www. yjc. ir/ en/news/1582/iran-russia-navies-eager-to-hold-joint-drills, November 23, 2018.

军合作为特点的军事合作协议。[1]2017 年印度尼西亚国际海事安全研讨会（Maritime Safety International Conference）间隙，伊朗海军高级将领会见俄罗斯官员，双方讨论了从海军合作到里海安全的各种问题。[2]

（2）与到访中国军舰的联合演习

2014 年 9 月，驱逐舰长春舰（destroyer Changchun）和护卫舰常州舰（frigate Changzhou）停靠于伊朗南部港口，之前它们是在亚丁湾和索马里海域巡航，保护航道。随后，舰队与伊朗海军举行了旨在促进和平与安全的军事演习。2017 年 6 月，由 2 艘战列巡洋舰、1 艘支援舰和 1 架直升机组成的中国舰队到访伊朗，并和伊朗海军开展了联合演习。[3]

（3）与巴基斯坦的军舰互访和演习

2017 年 3 月，由巴基斯坦海军"蒂普苏丹"（Tippu Sultan）号和"勇气"（Jurrat）号组成的巴基斯坦海军特派团在阿巴斯港停靠，对伊朗进行了友好访问。2017 年 4 月，伊朗海军舰艇"纳格迪"（Naghdi）号和"通布"（Tonb）号访问了卡拉奇，传达了和平与友谊的信息。伊朗海军代表团也作为观察员参加了巴基斯坦海军的国际演习"AMAN-17"。2017 年 11 月，巴基斯坦海军舰艇"拉赫·纳瓦尔德"（Rah Naward）号和"迪哈沙特"（Dehshat）号访问了伊朗的阿巴斯港。2018 年 4 月，巴基斯坦高级海军将领对伊朗进行正式访问，并与伊斯兰革命卫队军团指挥官和两名伊朗海军将军举行了会晤。2018 年 10 月，伊朗第五十七海军舰队到访巴基斯坦。[4]

（4）与阿曼的演习

1998 年 5 月，阿曼和伊朗舰船举行了联合演习。2017 年 4 月，阿曼海军和伊朗海军在印度洋举行联合军演。[5]2018 年 5 月，阿曼和伊朗举行联合海军演习。[6]

---

〔1〕 "Russia and Iran Sign Military Cooperation Agreement", The Moscow Times, https：//themoscow-times.com/articles/russia-and-iran-sign-military-cooperation-agreement-43029, November 22, 2018.

〔2〕 Kay Han, "Russia, Iran Navies：No Foreign Troops in Caspian", http：//kayhan.ir/en/news/43408/russia-iran-navies-no-foreign-troops-in-caspian, November 23, 2018.

〔3〕 许寿明、穆东：《中国海军编队抵达伊朗进行友好访问》，载参考消息，http：//www.cankao xiaoxi.com/world/20170616/2125070.shtml，最后访问时间：2022 年 8 月 11 日。

〔4〕 "Iranian 57th Naval Flotilla Arrives in Pakistan on Goodwill Visit", AZER NEWS, https：//www.azernews.az/region/138936.html, November 23, 2018.

〔5〕 《伊朗与阿曼海军在印度洋举行联合军演》，载俄罗斯卫星通讯社网站，http：//sputni-knews.cn/military/201704101022307638/，最后访问日期：2020 年 12 月 11 日。

〔6〕 Mu Xuequan, "Iran, Oman to Hold Joint Rescue, Relief Drills in Persian Gulf", Xinhua net, ht-tp：//www.xinhuanet.com/english/2018-05-05/c_ 137158410.htm, November 23, 2018.

（5）与其他到访军舰的演习

2015 年，两艘印度海军舰艇"贝特瓦"（INS Betwa）号和"贝斯"（INS Beas）号到访伊朗阿巴斯港口，并与伊朗海军举行了海上军事演习。[1]2016 年 9 月，一艘意大利护卫舰到访阿巴斯港，并与两艘伊朗战舰进行了联合演习。[2]2017 年 10 月，阿塞拜疆两艘海军军舰首次访问伊朗，并停泊于伊朗的安扎里港。[3]

（三）海洋研究合作

1. 海水淡化

（1）与中国的海水淡化合作

第一，建设海水淡化厂。2016 年 1 月 22 日，国家海洋局在北京召开了全国海洋工作会议，会议对海水利用工作作出重要部署，会上强调要努力推进与伊朗的海水淡化工程项目。[4]2018 年 10 月，伊朗工业发展与改造组织[5]（Industrial Development & Renovation Organization of Iran）与掌握 ZSM 分子筛膜技术的中国公司签署了合作合同。根据合同，该公司将向伊朗工业发展与改造组织转让反渗透海水淡化机械设备和相关技术，另外，该公司还将在伊朗西部的伊拉姆省建立一个海水淡化厂。[6]该工厂总投资 1 万亿里亚尔，相当于 240 亿美元。[7]

第二，太阳能光热海水淡化系统。参照形成降雨的自然现象，中国科研人员研究了全新的工业化海水淡化技术。具体而言，就是将蒸馏法的淡

---

〔1〕 "Naval Ships on a Goodwill Visit to Iran", Indian Navy, https：//www. indiannavy. nic. in/content/naval-ships-goodwill-visit-iran-0, November 23, 2018.

〔2〕 "Italy 'Held Naval Manoeuvres with Iran' in Strategic Strait", The Local, https：//www. thelocal. it/20160928/italy-held-naval-manoeuvres-with-iran-in-strategic-strait, November 23, 2018.

〔3〕 "Azerbaijani Navy Visits Iran for First Time Amid Warming Ties", Eurasia Net, https：//eurasianet. org/azerbaijani-navy-visits-iran-for-first-time-amid-warming-ties, November 23, 2018.

〔4〕 李琳梅：《深入贯彻落实全国海洋工作会议精神 努力开创海水利用事业新局面》，载《海洋开发与管理》2016 年第 S1 期。

〔5〕 伊朗工业发展与改造组织是伊朗最大的公司之一，也是亚洲最大的企业集团之一。其目标是发展伊朗的工业部门，加速该国的工业化进程，并在全球范围内出口伊朗产品。See "IDRO Group", Wikipedia, https：//en. wikipedia. org/wiki/IDRO _ Group, November 14, 2018.

〔6〕 "Iran, China Sign Deal to Construct Desalination Facility", AZERNEWS, https：//www. azernews. az/region/139428. html, November 23, 2018.

〔7〕 Executive Intelligence Review, "Iran and China Sign Deal to Set up Desalination Plant in Iran", https：//larouchepub. com/pr/2018/181018_ iran_ desal_ plant. html, November 14, 2018.

化工艺与太阳能光热结合起来，打造低碳、生态友好的海水淡化系统，即太阳能光热海水淡化系统。2013 年，中国首个太阳能光热海水淡化项目在海南乐东尖峰镇建成，并成功产出优质淡水。2017 年 3 月，中国与伊朗、巴基斯坦等国展开合作，依靠中国的"水智造"技术来缓解人类面临的共同问题。[1]

（2）与新加坡的海水淡化合作

2018 年 4 月，伊朗亚洲水务开发工程公司[2]（Asia Water Development Engineering Company，AWDEC，以下简称"伊朗水务"）与新加坡凯发有限公司[3]（Hyflux，以下简称"凯发公司"）签订协议，由凯发公司在伊朗南部的阿巴斯港建造一座海水淡化厂，该海水淡化厂预计每天将供应 20 万立方米的淡水。[4]同年 7 月，凯发公司与伊朗水务签订第二份协议，根据第二份协议，凯发公司将建设同样规模的第二家海水淡化厂。两座海水淡化厂建成后，计划每天提供总计 40 万立方米的淡水。[5]

（3）与韩国的海水淡化合作

2016 年，伊朗的沙节沙赞（Sazeh Sazan）公司[6]与韩国斗山重工业集团有限公司[7]（Doosan Heavy Industries & Construction Co. Ltd.，以下简称"斗山公司"）签署了一份价值 1.86 亿美元的海水淡化协议。由斗山公司在伊朗南部的阿巴斯港建造一座反渗透海水淡化厂，该海水淡化厂每天淡化约 20 万吨水。斗山公司将负责该设施的采购、施工和测试运营，并在 2030 年

---

〔1〕 王玉洁、王晓庆：《"水智造"：借太阳能向大海要淡水》，载新华网，http：//m. xinhuanet. com/2017-03/13/c_ 1120615609. htm，最后访问日期：2020 年 12 月 11 日。

〔2〕 "About us/Introduction"，Asia Water，http：//www. asiawaterco. ir/about-us/introduction/？ lang = en，November 15，2018.

〔3〕 新加坡凯发有限公司总部位于新加坡，业务和项目遍及亚太、中东、非洲和美洲。该公司是全球顶级海水淡化厂供应商之一。See "Who We Are"，Hyflux，https：//www. hyflux. com/ about-us/who-we-are/，November 15，2018.

〔4〕 "Desal Data Weekly-April 11th，2018"，Desal Data，https：//www. desaldata. com/blog/desalda-ta-weekly-april-11th-2018，November 15，2018.

〔5〕 "Hyflux Wins Second Contract For Iran Desalination Project Despite Restructuring"，The Edge，ht-tps：//www. theedgesingapore. com/hyflux-wins-second-contract-iran-desalination-project-despite-re-structuring，November 15，2018.

〔6〕 沙节沙赞公司成立于 1998 年。目前，该公司已具备每天供应 45000 立方米以上饮用水的能力。See "Article（en-gb）"，SazehSazan，http：//sazehsazan. com/en/，November 15，2018.

〔7〕 斗山重工业集团有限公司成立于 1962 年，总部位于韩国昌原。"Doosan Heavy Industries & Construction Company Contractor-South Korea"，ProTenders，https：//www. protenders. com/com-panies/doosan-heavy-industries-construction-company，November 15，2018.

10 月之前提供运营和维护服务。[1]

2. 海洋地质勘探调查合作

（1）与奥地利的合作

2016 年 5 月，伊朗国家石油公司与奥地利石油天然气集团[2]（Austrian Mineral Oil Administration，OMV）签署了一项协议，分别在伊朗的扎格罗斯山脉（Zagros Mountains）和波斯湾地区开展盐丘[3]的碳氢化合物联合研究。伊朗国家石油公司的勘探总监表示，开展该研究的目的是确定这两个地区的勘探目标。这项联合研究持续两年，由奥地利方面承担研究的所有费用。[4]

（2）与中国的合作

从 2016 年开始，中国地质调查局青岛海洋地质研究所（以下简称"青岛所"）与伊朗地质调查局（Geological Survey Mineral Exploration of Iran）的相关负责人进行了多次交流，伊方表达了强烈的海洋地质合作意愿。2017 年 5 月 17 日，青岛所的科研人员与伊朗地质调查局的副局长进行了会谈。双方就开展阿曼湾海洋地质合作进行了深入交流并交换了意见，伊方非常赞同中方提出的合作计划并希望尽快签署合作协议。本次会谈对推动青岛所与"一带一路"沿线国家开展国际地质合作、响应"一带一路"国家倡议有积极意义。[5]

2017 年 9 月 24 日，针对印度洋北部马克兰增生楔构造与流体活动及其资源环境效应等关键科学问题，海洋矿产资源评价与探测技术功能实验室[6]（Evaluation and Detection Technology Laboratory of Marine Mineral Resources，以下简称"资源评价与探测技术实验室"）与伊朗地质调查局在 2017 年中国国

---

〔1〕 "Doosan Heavy Industries Lands ＄186 mn Desalination Deal in Iran"，Pulse，https：//pulse-news. co. kr/view. php？ year = 2016&no = 460168，November 15，2018.

〔2〕 奥地利石油天然气集团是一家石油和天然气综合公司，总部位于奥地利维也纳。See "OMV"，Wikipedia，https：//en. wikipedia. org/wiki/OMV，November 15，2018.

〔3〕 盐丘与油气聚集有紧密联系，其控制了油气的聚集。参见《盐丘之下藏黑金》，载中国石油新闻中心网站，http：//news. cnpc. com. cn/system/2018/10/24/001708415. shtml，最后访问日期：2018 年 11 月 23 日。

〔4〕 "Iran，Austria Ink Oil Exploration Deal"，Irna，http：//www. irna. ir/en/News/82062539，November 16，2018.

〔5〕 廖晶：《青岛海洋所与伊朗地调局就海洋地质合作展开会晤》，载中国地质调查局青岛海洋地质研究所网站，http：//www. qimg. cgs. gov. cn/hzjl/201705/t20170524_ 430402. html，最后访问日期：2018 年 11 月 14 日。

〔6〕 海洋矿产资源评价与探测技术功能实验室是青岛海洋科学与技术试点国家实验室的八个功能实验室之一，依托建设单位为中国地质调查局青岛海洋地质研究所，共建单位为中国海洋大学、中国科学院海洋研究所、国家海洋局第一海洋研究所、中国石油大学（华东）、山东科技大学。

际矿业大会上签署合作项目协议，共同开展阿曼海海洋地质调查研究。2017年9月26—27日，伊朗地质调查局副局长访问资源评价与探测技术实验室和青岛所，通过进一步的讨论，双方对2018—2020年的工作部署达成了一致意见。访问期间，伊朗地质调查局一行还参观了青岛海洋科学与技术试点国家实验室，在展厅观看了"海洋地质九号"、大洋钻探船、"蛟龙"号等一系列设备模型，近距离了解中国首个获批试点运行的国家实验室的科研实力。此项环印度洋海洋地质调查研究有力地推进中国与包括伊朗在内的"海上丝绸之路"沿线国家的海洋科技合作，为"海上丝绸之路"倡议提供科学支撑。同时，该调查研究对提升双方科研实力，加强合作交流，促进经济发展，都具有深远影响。[1]

（3）与俄罗斯的合作

2018年3月，在联合经济合作委员会第十四次会议上，伊朗地质调查局与俄罗斯国家地质公司[2]（ROSGEO）签了关于地下资源和里海盆地研究的谅解备忘录。根据该备忘录，双方同意扩大在地质和勘探包括区域地质评估和矿产资源领域的合作。该会议结束时，双方签署了10份合作文件。这些文件涉及地质、交通、天然气、里海海底研究和矿产投资等领域的合作。

2018年10月，为了对里海南部进行综合研究，伊朗与俄罗斯进行了多次会晤。双方将利用俄罗斯在里海地区的专家和设施对里海南部进行联合研究。这项研究是伊朗地质调查局的一个重要项目，该项目得到了伊朗联合经济合作委员会和俄罗斯联邦的支持。通过该项目的实施，研究人员将首次获得里海南部有关地质、生物、环境和气候等方面的数据，这些数据具有极高的研究价值。[3]

3. 海洋科研与海洋环境保护合作

伊朗与欧盟开展了海洋科研与环境保护领域的合作。2016年4月16日，欧盟高级代表和伊朗外交部长发表联合声明，双方将在多个领域开展合作。在科学研究方面，欧盟大力投资科学研究和创新项目。欧盟制订了"地平线

---

〔1〕《中伊将合作开展印度洋海洋地质研究，为海丝路倡议提供科学支撑》，载海洋矿产资源评价与探测技术功能实验室网站，http：//www. qnlm. ac/hykczypjytcjs/page? a = 0&b = 3&c = 17&d = 6&p = detail，最后访问日期：2020年12月11日。

〔2〕"Home"，ROSGEO，https：//www. rosgeo. com/en/，December 11，2020.

〔3〕"Marine Geological Studies Will Begin at Southern Part of Caspian Sea"，GEOLOGICAL SURVEY & MINERAL EXPLORATION OF IRAN，https：//gsi. ir/en/news/23175/marine-geological-stud-ies-will-begin-at-southern-part-of-caspian-sea，November 22，2018.

2020"计划，鼓励欧盟以外的国家参与欧盟的研究和创新计划。为加强伊朗与欧盟之间的科学、技术、研究和创新合作，双方设立了一个工作组。2016年9月7日，工作组首次会议在布鲁塞尔举行。双方将加强在卫生、能源、食品、水、环境、气候变化、社会科学和人文科学等领域的合作。工作组第二次会议于2017年7月2日在德黑兰举行，此次会议进一步巩固了伊朗与欧盟在研究、科学、技术和高等教育等方面的合作。[1]同年7月，伊朗20所大学和欧洲22个科研中心签署了有关科学研究的谅解备忘录。[2]2017年11月11日，欧盟农业和农村发展专员在德黑兰会见了伊朗农业部部长。该专员表示，欧盟承诺与伊朗在共同感兴趣的领域继续合作，欧盟委员会将向伊朗通报伊朗参与"地平线2020"计划中粮食安全、海洋资源和生物经济等领域研究的条件。[3]

在环境保护领域，2016年12月16日，伊朗副总统访问布鲁塞尔，并与欧盟签署环境合作框架协议。2017年下半年，伊朗和欧盟设立了三个欧盟—伊朗工作组。这三个工作组分别负责循环经济和废物、水和海洋垃圾、空气质量和沙尘暴三个方面的合作事务。[4]

（四）海洋渔业合作

1. 与中国的渔业合作

1985年2月，中国经济代表团访问伊朗。双方达成共识，在渔业等诸多领域开展合作。双方交换了渔业设施、鱼类养殖技术和深水养殖技术等相关信息。双方达成初步协议，伊朗渔业公司将获得中国的鱼类养殖技术。2016年7月，中国农业部副部长访问德黑兰。访问期间该副部长表示，中国计划对伊朗格什姆岛和阿巴斯附近的渔场投资30亿美元。[5]同年9月，中国和伊朗签署协议，中国承诺将投资伊朗北部和南部渔业和水产养殖。伊朗农业部

〔1〕 Task Force Iran, "Cooperation Between the EU and Iran", https：//eeas. europa. eu/delegations/iran/44232/cooperation-between-eu-and-iran_ en, November 22, 2018.

〔2〕 "Iran, EU Universities Sign Several MoUs", Iran Front Page, https：//ifpnews. com/exclusive/iran-eu-universities-sign-several-mous/, November 22, 2018.

〔3〕 "Commissioner Phil Hogan Starts Visit to Tehran with Meeting with Iranian Minister", European Commission, https：//ec. europa. eu/info/news/commissioner-phil-hogan-starts-visit-tehran-meeting-iranian-minister_ en, November 22, 2018.

〔4〕 Task Force Iran, "Cooperation Between the EU and Iran", https：//eeas. europa. eu/delegations/iran/44232/cooperation-between-eu-and-iran_ en, November 22, 2018.

〔5〕 《俄媒：中国向伊朗渔业投资30亿美元》，载参考消息，http：//www. cankaoxiaoxi. com/finance/20160728/1248660. shtml，最后访问时间：2022年8月11日。

部长指出，伊朗加入上海合作组织[1]（Shanghai Cooperation Organization，SCO）后，双方将会开展进一步的合作。[2]

2. 与阿曼的渔业合作

2017 年 1 月，伊朗渔业代表团访问阿曼。伊朗农业部副部长兼渔业组织负责人表示，伊朗愿意与阿曼私人企业开展渔业领域的合作。他认为，双方可以在鱼、虾尤其是鲟鱼的海水养殖等方面进行合作。随后，代表团访问了阿曼的一些渔港。[3]2018 年 10 月，阿曼渔业公司首席执行官接待了伊朗工商会主席。此次会见，双方讨论了两国渔业公司之间的合作事宜。[4]

3. 与俄罗斯的渔业合作

如前文所述，伊朗与俄罗斯的渔业合作历史悠久。早在 19 世纪下半叶，在沙皇的支持下，俄国的私人主体长期租用伊朗在里海南部的渔场捕鱼。1917 年十月革命后，伊朗和苏联成立合资公司在里海捕鱼，直至 1953 年该公司被国有化。[5]1973 年，伊朗与苏联专家合作，在吉兰省繁殖鲟鱼。[6]2017 年 4 月 18 日，伊朗渔业组织负责人和俄罗斯联邦渔业局副局长在德黑兰签署了谅解备忘录。伊朗渔业组织负责人在签字仪式上表示，伊朗和俄罗斯将在渔业贸易和研究领域进行合作，此次协议的签署将为促进伊朗向俄罗斯出口鱼类做好准备。此外，该协议也为伊朗从俄罗斯进口鱼类奠定基础。[7]

---

〔1〕 2005 年，伊朗成为上海合作组织的观察员国。2008 年，伊朗申请成为上海合作组织正式成员国。但联合国安理会的制裁阻碍了伊朗从观察员国家升级为第九名成员国。目前，伊朗仍是上海合作组织的观察员国。See Naveed Ahmad，"Ahead of Iran's Entry, the SCO Begs the Gulf's Attention"，Arab News，http：//www. arabnews. com/node/1294016，November 19，2018.

〔2〕 "China to Invest 20bn in Iran's Fisheries, Aquaculture"，MEHR NEWS AGENCY，https：//en. mehrnews. com/news/120014/China-to-Invest-20bn-in-Iran-s-fisheries-aquaculture，November 19，2018.

〔3〕 "Iran Ready for Fishery Cooperation with Oman"，Islamic Republic News Afency，http：//www. irna. ir/en/News/82382100，November 15，2018.

〔4〕 "Reception of the President of the Iranian Chamber of Commerce and Industry in Oman Fisheries Company"，Oman Fisheries，http：//omanfisheries. com/reception-of-the-president-of-the-iranian-chamber-of-commerce-and-industry-in-oman-fisheries-company/，November 18，2018.

〔5〕 Encyclopædia Iranica，"FISHERIES"，http：//www. iranicaonline. org/articles/fisheries-，November 18，2018.

〔6〕 Karimpour, Mohammad, Harlioglu, Muzaffer Mustafa, Khanipour, Ali Asghar, et al. "PRESENT STATUS OF FISHERIES IN IRAN"，*Journal of Fisheries Sciences* 7，2013，pp. 161-177.

〔7〕 Under Current News，"Iran, Russia Sign MOU on Fishery Cooperation"，https：//www. undercurrentnews. com/2017/04/18/iran-russia-sign-mou-on-fishery-cooperation/，November 15，2018.

4. 与挪威的渔业合作

2017 年 2 月，挪威渔业部部长会见伊朗驻奥斯陆大使。挪威渔业部部长表示欢迎扩大伊朗与挪威在渔业和水产养殖领域的合作。伊朗大使表示，伊朗在第六个"五年发展计划"期间预计养殖 20 万吨鱼类，德黑兰愿意与挪威在渔业和水产养殖领域开展合作。渔业产品的生产、水产品的加工和再出口、养殖专用设备和相关研究的项目都是双方合作的方向。同年 7 月 14 日，伊朗渔业组织负责人会见挪威驻德黑兰大使时表示，伊朗愿意为进一步发展鱼类繁殖创造机会，并强调伊朗渔业组织和挪威应该扩大在网箱养鱼方面的合作。伊朗渔业组织负责人还表示愿意参加挪威渔业国际展览会，并邀请挪威大使参观该国北部网箱养鱼的地区。[1]

5. 与法国的渔业合作

2015 年 9 月，伊朗和法国在德黑兰签署关于扩大农业和渔业合作的谅解备忘录。双方将在格什姆岛开展联合渔业项目。2016 年 7 月，伊朗在德黑兰举行伊朗—德黑兰渔业会议。法国驻伊朗大使和 16 家法国渔业公司代表出席该会议。[2]法国大使表示，16 家法国渔业公司准备与伊朗开展渔业合作。2017 年，伊朗和法国签署了一份合作协议，伊朗每年生产和出口 1000 吨虾。伊朗霍尔木兹坝（Hormoz Dam）公司与法国甲壳动物 C（Crusta' C）公司[3]和日下麦穗（Du Ble Au Soleil SAS）公司[4]之间的合同价为 2000 万美元。两个公司还计划建立一个名为 Crustapars 的联合控股公司，以同一品牌运营虾类的生产和出口。[5]伊朗饲料工业协会主席指出，双方的出资份额并没有在合同中明确规定，但法国方面将向伊朗提供该领域的最新技术。法国提供的技术包括：养虾技术、幼虾大规模生产技术以及加工和保障技术等。[6]2018 年 8 月，伊朗农业部和伊朗渔业组织的官员与伊朗和法国的渔业公司召

---

〔1〕 "Iran, Norway Stress Cooperation on Fisheries", The Iran Project, https://theiranproject.com/blog/2015/07/15/iran-norway-stress-cooperation-on-fisheries/, November 15, 2018.

〔2〕 "Iran, France Ramp up Fisheries Coop.", MEHR NEWS AGENCY, https://en.mehrnews.com/news/117937/Iran-France-ramp-up-fisheries-coop, November 18, 2018.

〔3〕 该公司成立于 1993 年，是法国一家甲壳类产品生产和销售公司。

〔4〕 该公司于 2015 年 4 月在法国里昂成立。2016 年，其成为法国最大的伊朗冷冻虾进口商之一。

〔5〕 "Iran, France to Cooperate on Shrimp Production", Iran Business News, http://www.iran-bn.com/2017/07/06/iran-france-to-cooperate-on-shrimp-production/, November 18, 2018.

〔6〕 Yurou Liang, "Iran, France to Cooperate on Shrimp Production, Export", Xinhua Net, http://www.xinhuanet.com/english/2017-07/03/c_136413917.htm, November 18, 2018.

开会议。会上，伊朗官员讲解了伊朗和法国直至 2025 年的渔业合作计划。[1]

6. 与荷兰的渔业合作

2016 年 12 月，伊朗农业部部长和荷兰经济事务部部长签署了一份关于扩大农业、渔业、畜牧业、乳制品、卫生和健康领域合作的谅解备忘录。荷兰经济事务部部长表示，伊朗在农业领域处于世界先进水平，荷兰愿意在经济和农业领域加强与伊朗的合作。[2]2018 年 5 月，伊朗和荷兰在海牙举行的联合农业委员会第二次会议上签署了两份关于农业合作的谅解备忘录。该谅解备忘录约定，两国将建立专门工作组，以推动畜牧业、温室栽培、遗传资源、渔业和乳制品等领域的合作。[3]

7. 与日本的渔业合作

伊朗和日本的渔业合作可追溯到巴列维王朝时期。1955 年，一家日本公司对波斯湾和阿曼湾的鱼类资源和渔场进行了调查。调查表明，波斯湾和阿曼湾的渔业资源丰富且可全年进行捕捞作业。伊朗于 1956 年与日本共同创建一家名为波斯湾渔业有限公司的联合捕鱼企业。但由于伊朗政府无法提供足够的基础设施，日本也没有支付约定的购买仓库的款项，因此，该合资企业于 1958 年解散。但伊朗仍雇用日本的渔船和渔业技术人员，此种形式的合作于 1960 年结束。[4]

日本于 1957 年开始向伊朗提供援助，欢迎伊朗政府官员到日本接受培训。经过几十年的合作，日本国际协力机构（Japan International Cooperation Agency，JICA）于 1974 年在伊朗设立办事处。该机构通过解决能源、农业、渔业、林业、环境、人力资源、区域发展、健康等问题，加速伊朗的社会经济发展。[5]2018 年，日本 INTEM 咨询公司[6]与伊朗中小渔业企业开展合作，

[1] "Iran, France Discuss Aquaculture Cooperation", Young Journalists Club, https://www.yjc.ir/en/news/28150/iran-france-discuss-aquaculture-cooperation, November 18, 2018.
[2] "Iran, Netherlands Sign Agricultural MOU", MEHR NEWS AGENCY, https://en.mehrnews.com/news/121706/Iran-Netherlands-sign-agricultural-MoU, November 18, 2018.
[3] "Agricultural Co-op MOUs Signed Between Iran, Netherlands", Tehran Times, https://www.tehrantimes.com/news/423267/Agricultural-co-op-MOUs-signed-between-Iran-Netherlands, November 18, 2018.
[4] Encyclopædia Iranica, "FISHERIES", http://www.iranicaonline.org/articles/fisheries-, November 18, 2018.
[5] 日本国际协力机构成立于 2003 年 10 月 1 日，是一个独立行政法人。该机构旨在通过与发展中国家和地区开展技术和人员合作，促进日本和国际经济社会的健康发展。"Who We Are", JICA, https://www.jica.go.jp/iran/english/office/others/c8h0vm0000che7jx-att/brochure_01.pdf, November 18, 2018.
[6] 该公司成立于 1993 年 4 月，其业务包括官方援助项目落地实施等。See "About our Support", INTEM Consulting, Inc., http://www.intemjapan.co.jp/company/, November 18, 2018.

为其提供技术服务。

8. 与越南的渔业合作

2005 年，伊朗与越南专家合作引进白腿虾（Whit Leg Shrimp），此种虾成为伊朗养虾场最重要的养殖品种。[1]2017 年 7 月，伊朗农业部部长在德黑兰会见越南农业与农村发展部部长，双方考察了合作场地，并强调了双方在农业和渔业领域开展合作的必要性。伊朗表示，它是世界上第一个养殖鲑鱼和鳟鱼的国家，越南可以从伊朗进口鲑鱼和鳟鱼。越南表示，其与 15 个国家签署了自由贸易协定，伊朗可以通过将产品出口到越南扩展其出口市场。2017 年 10月，伊朗农业部副部长会见了伊朗—越南贸易委员会负责人，讨论如何扩大伊朗和越南在农业领域的双边合作。伊朗—越南贸易委员会负责人提及在格什姆岛设立办事处，并宣布打算从伊朗购买虾、鱼子酱和鲑鱼卵。[2]

9. 在联合国粮食及农业组织框架下的合作

联合国粮食及农业组织（Food and Agriculture Organization of the United Nation, FAO，以下简称"联合国粮农组织"）是根据 1943 年 5 月召开的联合国粮食及农业会议的决议，于 1945 年 10 月 16 日在加拿大魁北克正式成立。1946 年12 月，该组织成为联合国的一个专门机构。截至 2022 年 6 月，联合国粮农组织共有 197 个成员，其中包括 194 个成员国，1 个成员组织（欧洲联盟）和 2个准成员（法罗群岛、托克劳群岛）。[3]伊朗于 1953 年 12 月 1 日成为联合国粮农组织的成员国。[4]

联合国粮农组织的职能是通过加强世界各国和国际社会的行动，提高人们的营养和生活水平，提升粮农产品的生产及分配的效率，改善农村人口的生活状况，以及帮助发展世界经济和保证人类免于饥饿等。它搜集、整理、分析并向世界各国传播有关粮农生产和贸易的信息；向成员国提供技术援助；动员国际社会进行农业投资，并利用其技术优势执行国际开发和金融机构的农业发展项目；向成员国提供粮农政策和计划的咨询服务；讨论国际粮农领域的重大问题，制定有关国际行为准则和法规，加强成员之间的磋商与

---

〔1〕 Karimpour, Mohammad, Harlioglu, Muzaffer Mustafa, Khanipour, Ali Asghar, et al. "Present Status of Fisheries in Iran", *Journal of Fisheries Sciences* 7, 2013, pp. 161-177.

〔2〕 "Vietnam Eyes Exporting Rice, Shrimp to Iran", MEHR NEWS AGENCY, https://en.mehrnews. com/news/128277/Vietnam-eyes-exporting-rice-shrimp-to-Iran, November 18, 2018.

〔3〕 联合国粮食及农业组织基本情况参加中国外交部网站, https://www.mfa.gov.cn/web/gjhdq_ 676201/gjhdqzz_ 681964/lhg_ 681966/jbqk_ 681968/201308/t20130821_ 9380026. shtml, 最后访问日期: 2022 年 8 月 9 日。

〔4〕 "FAO in the Islamic Republic of Iran", Food and Agriculture Organization of the United Nations, http://www.fao.org/iran/fao-in-iran/en/, November 18, 2018.

合作。[1]联合国粮农组织的主要部门包括：农业和消费者保护部（Agriculture and Consumer Protection Development），气候、生物多样性和水土资源部（Climate，Biodiversity，Land and Water Development），经济和社会发展部（Economic and Social Development Development），渔业和水产养殖部（Fisheries and Aquaculture Department），林业部（Forestry Development）及技术合作部（Technical Cooperation Development）。

（1）渔业和水产养殖部

渔业和水产养殖部支持所有促进蓝色经济增长的活动。该部门负责协调社会和经济发展与环境保护，制定渔业和水产养殖政策，提供科学建议、战略规划和培训材料。此外，它还汇集相关行动者，讨论国际合作利益相关方渔业和水产养殖管理方法等问题。渔业和水产养殖部下设的渔业委员会（Committee on Fisheries，COFI）是联合国粮农组织理事会的一个附属机构，成立于1965年。该委员会定期向各国政府、区域渔业机构、非政府组织、渔工、粮农组织和国际社会提出建议。其负责审议粮农组织在渔业和水产养殖领域的工作计划及其执行情况，并定期全面回顾国际性渔业和水产养殖问题，分析这类问题及其可能的解决办法，以便各国、粮农组织、政府间机构和民间社会采取协调一致的行动。该委员会还审议理事会或粮农组织总干事交给它的，或委员会根据成员要求列入其议程的，或联合国大会要求的同渔业和水产养殖有关的具体事项。

（2）区域渔业委员会

联合国粮农组织渔业和水产养殖部下设众多区域渔业机构（Regional Fishery Bodies，RFBs），致力于鱼类资源的养护和管理。这些区域渔业机构的任务各不相同。一些区域渔业机构承担咨询任务，向其成员提供没有约束力的建议、决定或协调机制；一些区域渔业机构承担管理职责，被称为区域渔业管理组织（Regional Fisheries Management Organizations，RFMO），它们可对其成员采取具有约束力的渔业养护和管理措施。其中的区域渔业委员会（Regional Commission for Fisheries，RECOFI）成立于1999年，负责管理波斯湾和阿曼湾地区的渔业活动。该委员会旨在促进海洋生物资源的开发、养护、合理管理和利用以促进水产养殖的可持续发展。该委员会原有7个成员国[2]，伊朗于2008年加入该组织[3]。其管理机构是由每个成员国的一名代表组成的

---

[1] 杨玉花：《联合国粮食及农业组织网上资源简介》，载《农业图书情报学刊》2007年第19期。
[2] 这7个成员国是：巴林、伊拉克、科威特、阿曼、卡塔尔、沙特阿拉伯和阿联酋。
[3] "Agreement for the Establishment of the Regional Commission for Fisheries（RECOFI）"，ECOLEX，https://www.ecolex.org/details/treaty/agreement-for-the-establishment-of-the-regional-commission-for-fisheries-recofi-tre-001333/，November 19，2018.

委员会。区域渔业委员会下设两个附属机构：渔业管理工作组（Working Group on Fisheries Management，WGFM）和水产养殖工作组（Working Group on Aquaculture，WGA）。[1]

10. 在亚太区域渔业产品营销信息和技术咨询服务政府间组织框架下的合作

亚太区域渔业产品营销信息和技术咨询服务政府间组织（Intergovernmental Organization for Marketing Information and Technical Advisory Services for Fishery Products in the Asian and Pacific Region，INFOFISH）的前身是联合国粮农组织 1981 年启动的一个项目。1985 年，联合国粮农组织在吉隆坡召开会议通过设立该组织的公约（Agreement for the Establishment of the Intergovernmental Organization for Marketing Information and Technical Advisory Services for Fishery Products in the Asian and Pacific Region），该公约于 1987 年生效。该政府间组织也是联合国粮农组织渔业技术和信息咨询服务网络的一部分。至 2018 年 11 月，该组织有 14 个成员国[2]。

亚太区域渔业产品营销信息和技术服务政府间组织旨在促进成员国根据当前和未来的市场需求发展渔业，促进缔约国渔业升级和现代化，为成员国提供更均衡的渔业产品供应，充分利用亚洲及太平洋区域的出口机会，促进成员国之间的技术和经济合作。[3]该组织也是亚太地区鱼类产品生产者和出口商的主要营销信息来源。其组织活动，将买家和卖家聚集在一起，发布当前和长期的营销信息，提供技术咨询和专业服务。[4]

11. 在印度洋金枪鱼委员会框架下的合作

印度洋金枪鱼委员会（Indian Ocean Tuna Commission，IOTC）是一个政府间组织，成立于 1993 年。其任务是管理印度洋及其邻近海域的金枪鱼和类似金枪鱼的鱼类。该委员会的目标是促进养护和利用该委员会协定所涵盖的金枪鱼和金枪鱼类种群，并鼓励渔业的可持续发展。伊朗于 2002 年 1 月 28

---

〔1〕 "Regional Commission for Fisheries（RECOFI）", Food and Agriculture Organization of the United Nations, http：//www. fao. org/fishery/rfb/recofi/en, November 19, 2018.

〔2〕 成员国分别是：孟加拉国、柬埔寨、印度、印度尼西亚、伊朗、朝鲜、马来西亚、马尔代夫、斯里兰卡、巴基斯坦、菲律宾、巴布亚新几内亚、所罗门群岛和泰国。See "About Us", INFOFISH, http：//v3. infofish. org/index. php/about-us, November 19, 2018.

〔3〕 A. G. Roche, "A New Intergovernmental Fisheries Organization Infofish", Food and Agriculture Organization of the United Nations, http：//www. fao. org/docrep/s5280T/s5280t0v. htm, November 19, 2018.

〔4〕 See "About Us", INFOFISH, http：//v3. infofish. org/index. php/about-us, November 19, 2018.

日加入该组织。[1]该组织的职能包括：审查种群状况和发展趋势，收集、分析和传播科学信息、统计捕获量和其他有关数据；鼓励、建议和协调与《建立印度洋金枪鱼委员会协定》（Agreement for the Establishment of the Indian Ocean Tuna Commission）所涵盖的鱼类和渔业有关的研究开发活动；采取养护和管理措施等。[2]

12. 在环印度洋联盟框架下的合作

1997 年 3 月 5—7 日，印度洋地区 14 国外长聚集毛里求斯首都路易港，通过《联盟章程》和《行动计划》，宣告环印度洋地区合作联盟（The Indian Ocean Rim Association for Regional Cooperation）正式成立。2013 年 11 月 1 日，环印度洋地区合作联盟第 13 届部长理事会会议决定将该组织更名为环印度洋联盟[3]（The Indian Ocean Rim Association，IORA）。目前，该组织共有 23 个成员国、10 个对话伙伴国和 2 个观察员，伊朗于 1999 年成为该组织的成员国。该组织的宗旨是：遵循尊重国家主权、领土完整、政治独立、不干涉内部事务、和平共处、平等互利与协商一致等原则；推动区域内贸易和投资自由化，促进地区经贸往来和科技交流；扩大人力资源开发、基础设施建设等方面的合作；协调成员国的国际经济事务。

由于渔业及相关产业对于确保粮食安全至关重要，过度捕捞和气候变化的影响加速了印度洋地区主要鱼类种群的减少，因此，环印度洋联盟成员国一直致力于解决以下问题：海产品的安全和质量，海产品的处理、加工和储存，渔业资源的可持续管理和发展，鱼类贸易，等等。

实际上，环印度洋联盟是一个综合性国际组织，除了渔业管理，其还致力于海上安全、贸易投资便利化、灾害风险管理、旅游与文化交流和蓝色经

---

〔1〕 该组织有 28 个成员和 2 个观察员国。其成员是：澳大利亚、孟加拉国、中国、科摩罗、欧盟、法国、印度、印度尼西亚、伊朗、日本、肯尼亚、马达加斯加、马来西亚、马尔代夫、毛里求斯、莫桑比克、阿曼、巴基斯坦、韩国、塞舌尔、索马里、南非、斯里兰卡、苏丹、泰国、英国、坦桑尼亚、也门。See "Structure of the Commission", Indian Ocean Tuna Commission, http://www.iotc.org/about-iotc/structure-commission, March 15, 2023.

〔2〕 "Indian Ocean Tuna Commission（IOTC）", Food and Agriculture Organization of the United Nations, http://www.fao.org/fishery/rfb/iotc/en#Org-OrgsInvolved, November 15, 2018.

〔3〕 环印度洋联盟共有 23 个成员国、10 个对话伙伴国和 2 个观察员。成员国：南非、印度、澳大利亚、肯尼亚、毛里求斯、塞舌尔、科摩罗、阿曼、新加坡、斯里兰卡、坦桑尼亚、马达加斯加、印度尼西亚、马来西亚、也门、莫桑比克、阿联酋、伊朗、孟加拉国、泰国、索马里、马尔代夫、法国。对话伙伴国：中国、美国、日本、埃及、英国、德国、韩国、土耳其、意大利、俄罗斯。观察员：印度洋旅游组织和印度洋研究组织。参见中华人民共和国外交部网站，https://www.mfa.gov.cn/web/gjhdq_676201/gjhdqzz_681964/lhg_682302/jbqk_682304/，最后访问日期：2023 年 3 月 2 日。

济等方面的合作。其中，在海上安全方面，由于印度洋地区面临许多传统和非传统的安全挑战[1]，环印度洋联盟作为"第一道防线"，致力于加强该海域的国际海上安全和安保合作。在灾害风险管理方面，该地区经常发生自然灾害和人为灾害，印度洋地区有时被称为"世界危险地带"，因此灾害风险管理（Disaster Risk Management，DRM）是环印度洋联盟成员共同关心的领域。此外，蓝色经济主要涉及六个方面：渔业和水产养殖、可再生海洋能源、海港和航运、近海碳氢化合物和海底矿物、海洋生物技术研究和开发以及旅游等方面。[2]

（五）基础设施建设合作

1. 里海—波斯湾运河

深居内陆的里海与印度洋没有自然连接，中世纪以来，商人们只能通过连接伏尔加河[3]以及流入波罗的海的其他河流的运输路线抵达里海。19世纪末，由于同土耳其关系紧张，不愿意受制于人的沙俄希望从里海修建一条通向波斯湾的航道。为此，沙俄与伊朗于1904年成立了"建设运河委员会"。希望"分得一杯羹"的伊朗要求对运河实施共管，但沙俄坚持主张在运河区拥有治外法权，双方不欢而散。再加上英国在得知要修建这条运河的消息后不断向伊朗施压，1908年，伊俄就运河地位和开建日期的谈判中断。随后爆发的一战，让沙俄与伊朗再没有机会就此举行谈判。

一战后，土耳其与苏俄关系正常化，降低了苏俄对该运河的实际需要。直到二战时，土耳其以各种借口，给苏联船只经过博斯普鲁斯海峡和达达尼尔海峡前往南斯拉夫帮助抗击纳粹德国制造困难。里海—波斯湾运河对苏联的重要性再次凸显。1941年伊朗允许苏联和英国军队进入伊朗对抗法西斯，这无疑成为修复两国关系的重要机会。可惜的是，苏联与伊朗的蜜月期在二战后就宣告结束，在英国和美国对伊朗施加压力后，伊朗执政党将苏联军队

---

[1]　这些安全挑战主要包括：海盗、海上武装抢劫、恐怖主义、人口贩运、人员不正常流动、毒品贩运、非法贩运野生动植物、武器贩运、渔业部门犯罪、海洋健康退化、海洋资源的非法开发和气候变化及其对环境安全的相关影响。

[2]　"Blue Economy", IORA, http：//www.iora.int/en/priorities-focus-areas/blue-economy, November 17, 2018.

[3]　伏尔加河发源于东欧平原的瓦尔代高地，流经森林和草原带，最终注入里海。它的流域面积达138万平方公里，流经通过运河连接着的波罗的海、白海、亚速海、黑海和里海，因而也得来"五海之河"的称誉。参见王琼：《伏尔加河——世界上最长的内流河》，载科普中国网，http：//www.xinhuanet.com/science/2018-10/31/c_137569241.htm，最后访问日期：2018年11月15日。

赶出伊朗。

此后修建大运河的项目推进缓慢，直到 1962 年苏联与伊朗才成立"苏联—伊朗研究建设运河问题委员会"。1963 年，双方签署相关协议。1968 年，伊朗向苏联展示了大运河建设的初步方案。但因美国的干涉[1]，虽然两国并没有冻结大运河项目，但进展始终不大。20 世纪 70 年代末，伊朗国内政治动荡，运河修建工程再次被搁置，直到 20 世纪 90 年代才再次启动。1996—1997 年，伊朗交通运输部派出代表团前往俄罗斯，希望吸引俄罗斯对其水上运输航路进行投资或提供技术。但随后由于西方的制裁，该项目又一次被冻结。

虽然受国际政治因素影响，修建运河的计划接连受挫，但苏联对打通里海水上运输线的兴趣始终不减。1933 年 11 月，苏联科学院通过了伯朝拉—卡马大运河计划[2]，由于技术和资金问题，该项目并未真正落实。1961 年，这条大运河成为更大规模的"北方河流逆转"计划的一部分。为建造这条大运河，苏联甚至动用了核武器。1971 年 3 月 23 日，3 个 1.5 万吨当量的地下核装置在彼尔姆州[3]（Permskaya oblast）瓦斯优科沃村爆炸，爆炸点在重要城镇克拉斯诺维舍尔斯克以北大约 100 公里。[4]苏联专家由此确定，用爆炸数百个核装置建造一条完整的运河是不可行的，动用核弹修建这条运河的计划被取消。1986 年，"北方河流逆转"计划被完全放弃。

2012 年，里海—波斯湾运河项目被重启。[5]2015 年 2 月，伊朗法尔斯通讯社（Fars News Agency）报道，伊朗伊斯兰议会国家安全和外交政策委员会主席布鲁杰尔迪（Alaeddin Boroujerdi）曾表示，伊朗革命卫队旗下的哈塔

---

[1] 参见侯涛、柳玉鹏：《里海运河，俄罗斯筹划数百年》，载环球视野网，http：//www.golbalview.cn/html/global/info_ 10614.html，最后访问日期：2018 年 11 月 15 日。

[2] 伯朝拉河（Pechora River）是俄罗斯北部的河流。源自北乌拉尔科伊普山附近，初向南流，然后折向西北，流经辽阔平坦的盆地，注入北冰洋的巴伦支海，全长 1809 千米。该计划希望将伯朝拉与俄罗斯欧洲部分的河流连接到一起，打通里海与俄罗斯主要水网的通道，并使伯朝拉河水通过伏尔加河补充进里海。参见侯涛、柳玉鹏：《里海运河，俄罗斯筹划数百年》，载环球视野网，http：//www.globalview.cn/html/global/info_ 10614.html，最后访问日期：2018 年 11 月 15 日。

[3] 俄罗斯的一个州，位于俄罗斯西部，隶属彼尔姆边疆区。

[4] 这场核试验代号为"泰加"，它是苏联和平核爆炸项目的一部分。当时国际上反对核军备竞赛的声势高涨，苏联希望以此证明核弹也可以用于工程建造为人类造福。这 3 次爆炸制造了长度超过 600 米的巨大深坑。参见侯涛、柳玉：《筹划数百年，里海运河修建计划仍遥遥无期》，载《宝安日报》2016 年 5 月 7 日，第 A16 版。

[5] "Plans for Canal Between Persian Gulf and Caspian Sea Revived", Business Investor Guide, http://www.eurasianbusinessbriefing.com/plans-for-canal-between-persian-gulf-and-caspian-sea-revived/, November 15, 2018.

姆－安比亚建设集团（Khatamal-Anbiya）仔细评估了这一项目。根据俄罗斯卫星网 2015 年 3 月 26 日报道，伊朗已经开始修建里海—波斯湾大运河，预计于2020—2030 年完工。新的水道将极大改变中东的地缘政治格局。运河若建成，来自里海的 5 亿立方米水资源将对长期干旱的伊朗中部地区工农业发展带来巨大帮助。地缘政治上，这一运河将彻底改变波斯湾、苏伊士运河航道的地位，对黑海、里海沿岸地区乃至全世界格局产生重大影响。[1]

2. 恰巴哈尔港

（1）恰巴哈尔港的开发背景

恰巴哈尔（Chahbahar）是伊朗东南部的锡斯坦－俾路支斯坦省的一个濒临阿曼湾的小城。该地具有良好的水文和地理条件，处于著名的霍尔木兹海峡之外，南面是浩瀚的阿拉伯海主航道，海阔水深，可连接世界航运的咽喉亚丁湾乃至东非海岸。东临南亚的巴基斯坦，向西是全球油气中心的波斯湾沿岸地区，向北则通往同样有丰富油气资源的中亚国家，而在恰巴哈尔的背后是伊朗矿产资源丰富的内陆地区。由此可见，恰巴哈尔正好处于西亚、南亚、中亚和印度洋的交会之处，地理交通位置极其重要。

伊朗大部分人口、城市和产业都集中于自然条件更好的西部和北部，恰巴哈尔长期以来并不受重视。但是两伊战争爆发后，伊朗的海上运输和进出口受阻，这使得伊朗开始发展恰巴哈尔港。两伊战争结束后，恰巴哈尔已经成为锡斯坦－俾路支斯坦省的重要城市。20 世纪 90 年代初，伊朗向俄罗斯订购了三艘基诺级潜艇作为反制美国海军的杀手锏，由于波斯湾内空间狭小，而恰巴哈尔非常适合潜艇隐蔽和机动，于是伊朗海军决定在恰巴哈尔建立潜艇基地，建设各种配套设施，并部署了导弹快艇和海军陆战队，使该地成为伊朗重要的海军基地。1996 年，美国试图建设一条通向印度洋的油气管道，这引起了伊朗的关注。伊朗意识到在阿拉伯海边有可能建成一个中亚的能源和进出口通道，届时伊朗不仅可坐收巨大的商业利益，而且能在战略上影响中亚国家。2003 年，伊朗建立了恰巴哈尔港贸易工业自由区，其设计建造偏重于运输业和制造业用途。

伊朗因为核问题在 2006 年开始受到西方严厉制裁，原油出口严重受阻，需要扩大非石油产品出口，减少对油气出口的依赖。但是伊朗的能源和石化工业几乎全部位于波斯湾内，一旦海湾地区燃起战火，伊朗的产品很难安全

---

〔1〕 周远方：《伊朗版苏伊士运河？俄媒：伊朗欲建里海—波斯湾大运河》，载观察者网，ht-tps：//www. guancha. cn/Third-World/2016_ 03_ 28_ 355292. shtml，最后访问日期：2018 年11 月 15 日。

输出。为此，伊朗从 2009 年开始对恰巴哈尔港加大投入。2014 年，伊朗政府正式决定在恰巴哈尔港区规划建设伊朗国内第三大石化工业中心，在恰巴哈尔自由贸易区内规划建设 21 个大型综合石化项目。

（2）与印度的合作

2003 年，印度试图参与开发瓜达尔港的项目，但因伊朗受到经济制裁未能成功。2014 年 10 月，印度发表声明称，计划与伊朗签订一份开发恰巴哈尔港的协议，并打算对建成的恰巴哈尔港 2 个泊位进行 10 年长租。根据当时的计划，印度公司将于一年内投入 8521 万美元将港口内的泊位变为集装箱货柜码头及多功能货物终点站。2016 年 5 月，印度总理在与伊朗总统会面后决定参与建造和运营该港口，并计划投入 5 亿美元资金。同年，印度、伊朗、阿富汗三国就恰巴哈尔港的使用问题签署了一项三方协议，其中包括保证从恰巴哈尔港出发的运往中亚及阿富汗的印度货物享受优惠待遇及关税减免。[1]

印度大力投资恰巴哈尔港，首先是为了经济利益，印度在阿富汗开采铁矿需要过境伊朗，其次是因为油气资源，印度希望能绕过巴基斯坦获得伊朗甚至是中亚的能源。促使印度推进恰巴哈尔港发展的另一个关键因素，就是中国在巴基斯坦援建的瓜达尔港带来的竞争威胁。恰巴哈尔港与中国建设的瓜达尔港距离不到 100 公里。[2]这两个港口是进出波斯湾航道的门户，通过这里，中印两国能够获取资源，满足其经济迅速发展的需求。中国希望建立一条穿过巴基斯坦通往中国西部的能源和贸易走廊。而让印度担心的是，瓜达尔港距离霍尔木兹海峡仅 180 公里，给巴基斯坦提供了控制世界能源供应的机会，还可能减损印度油轮的航行便利。印度还忧心瓜达尔港军事化。[3]因此，恰巴哈尔港对印度至关重要，除了在贸易联通上与瓜达尔港竞争，印度还可以借此监视中国军舰在该区域的进出。

但伊朗不支持恰巴哈尔港与瓜达尔港竞争的言论。2015 年 10 月，伊朗最高国家安全委员会秘书长到访巴基斯坦，针对伊朗恰巴哈尔港将和瓜达尔

---

〔1〕 王琳：《恰巴哈尔港一期落成，中方回应与瓜达尔港竞争问题》，载第 1 财经网，https：//www.yicai.com/news/5380268.html，最后访问日期：2018 年 11 月 21 日。

〔2〕《恰巴哈尔港建设遇到融资障碍》，载中华人民共和国驻伊朗伊斯兰共和国大使馆经济商务处网站，http：//ir.mofcom.gov.cn/article/jmxw/201703/20170302526036.shtml，最后访问日期：2018 年 11 月 21 日。

〔3〕 雨涵编译：《恰巴哈尔和瓜达尔：中印竞争"双港记"》，载 DW 网，https：//www.dw.com/zh/%E6%81%B0%E5%B7%B4%E5%93%88%E5%B0%94%E5%92%8C%E7%93%9C%E8%BE%BE%E5%B0%94%E4%B8%AD%E5%8D%B0%E7%AB%9E%E4%BA%89%E5%8F%8C%E6%B8%AF%E8%AE%B0/a-14943987，最后访问日期：2018 年 11 月 21 日。

港竞争的言论,该官员表示,两国港口将是合作关系而非竞争关系。同年 8 月,伊朗外交部长也否认伊朗反对中巴经济走廊项目,称支持巴基斯坦的发展。2018 年 3 月,伊朗外交部长在访问巴基斯坦时,邀请中国和巴基斯坦参与恰巴哈尔港建设,希望将瓜达尔港与恰巴哈尔港连接起来。伊朗外长表示,恰巴哈尔港项目并非意在"包围"或"勒死"任何人,伊朗不会允许任何人在其领土上伤害巴基斯坦。此种表态收获巴基斯坦国内舆论的广泛好评,但令印度感到紧张。[1]其实,早在 2014 年,伊朗就与巴基斯坦签署了 5 份备忘录,其中一份就涉及伊朗恰巴哈尔港与巴基斯坦瓜达尔港结成友好港口,双方在投资、经济、技术与手工业等领域展开合作。

日本也有意与印度合作参与恰巴哈尔港的建设。[2]日本首相于 2017 年 1 月出访印度时表示要参与此项目。但日本的参与受到美国态度的影响。[3]此外,有分析人士指出,印度和日本的合作不够稳定,因为印度想独占恰巴哈尔港的港口经营权,不愿与日本分享。[4]2017 年 8 月 5 日,印度交通部部长称,恰巴哈尔港有望于 2018 年启用。该港基础设施建设已经开始,价值 38 亿卢比的设备采购招标已经结束。[5]2018 年,伊朗将恰巴哈尔港交付印度公司。[6]

(3)与中国的合作

中国虽未参与恰巴哈尔港的早期设计和建设,但也投资了该港口的配套基础设施和贸易区建设。2013 年,中国主动向伊朗提供 6000 万欧元,用于升级恰巴哈尔港。2015 年,中国政府代表会见伊朗经济和财政部部长时表示,连通恰巴哈尔港的铁路和其他基础设施都是中国政府愿意投资的领域。2016 年,中国和伊朗签署两座核电站建设协议,其中一座就在恰巴哈尔港。在经营设施方面,恰巴哈尔港自由区内已经建立了多个中国投资的商品批发

---

〔1〕 丁雪真、王会聪:《伊朗邀中巴共建恰巴哈尔港,印度紧张!》,载环球网,http://world. huanqiu. com/exclusive/2018-03/11666392. html,最后访问日期:2018 年 11 月 21 日。

〔2〕 Sachin Parashar,"Japan Interested in Chabahar Project",THE ECONOMIC TIMES,https://eco nomictimes. indiatimes. com/news/defence/japan-interested-in-chabahar-project/articleshow/ 54166416. cms,November 21,2018.

〔3〕 王琳:《恰巴哈尔港一期落成,中方回应与瓜达尔港竞争问题》,载第 1 财经网,https:// www. yicai. com/news/5380268. html,最后访问日期:2018 年 11 月 21 日。

〔4〕 《日印联手制华,印度突翻脸甩开日本单干》,载凤凰卫视网站,http://phtv. ifeng. com/a/ 20160511/41606633_ 0. shtml,最后访问日期:2018 年 11 月 21 日。

〔5〕 中国驻乌兹别克斯坦共和国大使馆经济商务处:《乌拟与印度、伊朗合作开发利用恰巴哈尔港》,载中华人民共和国商务部网站,http://www. mofcom. gov. cn/article/i/jyjl/e/202012/ 20201203024504. shtml,最后访问日期:2023 年 3 月 2 日。

〔6〕 "Iran to Hand Over Chabahar Port Operations to Indian Firm Within a Month",NDTV,https:// www. ndtv. com/india-news/in-a-month-iran-to-hand-over-chabahar-port-operation-to-indian-compa ny-1912590,November 21,2018.

和仓储设施。

瓜达尔港目前的容量还比较小，安全局势也不稳定，短期内尚不能成为我国可靠的油气通道，并且其缺乏石化、钢铁等重工业基础。而伊朗目前明确要在恰巴哈尔港发展大型石化和冶金工业，铁路公路及管线已基本就位。因此恰巴哈尔港可作为原料输出和初级工业品加工基地。瓜达尔港则应定位为优先满足巴基斯坦需求的能源中转站和来料加工的轻工业生产基地，改善巴基斯坦国内经济。

（六）海洋环境保护合作

1. 基于《关于保护海洋环境免受污染的科威特区域合作公约》的合作

1978 年 4 月 15—23 日，巴林、伊朗、伊拉克、科威特、阿曼、卡塔尔、沙特阿拉伯和阿联酋在科威特召开了关于保护发展海洋环境与沿海地区的区域全权代表会议。该会议于 1978 年 4 月 23 日通过了《关于保护海洋环境免受污染的科威特区域合作公约》（The Kuwait Regional Convention for Cooperation on the Protection of the Marine Environment from Pollution）及《保护和发展海洋环境与沿海地区的行动计划》（The Action Plan for the Protection and Development of the Marine Environment and the Coastal Areas）。1979 年 7 月 1 日，《科威特区域公约》的缔约国根据该公约第 16 条成立了海洋环境保护区域组织（The Regional Organization for the Protection of the Marine Environment）。该组织要求成员国尽最大努力来保护海洋环境并防止污染，旨在协调各成员国在保护《科威特区域公约》共同海域水质方面的工作，保护海洋环境和海洋生物。[1]根据《科威特区域公约》，伊朗在海洋监测、海洋考察和海事紧急互助方面加强了与其他成员国的合作，为该组织作出了较大的贡献。

（1）贻贝观察计划

自戈德堡[2]于 1975 年引入"贻贝观察法"以来，双壳类动物[3]在水生环境中被广泛选择作为国家和区域常规监测计划的理想生物监测器。实施该方法能成功地识别污染物的热点并且跟踪它们在海洋环境中的空间分布。

---

[1] "ROPME Objectives", ROPME, http：//memac-rsa. org/en/ropme_ objectives, November 27, 2018.

[2] 爱德华·D. 戈德堡（Edward D. Goldberg）是一位海洋化学家，以研究海洋污染而闻名。See "Edward D. Goldberg", Wikipedia, https：//en. wikipedia. org/wiki/Edward_ D. _ Goldberg, November 11, 2018.

[3] 双壳动物属于软体动物门的一个纲——双壳纲（Bivalvia），以往人们也称其为瓣鳃纲。中生代地层中，双壳类是常见的化石门类，对确定时代和地层对比有重要的作用。其广泛分布于江河湖海中，甚至在部分潟湖中也可以生存。《双壳动物》，中国地质大学秭归产学研基地，https：//zigui. cug. edu. cn/info/1023/1095. htm，最后访问日期：2022 年 8 月 18 日。

海洋环境保护区域组织在《科威特区域公约》共同海域实施贻贝观察计划（ROPME Mussel Watch Programme，RMWP）的倡议是对该地区海洋环境质量日益受到公众和科学家关注的回应。事实上，这是一种较为经济且易于监测的方法，该方法已经在世界范围内成功实施。为实施该计划，2007 年 5 月召开的关于贻贝观察的区域专家研讨会制订了详细的科学研究计划和管理计划，并成立了区域工作队。该计划将主要监测岩石牡蛎（Saccostrea cucullata）、珍珠牡蛎（Pinctada radiata）、金星蛤（Circentia callipyga）和亚洲蛤蜊（Meretrix meretrix）。[1]

（2）海洋考察

为了定期评估整个《科威特区域公约》共同海域的海洋环境状况，截至 2006 年，海洋环境保护区域组织共派出 3 艘船舶对该海域进行考察。第一艘船是美国国家海洋和大气管理局（NOAA）、联合国教科文组织政府间海洋学委员会（UNESCO-IOC）、联合国环境规划署（UNEP）和海洋环境保护区域组织赞助的美国籍船舶 R/VMt. Mitchell Cruise。该船于 1992 年 6 月对《科威特区域公约》共同海域和阿曼海进行了考察。此次考察的目的是全面评估 1990—1991 年伊拉克入侵科威特期间，大量石油泄漏和油井起火对《科威特区域公约》共同海域海洋环境的影响。

第二艘船是海洋环境保护区域组织、联合国环境规划署、联合国教科文组织政府间海洋学委员会和日本赞助的日本籍船舶 RT/V Umitaka-Maru。该船于 1993 年 12 月、1994 年 1 月和 1994 年 12 月进行了三次短途巡航，考察了《科威特区域公约》共同海域内部海域。这三次巡航旨在研究"伊拉克—科威特战争"后不同生态系统中的污染物对该海域的影响。

第三艘船是海洋环境保护区域组织和伊朗环境局赞助的伊朗籍船舶 T/V Ghods。该船于 2000 年 8 月 14 日—9 月 4 日考察了《科威特区域公约》共同海域的北部海域。考察的目的是评估该海域北部在夏季的生物和底部沉积物的特征。该船于 2001 年 8 月 6—27 日考察水域内部海域。考察目的是进行夏季物理、化学和生物的一般性海洋学研究，并记录考察水域的水文和气象数据。该船于 2006 年 2 月 1 日—3 月 11 日考察《科威特区域公约》共同海域和阿曼海，考察目的是通过全面的海洋学研究评估其在冬季的海洋和气象特征。此外，关于 2016 年海洋巡航的第一次科学委员会会议于 2015 年 9 月 13—14 日在卡塔尔首都多哈举行。该会议提议于 2016 年对《科威特区域公约》共同海

---

[1]　"ROPME Mussel Watch Programme（RMWP）"，ROPME，http：//ropme. org/34_ MUSSEL_ WATCH_ EN. clx，October31，2018.

域进行考察，会上讨论了考察的时间和地点，但该计划的执行未见后续报道。

（3）海事紧急互助中心

在《科威特区域公约》的框架内，海洋环境保护区域组织制定了《关于在紧急情况下打击石油和其他有害物质污染的区域合作议定书》，并根据该议定书于 1982 年 8 月 4 日在巴林成立了海事紧急互助中心（Marine Emergency Mutual Aid Centre，MEMAC），该中心于 1983 年 3 月开始运作。根据该议定书，海事紧急互助中心的目标为：第一，加强缔约国的能力并促进它们之间的合作，以便在出现海上紧急情况时防止石油和其他有害物质的污染；第二，协助各缔约国发展本国应对石油和其他有害物质污染的能力，并协调和促进信息交流、技术合作和培训；第三，在区域一级开展打击石油和其他有害物质污染的行动。[1]

2. 基于《保护里海海洋环境框架公约》的合作

里海石油资源储量丰富。自 20 世纪 20 年代开始，里海便出现了钻井平台和海上人工岛等石油开发设施，破坏了环境。2003 年 11 月，里海沿岸五国在伊朗德黑兰签署《保护里海海洋环境框架公约》（又称《德黑兰公约》），这是全球第一个具有法律约束力的区域性海洋环境全面保护协议。该公约的目标是保护里海环境免受污染，保护、维持、恢复里海生态环境以及可持续和合理地利用里海的生物资源。在此框架下，里海沿岸五国陆续签订了多个与保护里海环境有关的议定书。

2011 年 8 月，里海沿岸五国政府代表在哈萨克斯坦阿克套召开了《保护里海海洋环境框架公约》缔约国第三次会议，并通过了《关于防止油污事故的区域防备、响应和合作的议定书》（Protocol Concerning Regional Preparedness，Response and Cooperation in Combating Oil Pollution Incidents），为加强区域合作、共同维护当地生态环境免遭石油污染奠定了基础。签署该议定书后，五国首先制订了一整套石油泄漏事故的防范应急措施。在阿克套会议上，里海五国代表承诺将加强合作，特别是石油和天然气产业私营部门之间的合作，以进一步提高对里海自然资源和野生物种的有效监测、管理和保护。同时，五国还就"有关处理可能存在跨境影响的环境问题议定书"的文本在原则上达成一致，随后把相关常用规则提交各国评估和审议。[2]

---

〔1〕 "Marine Emergency Mutual Aid Centre（MEMAC）"，ROPME，http：//ropme. org/2_ MEMAC_ EN. clx，October31，2018.

〔2〕 联合国环境署：《里海沿岸五国加强合作，保护环境免遭石油污染》，载联合国网站，https：//news. un. org/zh/story/2011/08/157002，最后访问日期：2018 年 11 月 14 日。

2012 年 12 月 12 日，五国在俄罗斯莫斯科举行缔约方大会第四次会议，签署了《保护里海免受陆源污染议定书》（Protocol on Land-Based Sources of Pollution）。该议定书的目的是防止、控制、减少并尽可能消除来自陆地的污染和陆地活动对海洋环境的影响，以保护和维持里海的海洋环境。[1]2014 年 5 月 30 日，五国在土库曼斯坦首都阿什哈巴德举行的缔约方大会第五届会议通过并签署了《里海海洋环境保护公约生物多样性保护议定书》（The Protocol for the Conservation of Biological Diversity to the Framework Convention for the Protection of the Marine Environment of the Caspian Sea）。[2]该议定书的目标是保护和恢复生物多样性及里海生态系统的健康和完整，并确保生物资源的可持续利用。

2018 年 7 月 20 日，五国在莫斯科签署了《关于对里海环境进行评估的议定书》。该议定书适用于对里海的海洋环境及陆源污染情况进行评估。各缔约方有义务向其他各方通报在本地区计划开展的活动以及可能产生的跨境影响，包括：在里海大陆架开采原油超过 500 吨/日；开采天然气超过 50 万立方米/日；建设炼油厂或沥青厂；运行核电站以及其他核设施；建设有色金属冶炼厂；建设化工和石化企业；修建道路和跑道超过 2100 米的机场；建设石油、天然气管道；建设海港、水坝、纸浆厂及其他生产厂等。各缔约国应对里海生态环境影响进行分析评估，并向公众发布有关活动的信息。[3]

2018 年 10 月 25 日，里海沿岸国家授权代表例行会议在土库曼斯坦首都阿什哈巴德举行。会上各方讨论了土库曼斯坦起草的《打击非法捕捞里海生物资源（偷猎）合作公约（草案）》。五国专家讨论了在保护、合理利用和管理水生生物资源委员会框架下落实该公约的可能性。各国代表均支持采取措施，保护里海生物多样性，并指出最紧迫的任务之一是系统监测里海生物资源状况及海洋水体环境。[4]此外，伊朗渔业组织

---

〔1〕 "Protocol for the Protection of the Caspian Sea against Pollution from Land-Based Sources and Activities to the Framework Convention for the Protection of the Marine Environment of the Caspian Sea"，ECOLEX，https：//www. ecolex. org/details/treaty/protocol-for-the-protection-of-the-caspian-sea-against-pollution-from-land-based-sources-and-activities-to-the-framework-convention-for-the-protection-of-the-marine-envi-ronment-of-the-caspian-sea-tre-160008/?，November 15，2018.

〔2〕 "Protocols to the Tehran Convention"，Tehran Convention，http：//www. tehranconvention. org/in-dex/squelettes/spip. php？article41，November 14，2018.

〔3〕 ［哈］木合塔尔·木拉提：《里海沿岸国家签署环境评估议定书》，载哈萨克国际通讯社，https：//www. inform. kz/cn/article_ a3329496，最后访问日期：2018 年 11 月 14 日。

〔4〕《里海沿岸国家授权代表例行会议在阿什哈巴德举行》，载中华人民共和国驻土库曼斯坦大使馆经济商务处网站，http：//tm. mofcom. gov. cn/article/jmxw/201810/20181002801032. shtml，最后访问日期：2018 年 11 月 14 日。

代表伊朗加入里海水产资源委员会（Caspian Sea Commission for Aquatic Resources）。[1]2017 年 11 月 21 日，该委员会在巴库（Baku）举办了第一届政府间会议。[2]

〔1〕 "Fishery and Aquaculture Country Profiles the Islamic Republic of Iran", Food and Agriculture Organization of the United Nations, http：//www. fao. org/fishery/facp/IRN/en, November 14, 2018.

〔2〕 "Commission for Biological Resources of Caspian Sea convenes in Baku", Report, https：//report. az/en/ecology/commission-for-biological-resources-of-caspian-sea-convenes-in-baku/, November 18, 2018.

七、对中国海洋法主张的态度

1971 年 8 月 16 日，中国和伊朗正式建交。1979 年，伊朗伊斯兰共和国成立后，中伊两国高层互访增多，各领域友好合作关系不断发展。高层互访有力地推动了两国经贸合作。中伊双边贸易额已从 20 世纪 70 年代的几千万美元增长到 2014 年的 518 亿美元。中国连续 6 年保持伊朗最大贸易伙伴地位。[1] 政治上，中国和伊朗具有共同利益。对中国的海洋法主张，伊朗也未表示过反对立场。

（一）对"南海仲裁案"的态度

伊朗一向主张各南海当事国通过友好协商的方式解决南海争端。伊朗主流媒体德黑兰时报（*Tehran Times*）于 2016 年 5 月 24 日指出，伊朗支持中国对"南海仲裁案"裁决"不接受、不参与"的立场。[2] 同年 6 月 30 日新华社报道称，伊朗主流党派伊斯兰联合党就南海问题发表声明，支持中国政府立场，呼吁通过双边直接对话寻求和平解决办法。美国《侨报》同年 7 月 13 日报道称，伊朗公开表示支持南海问题直接当事国通过谈判解决争端。[3] 伊中友好协会[4]（The Iran-China Friendship Society）主席阿哈德·穆罕默迪（Ahad Mohammedi）在采访中表示，支持中国政府在"南海仲裁案"上的立场。[5]

（二）在"一带一路"框架下与中国合作的态度

伊朗和中国的交往历史悠久，丝绸之路正是两国古代交往的重要通道。

---

〔1〕 孙广见：《背景资料：中国与伊朗友好关系回顾》，载新华网，http://www.xinhuanet.com//world/2016-01-23/c_128658835.htm，最后访问日期：2018 年 11 月 18 日。

〔2〕 "Truth You Need to Know about the South China Sea", TEHRANTIMES, https://www.tehrantimes.com/news/402771/Truth-you-need-to-know-about-the-South-China-Se, November 18, 2018.

〔3〕 任梅子：《得道多助，70 余国表态不承认所谓南海"仲裁结果"》，载环球网，http://world.huanqiu.com/exclusive/2016-07/9164277.html，最后访问日期：2018 年 11 月 4 日。

〔4〕 该协会成立于 1998 年。See "The China-Iran Friendship Association", The Chinese Peoples Association for Friendship with Foreign Countries, https://www.cpaffc.org.cn/index/xiehui/diquguobieyouxie_detail/id/82/lang/2.html, November 4, 2018.

〔5〕 江苏卫视：《伊中友协主席谈"南海仲裁案"，美国背后操控，仲裁使争端复杂化》，载荔枝网，http://v.jstv.com/a/20160715/1468566486521.shtml，最后访问日期：2018 年 11 月 4 日。

丝绸之路不仅仅是中国的历史遗产，更是伊朗的历史遗产。在当前中国"一带一路"倡议的框架下，伊朗重要的地理位置、相对稳定的政治环境、中伊双方自古友好的历史积淀和经济互补特征，使得伊朗可以成为"一带一路"在中东地区重要的支点国家。

（1）伊朗是丝绸之路上的重要枢纽

丝绸之路是中国的骄傲，因为丝绸原产自中国。伊朗地处欧亚大陆的"十字路口"，古代伊朗一直是中国同欧洲文化交往的中转站。在历史上，"丝绸之路"的贸易的确长期处于波斯商人的控制之下。

多年来，伊朗政府通过一系列举措有效地提高了国民对古代丝绸之路历史符号的认知。伊朗曾大力宣传且积极参与 1988 年联合国教科文组织启动的"综合研究丝绸之路——对话之路"项目以及 2008 年联合国开发计划署发起的"丝绸之路复兴计划"，且于 2011 年提出了自己的"铁路丝绸之路"计划，拟将本国境内的铁路经阿富汗、塔吉克斯坦、吉尔吉斯斯坦与中国铁路连通。伊朗还拍摄了"海上丝绸之路"故事片，并与中国国际广播电台合拍了"重走丝绸之路"第一季。

（2）伊朗在"一带一路"建设中的特殊战略地位

伊朗是"丝绸之路经济带"与"海上丝绸之路"的交会点之一，是中亚各国通向印度洋的唯一陆路通道，是欧亚大陆地缘战略要地，具有极其重要的战略地位。历史上，伊朗就一直是兵家必争之地。俄罗斯于 2000 年提出融合中亚、南亚和西伯利亚区域经济发展的构想，即南北交通走廊项目（NSTC），将伊朗纳入其中。俄伊双方计划在伊朗境内开通一条沿伊朗西部地区连通里海和波斯湾的运河，这条运河已于 2016 年开始建设。未来，伊朗在"一带一路"合作框架中的枢纽地位将进一步得到强化。

（3）伊朗对"一带一路"倡议的态度积极

起初，伊朗官方对"一带一路"的态度十分积极，但是对战略对接仍持谨慎和观望态度，对"一带一路"倡议内容的认知也存在差异。随着中伊双方的积极努力和媒体的广泛宣传，伊朗对"一带一路"倡议的认识渐趋丰富、深入。伊朗政府部门一直在努力收集"一带一路"倡议的相关信息，用波斯语全文翻译了《愿景与行动》，诸多伊朗媒体对"一带一路"倡议的报道也加深了伊朗民众对此倡议的了解。

2016 年 2 月 28 日，中国国家主席习近平访问德黑兰。两国政府联合发表的《中华人民共和国和伊朗伊斯兰共和国关于建立全面战略伙伴关系的联合声明》称，伊方对中方提出的"丝绸之路经济带"和"21 世纪海上丝绸之路"倡议表示欢迎。双方将依托自身优势，以签署《中华人民共和国政府和伊朗伊斯兰共和国政府关于共同推进"丝绸之路经济带"和"21 世纪海上丝绸之路"建设的谅解备忘录》以及《中华人民共和国国家发展和改革委员会与伊朗伊斯兰共和国工业、矿业和贸易部关于加强产能、矿产和投资合作的谅解备忘录》为契机，扩大在交通运输、能源、贸易和服务业等领域的互相投资和合作。[1]2016 年 4 月 24 日，伊朗主流媒体《财经论坛报》（*Financial Tribune*）分析指出，中国的"一带一路"倡议同伊朗寻求与世界融合的目的相吻合。中国投资的潜力和伊朗巨大的碳氢化合物储备为北京和德黑兰之间的合作提供了一个良好的基础。[2]2017 年 5 月，时任伊朗经济和财政部部长塔布尼亚（Ali Tayyebnia）在北京参加"一带一路"高峰论坛，受到中国财政部部长的欢迎。在会谈中，两位部长讨论了涉及两国共同利益的事务、中国金融机构为伊朗基础设施项目提供融资的方法等事项。[3]

---

[1] 《六、与"一带一路"的关系》，载商务历史网，http：//history. mofcom. gov. cn/？ bandr = ylyydyldgx，最后访问日期：2018 年 11 月 11 日。

[2] "China，Iran：Common Grounds for Cooperation"，FINANCIAL TRIBUNE，https：//financialtribune. com/articles/economy-domestic-economy/40144/china-iran-common-grounds-for-cooperation，November 8，2018.

[3] 《伊朗财经部长与中国财政部长举行会谈》，载中华人民共和国驻伊朗伊斯兰共和国大使馆经济商务处网站，http：//ir. mofcom. gov. cn/article/jmxw/201705/20170502576360. shtml，最后访问日期：2018 年 11 月 8 日。

结　语

伊朗的海洋资源丰富，海洋事务主管部门众多，但行政隶属关系复杂。伊朗国内海洋立法体系健全，但由于未加入《联合国海洋法公约》，其国内法上的具体制度与《公约》多有不同。这主要是由于它在波斯湾的独特地理位置和对海洋权益的勃勃野心造成的。虽然未加入《公约》，但其对与海洋相关的条约态度相对积极。伊朗与周边国家多有海洋争端，其与周边国家的海洋划界争端也大多通过双边条约解决。但在波斯湾有丰富油气储量的区域，仍存在与周边国家的未决争端。同时，伊朗还在海洋油气资源、防务、科学研究、渔业、基础设施建设和环境保护等领域与许多国家开展合作。

中国和伊朗在地理上相距甚远，但两国在经济上的互补之处甚多，在政治上的合作密切。从历史与文化视角而言，"一带一路"是中国与伊朗两国共同的历史财富。[1]对于中国的海洋法主张，伊朗也未表示过反对。综上所述，两国在"一带一路"的框架下定能开展更广泛深入的海洋合作。

---

〔1〕《七、中伊未来合作展望》，载商务历史网，http：//history. mofcom. gov. cn/？bandr = zywl-hzzw，最后访问日期：2018 年 11 月 11 日。

第Ⅱ部分

伊拉克海洋法律体系研究

一、伊拉克海洋基本情况

（一）地理位置

伊拉克共和国（The Republic of Iraq）位于亚洲西南部，阿拉伯半岛东北部，面积438317平方公里（2019年），人口4225万（2022年）。伊拉克北接土耳其（The Republic of Turkey），东临伊朗（The Islamic Republic of Iran），西毗叙利亚（The Syrian Arab Republic）和约旦（The Hashemite Kingdom of Jordan），南接沙特阿拉伯（Kingdom of Saudi Arabia）和科威特（The State of Kuwait），东南濒波斯湾（Persian Gulf）。[1]

伊拉克全境只有东南部地区濒临波斯湾，拥有长约60公里的海岸线。其余均为内陆领土，幼发拉底河和底格里斯河自西北向东南流贯全境。除北部和东北部外，伊拉克年平均降雨量100毫米—190毫米，夏季炎热干燥，冬季低温少雨，是典型的热带沙漠气候。[2]伊拉克西南地区为阿拉伯高原的部分，总体向东部平原倾斜；东北部有库尔德山地，西部是沙漠地带。故其人口大多集中于北部、中部和东部地区。

（二）建国历史

伊拉克曾是奥斯曼帝国的一部分，在第一次世界大战期间被英国占领，并于1920年沦为英国的"委任统治地"[3]（League of Nations mandate territo-

---

〔1〕 《伊拉克国家概况》，载中华人民共和国外交部网站，https：//www.fmprc.gov.cn/web/gjhdq_676201/gj_676203/yz_676205/1206_677148/1206x0_677150/，最后访问日期：2022年8月11日

〔2〕 "Geography of Iraq：Climate"，Wikipedia，https：//en.wikipedia.org/wiki/Geography_of_Iraq #Climate，June 9，2019.

〔3〕 委任统治地，是指由国际联盟委任有关国家统治的第一次世界大战战败国的海外殖民地和属地。依各殖民地或属地的人民发展程度、经济状况和地理条件分为三类：战前奥斯曼帝国所属阿拉伯半岛上的领土（包括伊拉克、外约旦、巴勒斯坦、叙利亚和黎巴嫩），为甲类委任统治地，分别由英法两国给予行政指导和援助；战前德国所属中部非洲殖民地（包括东多哥、西多哥、东喀麦隆、西喀麦隆、坦噶尼喀和卢旺达－乌隆迪）为乙类委任统治地，分别由英国、法国、比利时三国担负地方行政责任；战前德国所属西南非及太平洋岛屿（包括西南非洲、新几内亚、瑙鲁、西萨摩亚和赤道以北的太平洋岛屿）为丙类委任统治地，由南非、英国、新西兰、澳大利亚、日本等国作为本国领土的一部分进行统治。伊拉克原属于奥斯曼帝国的一部分，由英国进行委任统治。联合国成立时，伊拉克和上述甲类委任统治地中的黎巴嫩和叙利亚作为独立国家成为联合国的创始会员国，乙、丙类委任统治地中除西南非洲外均转而成为联合国托管制度下的托管领土。参见邹瑜、顾明主编：《法学大辞典》，中国政法大学出版社1991年版。

ries）。1921 年，英国人从麦加·哈希姆（Mekka Banu Hashim）王室中选送费萨尔·伊本·侯赛因[1]（Faisal I bin Hussein bin Ali al-Hashemi）到巴格达建立费萨尔王朝。第二次世界大战后，伊拉克与土耳其于 1955 年 2 月 23 日签订《伊拉克和土耳其互助合作条约》（Convention on Mutual Assistance and Cooperation Between Iraq and Turkey），随后，英国、巴基斯坦和伊朗加入，组成巴格达防御条约组织（Baghdad Treaty）。由于特殊的历史条件，伊拉克海洋立法与实践主要受英国影响。

1968 年，复兴党（Hizb Al-Baath Al-Arabi Al-Ishtiraki fi Al-Iraq）通过政变上台；1979 年，萨达姆全面掌权；1980 年，历时 8 年的两伊战争爆发；1990 年 8 月 2 日，伊拉克入侵并吞并科威特，由此引发海湾战争。此后，联合国对伊拉克实施了近 13 年的制裁。

2003 年 3 月 20 日，伊拉克战争爆发。同年 4 月 9 日，美军攻占巴格达，萨达姆政权被推翻；5 月 1 日，美国总统小布什宣布伊拉克主要战事结束。2008 年 12 月，美伊双方签署《美伊友好合作战略框架协议》（Strategic Framework Agreement on Friendly Cooperation Between the United States and Iraq）和《驻伊美军地位协议》（Agreement on US Forces in Iraq），并于 2009 年 1 月起生效。2009 年 6 月，驻伊拉克美军撤离伊拉克主要城镇，8 月 31 日，美国撤出在伊拉克作战部队，并将驻伊拉克美军人数减至 5 万人。2011 年 12 月，美国从伊拉克撤出全部作战部队。

2003 年 7 月，美国驻伊拉克当局任命 25 名伊各派人士组成伊拉克临时管理委员会（Iraq Interim Governing Council）。2004 年 6 月，伊拉克临时政府成立。6 月 8 日，联合国安理会一致通过第 1546 号决议，决定全面恢复伊拉克主权，结束对伊拉克占领。2005 年 12 月，伊拉克选举产生战后首届正式议会。2010 年 3 月，伊拉克举行战后第二届国民议会选举。2014 年 4 月，伊拉克举行第三届国民议会选举。9 月，伊拉克组建战后第三届政府。

2017 年 9 月 25 日，库尔德地区（Kurds）举行独立公投。伊拉克中央政府强烈反对库尔德地区公投，联合伊朗、土耳其等邻国采取系列反制措施。同年 12 月 9 日，伊拉克总理阿巴迪（Haider Al-Abadi）宣布收复被恐怖极端组织占领的全部领土，取得反恐战争的重大胜利。

动荡的国内政局和不断更迭的政府对伊拉克国内海洋立法带来不可避免的影响。集中体现在以下几个方面：首先，伊拉克海洋治理水平不发达，国内立法采取自然基线法划定领海，而交存联合国的文件中采取的是直线基线

---

[1] 后称费萨尔一世。

法；第二，前任政府提交联合国的文件得不到后任政府的承认。无论是伊拉克的国内立法还是国际条约的参与都不可避免地受到这段历史的影响。

（三）行政区划

历史上伊拉克曾有14个省，后增加至18个省，各省的名称在不同时期略有区别。1990—1991年，伊拉克占领科威特期间曾设立科威特省。1992年，伊拉克设立库尔德斯坦自治政府。2006年，塔米姆省（Temîm）恢复旧名，即基尔库克省（Kirkuk）。2006年10月11日，伊拉克国民议会通过一项法案，规定伊拉克全国各省可以通过全民公决的方式，选择与其他省份合并，组成享有自治权的联邦。

如今伊拉克18个行政省具体如下：杜胡克省（Dohuk），尼尼微省（Nineveh），埃尔比勒省（Arbit），基尔库克省，苏莱曼尼亚省（Al-Sulaimaniyah），萨拉赫丁省（Salaht-Din），安巴尔省（Al-Anbar），巴格达省（Baghdad），迪亚拉省（Diyala），卡尔巴拉省（Karbala），巴比伦省（Balil），瓦西特省（Wasit），纳杰夫省（Al-Najiaf），卡迪西亚省（Al-Qadisiyah），米桑省（Misan），穆萨纳省（Al-Muthanna），济加尔省（Thi Qar），巴士拉省（Al-Basrah）。[1]

巴格达省是伊拉克首都巴格达市所在省份，是伊拉克面积最小（204.2平方公里，2019年）但人口最多（876.5万，2019年）的省。巴格达这个名称来自波斯语，含义为"神的赠赐"。巴格达跨底格里斯河，距幼发拉底河仅30多公里，处于东西方的交通要道上，拥有便捷的陆空立体运输体系。铁路向北通往叙利亚和土耳其，向南延伸至波斯湾，是国际东方快车的必经之地。[2]巴士拉省是伊拉克十八省中唯一拥有海岸线的行政省，面积达19070平方公里，人口近260万（2019年）。巴士拉省省会巴士拉是该国第二大城市，仅次于首都巴格达。东邻伊朗，南邻科威特（在奥斯曼帝国时期，科威特曾是该省的一部分）的地理位置使巴士拉省拥有极重要的战略意义，同时也带给巴士拉省极大的经济发展空间。[3]

伊拉克海岸线较短，主要港口分布较为集中且多位于其南部地区，其内河航运和海运的主要港口包括：霍尔祖贝尔港（Khor Al Zubair Port）、乌姆卡斯尔港（Umm Qasr Port）、豪尔艾迈耶港（Khor Al-Amaya Port）、巴士拉

---

〔1〕 "About Irap", Republic of Iraq Ministry of Foreign Affairs, http://www.mofa.gov.iq/about-iraq, June 8, 2019.

〔2〕 "Baghdad", Wikipedia, https://en.wikipedia.org/wiki/Baghdad, June 7, 2019.

〔3〕 "Barsa", Britannica, https://www.britannica.com/place/Basra, June 8, 2019.

石油码头（Al Basrah Oil Terminal）、巴士拉港（Port of Basra）、法奥港（Al-Faw Port）。

霍尔祖贝尔港位于霍尔祖贝尔市的西北端，巴士拉市西南方向 34.4 公里处，距离乌姆卡斯尔港口西北部 16.3 公里，拥有 11 个泊位。乌姆卡斯尔港是伊拉克的主要商业港口，由伊拉克港务局管理。该港口位于霍尔祖贝尔市南部，距离科威特边境仅 200 米，伊科两国共用其间水道。该港口拥有 22 个泊位，涨潮时最大吃水深度为 10.5 米，可营运万吨级轮船。豪尔艾迈耶港拥有一个历史悠久的石油码头，该码头建于 1961 年，位于阿拉伯湾法奥半岛的东南部。伊拉克南部油田生产的原油或在国内炼油厂加工的原油大多通过豪尔艾迈耶港出口。巴士拉石油码头是典型的海上码头，于 2003 年 10 月 15 日改为现名（旧称 Mina Al-Bakr），位于法奥半岛东南方向 50 公里处，拥有 4 个泊位。[1]巴士拉港位于伊拉克东南沿海阿拉伯河下游西岸，是伊拉克最大的河港。早在公元前 636 年，这里已是著名的文化和贸易中心，现为全国石油化工基地，拥有大型炼油厂，油管直通巴格达。港区主要码头泊位有 15 个，最大水深 11.2 米，可营运万吨级轮船。[2]伊拉克境内所有港口拥有的泊位数量总和与中国青岛港各港区[3]泊位拥有量近似，但仅部分伊拉克港口可营运万吨级轮船。

（四）海洋资源

1. 油气资源

伊拉克是石油输出国组织（欧佩克）中仅次于沙特阿拉伯的第二大原油生产国，拥有世界第五大探明原油储量。[4]伊拉克的主要已知油田位于陆上，狭小的领海和短海岸线使得伊拉克基本不具备成规模的海上油气田。虽然陆上油气资源储量丰富，但由于伊拉克在海湾战争后被制裁十余年，油气

〔1〕 "Posts Covered Irap", GAC, https：//www. gac. com/gac-worldwide/middle-east/kuwait/new-ports/ports-covered-iraq/, June 8, 2019.

〔2〕 《BASRAH 巴士拉港口介绍》，载 B2Bers, http：//article. bridgat. com/guide/trans/port/BAS-RAH. html, 最后访问日期：2019 年 6 月 8 日。

〔3〕 至 2019 年 6 月，中国青岛港拥有码头 15 座，泊位 73 个，其中，营运码头 13 座，营运泊位 49 个。万吨级以上泊位 32 个，可停靠 5 万吨级船舶的泊位 6 个，可停靠 10 万吨级船舶的泊位 6 个，可停靠 30 万吨级船舶的泊位 2 个。参见《青岛港》，载中国港口网，http：//www. chinaports. com/ports/d9d407c9-3c66-48d4-ab51-4a9161eafb20, 最后访问日期：2019 年 6 月 20 日。

〔4〕 "Worldwide Look at Reserves and Production", Oil & Gas Journal, https：//www. ogj. com/ogj-survey-downloads/worldwide-production/document/17299726/worldwide-look-at-reserves-and-pro-duction, December 12, 2020.

设备老化损毁，开采能力极其有限。为摆脱此种困境，伊拉克政府着力通过引进国外石油公司等方式恢复石油生产。2018—2019 年，伊拉克原油生产量稳定在 450 万桶/日，这些产量包括伊拉克半自治性质的库尔德斯坦地区生产的石油。伊拉克的经济严重依赖原油出口收入，根据国际货币基金组织（International Monetary Fund, IMF）的数据，2017 年其原油出口收入约占伊拉克政府总收入的 89%。[1]2017 年，由于油价上涨和出口量的增加，伊拉克（不包括库尔德地区）的原油出口收入近 600 亿美元，比 2016 年增加 160 亿美元。[2]在天然气资源方面，同其他中东国家类似，伊拉克拥有丰富的天然气资源。2005 年伊拉克天然气储量已达 31.7 亿立方米，至 2015 年，其天然气储量达 36.94 亿立方米。[3]

输油管道属于伊拉克石油工业的敏感神经，伊拉克拥有北部、南部和西部 3 条线路，6 条输油管道。北部线路以伊土石油管道为代表，从基尔库克通往土耳其地中海港口杰伊汉港（Ceyhan Port），是伊拉克目前最大的原油输出管道，长达 960 公里。南部线路以伊沙石油管道为代表，其在红海吉达港有两条平行的输油管道，计划将铺设第三条输油管道，以提高输油量。西部线路以伊叙石油管道和伊科输油线为代表。

2. 渔业资源

由于伊拉克与海湾接壤的沿海地区面积有限，伊拉克的海洋渔业资源相对而言并不丰富。自 1991 年海湾战争以来，海湾石油污染严重，原本适合海洋鱼类生存的海湾水域受到严重影响。由于长期筑坝，底格里斯河和幼发拉底河下游流量减少，伊拉克的沿海生物栖息地发生了重大的环境变化。同时，由于周围主要河流的分流，伊拉克南部沼泽地大面积减少。2003 年的战争使海湾和阿拉伯河航道的捕捞活动进一步减少。这些环境变化导致伊拉克海洋渔获数量下降和海洋渔业发展迟缓。

---

〔1〕 "Iraq: 2017 Article IV Consultation and Second Review under the Three-Year Stand-by Arrangement and Requests for Waivers of Nonobservance and Applicability of Performance Criteria, and Modification of Performance Criteria-Press Release; Staff Report; and Statement by the Executive Director for Iraq", International Monetary Fund, Middle East and Central Asia Dept. , https: //www. imf. org/en/Publications/CR/Issues/2017/08/09/Iraq-2017-Article-IV-Consultation-and-Second-Review-under-the-Three-Year-Stand-by-45174, June 14, 2019.

〔2〕 "Iraq Oil Exports Steady in June though Federal Revenues Fall," Iraq Oil Report, https://www. iraqoilreport. com/news/iraqi-oil-exports-steady-in-june-though-federal-revenues-fall-31164/, June 14, 2019.

〔3〕 智研咨询集团：《2020—2026 年中国天然气行业深度调研及投资战略研究报告》，载中国产业信息网，http: //www. chyxx. com/research/201703/508720. html，最后访问日期：2019 年 6 月 14 日。

值得注意的是，巴士拉省存在一个海洋捕鱼协会，活跃在伊拉克领水和波斯湾，伊拉克约 70% 的海洋渔民在此部门工作。海水鱼产量从 20 世纪 80 年代的每年 1.2 万吨—1.3 万吨下降到 2002 年的 5000 吨，主要品种是鲥鱼（Tenuolosa spp）、潘普思鱼（Pampus spp）和乌鱼（Mullet）。该行业现在完全依靠手工捕捞，渔民使用的捕捞工具包括拖网、捕捞网等。[1]

3. 珊瑚礁资源

2012 年 9 月和 2013 年 5 月，德国科学探险队发现伊拉克沿海水域存在数量可观的珊瑚礁，覆盖了海湾 28 公里海域，位于阿拉伯河河口一带（北纬 29°37′00″、东经 48°48′00″）。这些珊瑚礁包含活石珊瑚、八放珊瑚等多个种类。在此之前，大众认为伊拉克混浊的水域，14°C—34°C 的海水温度，并不适宜珊瑚礁生存。[2]此次发现印证了伊拉克海域拥有珊瑚礁生存的极端环境。[3]

值得注意的是，珊瑚礁蕴藏着丰富的油气资源。珊瑚礁及其沉积层中还有煤炭、铝土矿、锰矿、磷矿，礁体粗碎屑岩中存有铜、铅、锌等金属矿床。珊瑚灰岩可作生石灰、水泥的原料，千姿百态的珊瑚可作装饰工艺品，不少礁区已开辟为旅游场所。当前伊拉克尚未开发其领海内的珊瑚礁资源，珊瑚礁内潜在的油气资源亦尚未被规模化开发，但对珊瑚礁的开发利用仍不失为一种资源开发的新思路。

〔1〕 "The Republic of Iraq", United Nations Food and Agriculture Organization, http：//www. fao. org/ fi/oldsite/FCP/en/IRQ/profile. htm, June 8, 2019.

〔2〕 N. Downing, "Coral Reef Communities in an Extreme Environment：The Northwestern Arabian Gulf", *Proceedings of the Fifth International Coral Reef Congress：Symposia and Seminars*, *Tahiti*, 1985 (6), pp. 343-348.

〔3〕 Samuel J. Purkis and Bernhard M. Riegl, *Coral Reefs of the World：Adaptation to Climatic Extremes*, Springer, Dordrecht New York, 2012 (2), p. 379.

二、海洋事务主管部门及其职能

伊拉克自 1958 年成立共和国以来，曾颁布数份宪法性文件、临时宪法和临时宪法修正案，却始终未颁布过一部正式的永久宪法。[1]伊拉克战争以后，新政府先后颁布了两部宪法，一部是 2004 年的《伊拉克过渡时期国家管理法》（Law of Administration for the State of Iraq for the Transitional Period），也被称为临时宪法，由当时的临时国民议会所制定；另一部就是 2005 年颁布的正式宪法，也就是伊拉克的现行宪法，于当年 10 月 15 日进行全民公决后生效。

根据《2005 年伊拉克宪法》（Iraq's Constitution of 2005，以下简称《伊拉克宪法》），伊拉克是一个独立且拥有完全主权的国家，实施联邦共和制。联邦权力包括立法权、行政权和司法权，上述权力部门应按照分权原则执行其职责和任务。联邦立法权属于国民议会（Council of Representatives）和联邦议会（Federation Council）。行政权属于共和国总统和内阁（Council of Ministers），并且应按照宪法和法律的规定行使权力。联邦司法权属于高级司法委员会（Higher Juridical Council）、联邦最高法院（Federal Supreme Court）、联邦最高上诉法院（Federal Court of Cassation）、公诉部（Public Prosecution Department）、司法监督委员会（Judiciary Oversight Commission），以及受到法律规范的其他联邦法院。[2]宪法关于国家权力的分配与规定对海洋事务主管部门及其职能产生了一定的影响。

（一）立法机构

1. 国民议会

国民议会拥有联邦立法权，其组成人员由伊拉克不同团体代表秘密投票选出，最终组成人员中必须有四分之一的女性代表，再由这些成员以多数决方式来选出议会的发言人和两名副手。国民议会有权以三分之二多数来颁布关于组建联邦议会的法律，并且可以管理联邦议会的编制、人员和结构以及与此有关的任何事项。目前，伊拉克国民议会属于一院制，由 325 名成员组

---

〔1〕 何勤华主编：《法律文明史》（第 12 卷），商务印书馆 2017 年版，第 755—756 页。
〔2〕 参见《伊拉克宪法》第 47 条、第 48 条、第 66 条、第 89 条。

成，每年有两个会期。议会及其成员受规章的约束。[1]

根据《伊拉克宪法》，国民议会的权力包括：制定、颁布联邦法律；监督行政权行使；讨论和批准国家年度财政预算草案和国民经济发展计划；选举共和国总统；通过法律规定国际公约和协议的批准流程，该法律应经国民议会的三分之二成员同意；根据总统和总理的联合请求，通过三分之二多数赞成票允许宣战和宣布全国进入紧急状态。

2. 联邦议会

联邦议会由伊拉克各地区代表组成。关于联邦议会的构成与职权在《伊拉克宪法》中几乎未提及，这些都将由国民议会另行立法加以规定。联邦议会仍未成立。[2]

（二）行政执法机构

1. 总 统

伊拉克的行政权属于共和国总统和内阁，实行总统与总理分权制。总统委员会包括一名总统与两名副总统，总统是国家元首和国家的象征，没有实质的行政权，由国民议会选举产生，每届任期四年。总统必须年满40岁，出生时就是伊拉克人，且其父母也须为伊拉克人。根据《伊拉克宪法》第67条的规定，总统应保证宪法的实施，维护伊拉克的独立主权、领土完整和安全，有权颁布特赦令。

2. 内 阁

根据《伊拉克宪法》第76条，共和国总统应在当选之日后的15天内委托国民议会内最大派别的提名人（多数党党魁）负责组建内阁。总理应在当选之后的30天内任命其内阁成员，并将内阁成员的姓名和内阁计划提交国民议会。在获得国民议会成员绝对多数的赞成票后，内阁组建成功。如果内阁没有获得绝对多数的赞成票，共和国总统应在15天内指定另外一名人员负责组建内阁。根据《伊拉克宪法》第83条，总理和部长对国民议会负责。内阁的最高行政长官是总理，拥有实质的行政权，同时也是伊拉克的最高武装总司令。

内阁享有以下权力：为执行法律发布规定、指令和决定；编制总预算草案、决算表以及发展计划；向国民议会建议批准任命副部长、大使、国家高

---

[1] 何勤华主编：《法律文明史》（第12卷），商务印书馆2017年版，第763页。

[2] "Iraq's Missing Federation Council", The Tahrir Institute for Middle East Policy, https://timep.org/commentary/analysis/iraqs-missing-federation-council/, June 10, 2019.

级官员、军队参谋长及其助理、师级以上军官、国家情报局局长和安全机构负责人；谈判和签署国际协议和公约，或委托任何人开展此项工作。

根据《伊拉克宪法》第 110 条，联邦政府专有的权力包括制定外交政策和派遣外交代表，对与伊拉克有关的国际条约和协议进行磋商、签署和批准，制定对外经济贸易政策，制定并执行国家安全政策，制定国家财政与关税政策，拟定国家预算，制定国家货币政策，按照国际法和国际公约的规定制定与境外水源有关的政策及其在国家内部的分配政策等。[1]根据《伊拉克宪法》第 114 条，有一部分权力是联邦政府和地方政府共同享有的，其中包括制定与海洋有关的环境政策和水资源政策。

内阁下设 24 个部门和众多直属机构。其中，与海洋事务有关的部门和机构有国防部（Minister of Defense）、外交部（Minister of Foreign Affairs）、内政部（Minister of Interior）、石油部（Minister of Oil）、农业部（Ministry of Agriculture）、水资源部（Ministry of Water Resources）、交通部（Ministry of Transportation），以及高等教育与科学研究部（Ministry of Higher Education and Scientific Research）等。

（1）外交部

伊拉克建国之初，就成立了外交部。外交部负责管理伊拉克的外交事务，具体职责包括：执行国家外交政策、维护国家最高利益、代表国家参与双边和多边外交事务等。在海洋事务管理方面，外交部负责代表国家缔结与海洋相关的国际条约，代表国家加入海洋相关的区域性和全球性国际组织，参加海洋相关的会议和论坛等。[2]

（2）国防部

伊拉克国防部指挥所有伊拉克武装部队，包括联合总部、伊拉克地面部队司令部（Iraqi Ground Forces Command）、伊拉克特种部队（Iraqi Special Operations Forces）、伊拉克军队（Iraqi Army）、伊拉克海军[3]（Iraqi Navy）和伊拉克空军（Iraqi Air Force）。其中，伊拉克海军主要负责海上防务，保护海岸线和海洋资源。伊拉克海军最初被称为伊拉克海岸防卫部队，于 2005 年 1 月 12 日改为现名。[4]截至 2011 年 2 月，伊拉克海军有大约 5000 人，5 个水上

---

〔1〕何勤华主编：《法律文明史》（第 12 卷），商务印书馆 2017 年版，第 763 页。

〔2〕"Ministry Strategy", Republic of Iraq Ministry of Foreign Affairs, http://www.mofa.gov.iq/ministry-strategic, June 6, 2019.

〔3〕包括海军陆战队。

〔4〕"Ministry of Defence（Iraq）", Wikipedia, https://en.wikipedia.org/wiki/Ministry_of_Defence_(Iraq), June 6, 2019.

飞行中队（afloat squadrons）和 2 个海军陆战队（marine battalions）。[1]

（3）内政部

伊拉克内政部成立于 1962 年，主要职责是确保公共安全，维护社会秩序。内政部下设行政和财务局（Administrative and Financial Agency）、联邦安全事务局（Federal Security Affairs）、警察局（Police Affairs Agency）、情报局（Intelligence Agency）、总督查局（General Inspector）、家庭和儿童保护局（Family and Child Protection）、文物保护局（Antiquities Protection Police）、巴格达预防犯罪局（Baghdad Directorate of Crime Prevention）、打击恐怖主义和有组织犯罪局（Combatting Terrorism and Organized Crime）。其中，联邦安全事务局负责保护伊拉克的边境地区，情报局与打击恐怖主义和有组织犯罪局负责打击海上恐怖主义犯罪。[2]

（4）石油部

伊拉克于 1976 年成立了石油部。该部负责规划执行石油开发和基础设施建设项目。目前伊拉克没有已知的海上油田，但石油部部长已宣布有意开始海上勘探。[3]石油部下设部长（Minister of Oil）、第一顾问（1st Advisor）、副部长（Deputy Minister）、高级副部长（Sr. Deputy Minister）、下游副部长（Deputy Minister for Downstream）、管理与法律办公室（Admin & Legal）、控制与内部审计办公室（Control & Internal Audit）、石油保护部队（Oil Protection Force）、总监（Inspector General）。2018 年伊拉克国家石油公司成立以前，石油部主管伊拉克的主要油气公司和油气培训机构。

（5）国家石油公司

2018 年 3 月 5 日，伊拉克国民议会审议通过关于成立伊拉克国家石油公司（Iraq National Oil Company）的法案。国家石油公司在法案通过后的 6 个月内正式成立并运作，石油部下辖的部分子公司的权利义务转移至国家石油公司。伊拉克希望通过成立国家石油公司助力其石油工业实现更加专业化的管理，进而促进国际能源合作，实现石油产量稳定提升，带动经济增长。其实，伊拉克国家石油公司早在 20 世纪 60 年代便已成立，后来逐渐被南方石油公司和北方石油公司所取代。此次重新组建国家石油公司，既涉及伊拉克油气行业管理及运营架构的重组，也将影响伊拉克未来对外油气合作的

---

〔1〕 "Saddam's Navy", Global Security, https：//www. globalsecurity. org/military/world/iraq/navy. htm, June 9, 2019.

〔2〕 "The Ministry", The Iraqi Ministry of Interior, https：//moi. gov. iq/, June 9, 2019.

〔3〕 "Oil Regulation", Getting the Deal Through, https：//gettingthedealthrough. com/area/24/juris-diction/166/oil-regulation-2018-iraq/, June 9, 2019.

走向。

国家石油公司由内阁直接管理，与石油部平级，公司总裁（董事长）享受部长级待遇，第一副总裁（总经理）享受副部长级待遇，独立进行内部决策和管理。如果石油部认为国家石油公司董事会的决定与伊拉克油气政策相违背，只能向内阁提请修改国家石油公司董事会的决定。

国家石油公司业务范围包括油气的勘探、开发、生产和销售，除了伊拉克境内油气业务，公司还可代表伊拉克政府从事境外油气业务。具体来说，国家石油公司承担如下职能：油气田的勘探、开发、生产和管理；开展涵盖勘探、生产、运输、储存、销售等环节的原油业务；在不违反宪法的前提下签订勘探、生产、销售合同；管理已授标的技术服务合同；对与邻国接壤的油气田进行投资；管理主要原油管线和出口港口；在内阁批准的情况下，根据社会经济发展的需要，设立公司或机构。总的来说，国家石油公司全面负责伊拉克未来上游油气业务，而石油部负责天然气处理、炼化及产品销售等下游业务。[1]

（6）农业部

伊拉克农业部的任务是管理公共和私营农业。[2]其下设部门中与海洋有关的是渔业资源开发总局（General Board for Fish Resource Development），主要负责水产养殖，并在各省建立孵化场以繁殖当地鱼类。该局与伊拉克的科研机构和大学之间展开科学合作和培训活动，以发展水产养殖业。[3]

（7）高等教育与科学研究部

高等教育与科学研究部负责研究伊拉克的科学、技术和文化事务，指导科研组织培养具有高知识水平的新一代人才。该部还注重建立与其他国家以及学术机构的友好关系，以实现科学知识领域的和谐与融合。[4]该部门与海洋有关的事项是与伊拉克著名大学合作研究伊拉克气候变化与海平面上升、海洋生物、海洋污染等问题。

（8）交通部

伊拉克交通部负责管理的事项中与海洋有关的是水手事务，包括身份登

---

〔1〕 肖岚、解亚娜：《伊拉克成立国家石油公司影响几何》，载《中国石油报》2018年4月10日，第2版。

〔2〕 "Homepage", Republic of Irap Ministry of Agriculture, http://www.zeraa.gov.iq/index.php, June 9, 2019.

〔3〕 "National Aquaculture Sector Overview：Iraq", Food and Agriculture Organizationof the United Nations, http://www.fao.org/fishery/countrysector/naso_iraq/en, June 9, 2019.

〔4〕 "About the Ministry", Republic of Iraq Ministry of Higher Education & Scientific Research, http://mohesr.gov.iq/en/about-the-ministry/, June 9, 2019.

记和医疗证明。[1]此外，交通部下设伊拉克港口总公司（General Company for Ports of Iraq）。港口总公司成立于1919年10月9日，负责伊拉克港口管理和领海航行，并负责维护和疏浚领海航道。该公司管理乌姆卡斯尔港、霍尔祖贝尔港、巴士拉港和阿布弗洛斯港。交通部还下设国家海运总公司（State Company for Maritime Transport），该公司成立于1952年，负责管理伊拉克的海运事务。[2]

（9）水资源部

伊拉克水资源部致力于开发与保护国内的水资源，通过制定战略和政策并跟进实施以保证水资源的可持续利用。[3]2003年之前，该部门被称为灌溉部[4]（Ministry of Irrigation）。目前水资源部运营25个主要水坝、水电站和拦河坝，以及275个灌溉泵站，几乎服务整个灌溉区。水资源部由5个委员会和11个公司组成。[5]

---

〔1〕 Republic of lraq Ministry of Transportation, http：//www. motrans. gov. iq/index. php, June 9, 2019.

〔2〕 "General Company for Ports of Iraq", Wikipedia, https：//en. wikipedia. org/wiki/General_ Company_ for_ Ports_ of_ Iraq, December 9, 2020.

〔3〕 Ministry of Water Resources, http：//www. mowr. gov. iq/node/267, June 9, 2019.

〔4〕 "Ministry of Water Resources（Iraq）", Wikipedia, https：//en. wikipedia. org/wiki/Ministry_ of_ Water_ Resources_ （Iraq）#cite_ note-1, June 9, 2019.

〔5〕 "Iraq：Water Management, Policies and Legislation related to Water Use in Agriculture", Food and Agriculture Organizationof the United Nations, http：//www. fao. org/nr/water/aquastat/countries_ regions/Profile_ segments/IRQ-Inst_ eng. stm, June 9, 2019.

三、国内海洋立法

（一）划定管辖海域的法

伊拉克的海岸线很短，长约60公里，海域面积狭小。受此影响，伊拉克划定管辖海域的立法比较少，仅有两部，分别是《1957 年 11 月 23 日官方公告》（Official Proclamation of 23 November 1957）和《划定伊拉克领海的 1958 年第 71 号法律》（Law No. 71 of 1958 Delimiting the Iraqi Territorial Waters）。

《1957 年 11 月 23 日官方公告》规定：第一，伊拉克政府希望最大限度地开发伊拉克的自然资源，并确信伊拉克领海之外且毗邻领海的海底蕴含大量可供开发的自然资源。第二，海床及其底土的自然资源归伊拉克所有，伊拉克对其具有专属管辖权；伊拉克政府享有勘探和开采上述资源的专属权利，有权采取必要的立法和执法措施，以保护勘探和开发过程所需要的设施。第三，伊拉克政府发布本公告以行使国际实践所确定的权利，但不得违反有关航行自由的规则。

《划定伊拉克领海的 1958 年第 71 号法律》规定：第一，伊拉克领海及其上空、海床和底土处于伊拉克共和国主权之下，无害通过规则适用于伊拉克领海。第二，伊拉克领海宽度为 12 海里，自海岸低潮标算起。第三，若他国领海与伊拉克领海重叠，应通过国际法规则达成协议或与相关国家达成共识以确定两国领海界限。第四，本法的规定不损害伊拉克在其毗连区和大陆架中享有的权利。

根据《联合国海洋法公约》第 16 条第 2 款，伊拉克于 2011 年 4 月 15 日向联合国秘书长交存其领海基线基点的地理坐标及海图。值得注意的是，与《划定伊拉克领海的 1958 年第 71 号法律》中规定的自然基线法不同，伊拉克向联合国交存的领海基线基点的地理坐标[1]及海图是根据直线基线法确定的。2015 年 8 月 3 日，伊朗致函联合国秘书长，表示对伊拉克所划定基线的有效性持保留立场，认为该基线不具有任何法律效力，并且不接受其所产生的任何后果。[2]

---

〔1〕 参见本书附录18。
〔2〕 "Permanent Mission of the Islamic Republic of Iran to the United Nations", United Nations, http://www. un. org/Depts/los/LEGISLATIONANDTREATIES/PDFFILES/DEPOSIT/communicationsredeposit/mzn77_ 2015_ irn. pdf, June 8, 2019.

《1957 年 11 月 23 日官方公告》规定了伊拉克对其大陆架上的自然资源享有专属的权利。《划定伊拉克领海的 1958 年第 71 号法律》规定了伊拉克的领海宽度、与邻国海岸相向或相邻时领海外部界限的确定方法等。伊拉克没有主张毗连区的宽度，也没有主张专属经济区。

（二）石油相关立法

《伊拉克宪法》对伊拉克油气资源的所有权和管理权进行了规定，但是对各级政府的权力分配不明确，尤其是在联邦与地方政府的石油收益分配方面留有较大的解释空间。[1] 在石油事务管理权限方面，《伊拉克宪法》第 110 条和第 114 条分别规定了联邦政府单独享有的权力以及中央与地方共享的权力。但是，上述两个条文没有明确能源事务由联邦政府专属管辖还是联邦政府与地方政府共同管辖。同时，《伊拉克宪法》第 115 条规定，联邦政府和地方政府就共享权力出现分歧时，地方政府享有优先权。

在石油财产的所有权方面，《伊拉克宪法》第 111 条规定油气归伊拉克全体人民所有。《伊拉克宪法》第 112 条规定，联邦政府和产油区地方政府对现有油田（present field）所开采的石油和天然气进行共同管理，确保石油收益根据人口在全伊拉克区域公平分配。然而，《伊拉克宪法》没有对"现有油田"作出明确界定，也没有对如何公平分配作出规定。[2] 目前，利益各方对宪法的解释各有不同，分歧集中于地方政府是否对石油开发拥有最终权力。综上，宪法没有明晰油气资源的所有权和管理权，致使伊拉克难以制定完善的油气法律法规。

为加快吸引外资和战后重建步伐，伊拉克于 2007 年 2 月制定了《石油天然气法（草案）》（Draft Oil and Gas Law）。由于该草案没有关于联邦政府和地方政府收益共享机制的条文，且包含很多对库尔德地区不利的规定，故库尔德地方政府提出反对意见，法案没有得到通过。2007 年 8 月，库尔德地方政府颁布了《库尔德石油天然气法》（Kurdistan Oil and Gas Law）。该法第 3 条在宪法规定的油气归伊拉克全体人民所有基础上，规定库尔德地方政府有权享有部分石油收益，并确定了库尔德政府对库尔德地区石油开采的权力。与联邦政府采取服务合同模式不同，库尔德地区采用了对投资者更具吸引力的产品分成合同，吸引了大批国外石油投资者前来进行石油投资。库尔德地

---

[1] 曾涛、吴雪：《伊拉克油气开发近况与投资环境潜在变化分析》，载《国际石油经济》2015 年第 7 期，第 76 页。

[2] See "Oil & Gas Law of Iraq", Stanford Law School, https://law.stanford.edu/wp-content/uploads/2018/04/ILEI-Oil-and-Gas-Law.pdf, June 9, 2019.

区通过石油法并引进外国石油投资者的举动，遭到联邦政府的强烈反对。[1]

就具体的石油法规而言，第一，在石油投资开发方面，伊拉克于 1985 年颁布了《油气资源保护法》（Law of Oil and Gas Resources Protection），该法对油气行业的勘探开发和投资管理作出规定，指定石油部为石油投资的管理部门。2007 年《原油炼制私人投资法》（Law of Private Investment in Crude Oil Refining）颁布，该法的实施细则于 2009 年颁布。该法对原油的来源、价格机制、产成品销售、炼油厂建造及运营、投资公司享受的待遇等作出规定，保证炼油厂投资者的利益，以鼓励投资。第二，在外国石油公司的税务方面，伊拉克于 2010 年颁布了《在伊拉克运营的外国石油公司所得税法》（Law of Income Tax on Foreign Oil Companies Working in Iraq），并于 2011 年颁布了该法的附带条例，规定了在伊拉克从事油气业务的外国公司的所得税税率为 35%。第三，在石油开发中的环境保护方面，2009 年颁布的《环境保护与改善法》（Law on Protection and Improvement of the Environment）规定了石油开采中的环保要求。[2]

值得注意的是，伊拉克于 2018 年 3 月颁布了《伊拉克国家石油公司法》（Law of Iraqi National Oil Company），决定设立伊拉克国家石油公司，由其全面负责伊拉克的上游油气业务；伊拉克石油公司将其不超过 90% 的收入上交财政部，剩余收入自行支配。[3]《伊拉克国家石油公司法》既涉及对伊拉克油气行业管理及运营架构的重组，也将影响伊拉克未来对外油气合作的走向。[4]

（三）渔业相关立法

即使渔业对伊拉克国民经济的影响很小，伊拉克政府仍颁布了一系列渔业法律法规对海洋渔业活动进行规制。1976 年，伊拉克颁布了《关于开发和保护水生生物的法律》（Law Regulating the Exploitation and Protection of Aquatic life）。该法涉及伊拉克海洋渔业活动规范，包含渔业活动的一般规则、渔

---

[1] 汪绪涛：《伊拉克库尔德地区石油投资法律问题研究》，载《国际经济合作》2014 年第 3 期，第 90 页。

[2] 库尔德地区石油行业法规与伊拉克联邦政府的不同。See "The Oil and Gas Law Review", Lawreviews, https：//thelawreviews. co. uk/edition/the-oil-and-gas-law-review-edition-6/1175816/iraq, June 9, 2019.

[3] Malek Takieddine, "The New Iraqi National Oil Company Law：A First Look", https：//www. lexology. com/library/detail. aspx? g = e3199f6e-9cfe-4b24-87fb-8bcf63ca5d03, June 9, 2019.

[4] 肖岚、解亚娜：《伊拉克成立国家石油公司影响几何》，载《中国石油报》2018 年 4 月 10 日，第 2 版。

具、水产品的营销、渔业许可、处罚规定等内容。1981 年，伊拉克颁布了《〈关于开发和保护水生生物法〉的修正案》，对第 28 条进行了修订，完善该法关于罪行、罚金和强制执行措施的规定，以更好地保护水生生物。1985年，伊拉克颁布了《关于建立渔场的 1985 年第 995 号决议》（Resolution No. 995 of 1985 Relative to the Establishment of Pisciculture Farms），该决议涉及海水养殖许可等内容。[1]

（四）港口、船舶与航运相关立法

受制于海岸线短和港口数量少等因素，伊拉克的港口、船舶与航运相关法律法规与其他波斯湾国家相比数量较少。1983 年，伊拉克颁布了《运输法典》（The Transport Code）。该法典将之前关于运输法的零散规定统编起来，法典的第三部分包括对海运、陆运、河运和空运的具体规定。[2] 1995 年，伊拉克颁布了《港口法》（Law Concerning Ports）。2015 年，伊拉克颁布了《关于海员身份证的 2015 年第 51 号法律》（Law No. 51 of 2015 Concerning the Sailor's Identity Card）。[3]

（五）海洋环境保护立法

伊拉克十分重视环境保护，制定了诸多环境保护相关的法律法规。伊拉克没有单独制定海洋环境保护法，关于海洋环境保护的规定见诸综合性环境保护法律或其他环境保护法律法规中，且关于海洋环境保护的法规数量较少。

《关于设立环境部的 2008 年第 37 号法》（Law No. 37 of 2008 Establishing the Ministry of Environment）规定了环境部的设立、保护环境的任务、制定和执行环境标准的职责等事项。《关于保护和改善环境的 2009 年第 27 号法律》（Law No. 27 of 2009 on the Protection and Improvement of the Environment）是伊

---

〔1〕 ECOLEX, https：//www. ecolex. org/result/？q＝，June 9，2019.

〔2〕 何勤华主编：《法律文明史》（第 12 卷），商务印书馆 2017 年版，第 763 页。

〔3〕 "FAOLEX Database", Food and Agriculture Organizationof the United Nations, http：//www. fao. org/faolex/country-profiles/general-profile/see-more/en/？iso3＝IRQ&countryname＝Iraq&area＝Sea&link＝aHR0cDovL2V4dHdwcmxlZ3MxLmZhby5vcmcvY2dpLWJpbi94bWwuZXhlP2RhdGFiYXNlPWZhb2xleCZ2aWV3LVR5cGU9RmluZGR0ZW1wbGF0ZT14dWVyeeSZ0YWJ1bhbGwmcmVXcnk9QVJFQTplTBBTkQkQgS-VNPOklSUSBBTkQkQgVDpBTEwgTk9UIFJPOlkgQU5EIEFFVUVVBTEVVEOk4gQU5EIEFFTlVUVUVSUzpzOIE-FORCBaOihMIFIgTSkgTk9UIFFo6UCZzb3J0J0X25hbWU9QHNwcmZTRSZsYW5nPXhtbGGYmZm9ybWF0-0X25hbWU9QFhTSE59SVCZwYWdlX2hlYWRlcj1FWE1SMSCzwYWdlX2Zvb3Rlcj1FWE1SRg＝＝，June 9，2019.

拉克一部综合性的环境保护法律，其中涉及海洋环境的内容有保护生物多样性、保护水免受污染等。《关于环境警察局议事规则的 2015 年第 1 号决议》（Resolution No. 1 of 2015 on Rules of Procedure of the Department of Environmental Police）旨在规范环境警察局（Environmental Police Department）的活动。该决议涉及环境警察局在内政部民防总局和环境部的领导下，开展环境分析、环境污染控制活动等。《关于危险废物管理的 2015 年第 3 号指令》（Instructions No. 3 of 2015 on Hazardous Waste Management）涉及危险废物在海洋运输过程中的管理以及海洋危险废物的处置问题。[1]

---

〔1〕 "FAOLEX Database", Food and Agriculture Organizationof the United Nations, http：//www. fao. org/faolex/collections/en/? search = adv&subj_ coll = Environment, June 9, 2019.

四、缔结和加入的海洋法条约

（一）《联合国海洋法公约》

1958 年 2 月 24 日—4 月 27 日，联合国在日内瓦召开第一次海洋法会议，会议通过了四项公约，即《领海及毗连区公约》（Convention on the Territorial Sea and the Contiguous Zone）、《公海公约》（Convention on the High Seas）、《捕鱼及养护公海生物资源公约》（Convention on Fishing and Conservation of the Living Resources of the High Seas）和《大陆架公约》（Convention on the Continental Shelf）。伊拉克没有加入上述四项公约。1982 年召开的第三次国际海洋法会议通过了《联合国海洋法公约》，伊拉克于 1982 年 12 月 10 日签署了《公约》，并于 1985 年 7 月 30 日批准《公约》[1]；伊拉克尚未正式确认加入《关于执行 1982 年 12 月 10 日〈联合国海洋法公约〉第十一部分的协定》。

值得注意的是，1982 年 12 月，伊拉克签署《公约》时表示伊拉克签署《公约》并不意味着以任何方式承认以色列，也不意味着有意愿与以色列产生任何条约关系。[2]这与中东地区历时已久的领土争端和对巴勒斯坦建国的政见密切相关。科威特、卡塔尔和也门在签署《公约》也发表了不承认以色列的声明。[3]即使在国际法的实践中，加入同一多边条约并不意味着对缔约当局的默示承认[4]，一些阿拉伯国家还是通过明确宣告的方式，表示牵涉以色列的某一特定行为不能解释为包含任何承认的意思，以自动排除默示承认的任何可能。[5]此外，伊拉克认为《公约》第三部分所载"用于国际航行的海峡"的所有规定也适用于海峡附近岛屿间的航行。

---

[1] "Multilateral Treaties Deposited with the Secretary-General", United Nations Treaty Collection, https://treaties. un. org/Pages/ParticipationStatus. aspx? clang = _ en, June 9, 2019. 参见本书附录 19。

[2] 参见本书附录 20。"Declarations and Statements", Oceans & Law of the Sea United Nations, http://www. un. org/Depts/los/convention _ agreements/convention _ declarations. htm # Qatar% 20Upon% 20signatur, June 9, 2019.

[3] 以色列是 1958 年"日内瓦公约"的缔约国，不是 1982 年《联合国海洋法公约》的缔约国。

[4] ［英］劳特派特修订：《奥本海国际法》（上卷），商务印书馆 1971 年版，第 117 页。

[5] ［英］马尔科姆·N. 肖：《国际法》（第六版），白桂梅等译，北京大学出版社 2011 年版，第 365—366 页。

（二）缔结和加入的海事条约

伊拉克于 1958 年 1 月 2 日[1]批准了《1948 年国际海事组织公约》，加入了政府间海事协商组织（Inter-Governmental Maritime Consultative Organization）。该组织于 1982 年更名为国际海事组织。由于常年战争和海岸线极短，伊拉克在国际海事组织框架下加入的国际海事条约相较于波斯湾其他国家而言数量和种类都较为有限。[2]从其目前正式加入的海事条约来看，这些条约主要可以分为海洋污染防治、海上航行安全、海员管理和船舶管理等类别。

其中，与防治海洋污染有关的条约有：《〈1973 年国际防止船舶造成污染公约〉的 1978 年议定书》（Protocol of 1978 relating to the International Convention for the Prevention of Pollution from Ships，1973）及其 5 个附则等。《1973 年国际防止船舶造成污染公约》附则一、附则二、附则三、附则四和附则五目前都已生效。各国必须接受附则一和二，其余的附则是任择性的。伊拉克在加入公约后陆续批准附则三、附则四和附则五。

与海上航行安全有关的条约有：《1965 年便利国际海上运输公约》[3]（Convention on Facilitation of International Maritime Traffic，1965），《1974 年国际海上人命安全公约》（International Convention for the Safety of Life at Sea，1974），《1972 年国际海上避碰规则公约》（Convention on the International Regulations for Preventing Collisions at Sea，1972），《1976 年国际海事卫星组织公约》（Convention on the International Maritime Satellite Organization，1976），《1988 年制止危及海上航行安全非法行为公约》[4]（Convention for the Suppression of Unlawful Acts against the Safety of Maritime Navigation，1988）等。

与海员管理和船舶管理有关的条约有：《1978 年海员培训、发证和值班标准国际公约》（International Convention on Standards of Training，Certification and Watchkeeping for Seafarers，1978），《1969 年国际船舶吨位丈量公约》

---

[1]　伊拉克签署日期为 1954 年 6 月 10 日，该公约对伊拉克的生效日期为 1958 年 3 月 17 日。SeeECOLEX，"Convention on the International Maritime Organization：Participant"，https：//www. ecolex. org/details/treaty/convention-on-the-international-maritime-organization-tre-000498/？q = Convention% 2Bon% 2Bthe% 2BInternational% 2BMaritime% 2BOrganization&xdate_ min =&xdate_ max =，December 12，2020.

[2]　参见本书附录 21。

[3]　伊拉克在签署《1965 年便利国际海上运输公约》时发表声明称："加入此公约不意味着对以色列的承认，不意味着任何与以色列的国际交往会产生法律效力。"

[4]　伊拉克在签署《1988 年制止危及海上航行安全非法行为公约》时发表声明称："加入此公约不意味着对以色列的承认，不意味着任何与以色列的国际交往会产生法律效力。"

（International Convention on Tonnage Measurement of Ships，1969）等。

（三）缔结和加入的区域性环境保护条约[1]

伊拉克缔结和加入的区域性海洋环境保护条约有：《科威特海洋环境污染保护合作区域公约》（Kuwait Regional Convention for Cooperation on the Protection of the Marine Environment from Pollution），《关于因勘探和开发大陆架而造成的海洋污染议定书》（Protocol Concerning Marine Pollution Resulting from Exploration and Exploitation of the Continental Shelf），《紧急情况下应对石油和其他有害物质污染的区域合作议定书》（Protocol Concerning Regional Cooperation in Combating Pollution by Oil and other Harmful Substances in Cases of Emergency）等。

---

[1] 参见本书附录22。

五、海洋争端解决

（一）伊拉克与科威特的海洋争端

1. 争端背景

科威特曾是奥斯曼帝国统治下巴士拉省（Basra Vilayet）的"不可分割的一部分"，伊拉克在奥斯曼帝国瓦解后便继承了对巴士拉省的主权，声称科威特也应属于伊拉克的一部分，而科威特对伊拉克此种专断态度持反对意见。伊拉克作为一个产油大国却缺少出海口，因此长期以来，伊拉克视科威特为"伊拉克的瓶塞"。自1961年科威特独立以来，虽然伊拉克官方曾多次承认科威特的独立，但仍旧不断对科威特提出主权要求，尤其是布比延（Bubiyan，924平方公里）和沃尔巴（Warbah，99平方公里）两个小岛。[1]大体上讲，伊拉克与科威特分别于20世纪60年代、70年代和90年代先后三次经历领土危机，布比延岛与沃尔巴岛的主权之争，归根到底是两国在海洋划界上的争端。[2]而海洋划界与两国之间的领土划界密不可分，故本部分以伊科两国边界划定的争议为时间线，对伊科两国的海洋争端进行梳理。

2. 布比延岛和沃尔巴岛之争

（1）岛屿概况

布比延岛位于波斯湾西北角沿海岛链，是科威特最大的岛屿，岛上无人居住。该岛以祖拜尔（Zubayr）运河为界与东北部的伊拉克大陆分开，并通过塞比耶（Al-Sabiyyah）水道与西南的科威特大陆分离。[3]该岛于1991年改建为军事基地。[4]

沃尔巴岛亦处波斯湾，邻幼发拉底河（Euphrates River）河口，位于科威特大陆以东约100米，布比延岛以北1.5公里，伊拉克大陆以南1公里，总面积为37平方公里。

---

[1] Peter Calvert, *Border and Territorial Dispute of the World*, London: John Harper Publishers, 2004, p. 470.

[2] 谢立忱：《当代中东国家边界与领土争端研究》，中国社会科学出版社2015年版，第74—75页。

[3] "Būbiyān: Island, Kuwait", Britannica, https://www.britannica.com/place/Bubiyan, May 14, 2019.

[4] "Bubiyan Island", Wikipedia, https://en.wikipedia.org/wiki/Bubiyan_Island, May 14, 2019.

1994 年 11 月，伊拉克正式接受联合国划定的与科威特的边界。该边界已在安全理事会第 687（1991）号、第 773（1992）号和第 833（1993）号决议中明确规定，这些决议正式结束了早先对布比延岛和沃尔巴岛的索赔。[1]

伊拉克外长纳吉·萨布里 2002 年 3 月 25 日在黎巴嫩参加阿拉伯国家外长会议时表示，伊拉克准备承认科威特的独立。[2]然而根据国际法的实践和伊拉克的政治野心，承认科威特独立并不意味着伊拉克对伊科边界划分现状的承认。随着伊拉克北部的鲁迈拉（Rumaila）油田产量的上升和乌姆卡斯尔港吞吐量的增大，伊拉克对布比延岛、沃尔巴岛的渴求日益强烈。

（2）争端过程

布比延岛、沃尔巴岛主权之争历时较长，经多次划界仍不得终，且伊拉克对两岛主权问题态度反复，故争端过程与三次领土危机相互交织，呈现复杂的态势。自 1546 年以来，科威特便是奥斯曼帝国名义上的一部分，但奥斯曼帝国从未对其进行直接统治；1756 年，当地部落从萨巴赫（Al-Sabah）家族中选了一位酋长，管理科威特；1871 年，科威特酋长阿卜杜拉（Abdul-lah）被封为科威特县长，从属于奥斯曼帝国巴士拉省长；1896 年穆巴拉克亲王（亲土耳其的穆罕默德）弑兄篡位，宣布科威特从奥斯曼帝国独立。科威特地区为寻求英国保护，在未经奥斯曼苏丹同意的情况下，于 1899 年与英国签订了《科威特—英国协定》（The Agreement Between Kuwait and UK）。根据协定，英国负责保护科威特并控制科威特对外事务。在 1913 年 7 月 29 日的英奥协定（Anglo-Ottoman Convention of July 1913）中，奥斯曼帝国对科威特自治予以承认，自治范围以科威特市为中心、半径约 64.37 公里（40 英里），同时，此协定也是伊科边界争端过程中对划界问题的第一次具体规定。但是，一战奥斯曼帝国的战败，使得该协定未能得到最终批准。

1923—1932 年，外交活动使伊拉克—科威特的边界更具如今轮廓。1923 年 4 月 4 日和 19 日，英国驻伊拉克的高级专员珀西·考克斯（Percy Cox）爵士与科威特酋长艾哈迈德·萨巴赫（Ahmad Al-Sabah）交换信件，伊科边界初步确定。在 1932 年 7 月 21 日和 8 月 10 日伊拉克首相与科威特酋长的来往信件中，双方再次确认了以 "1923 年信件" 为基础的伊科边界："从瓦迪埃尔奥加与巴廷的交点开始，沿巴廷向北，抵达刚好位于萨夫万（Safwan）所处纬度的南侧一点，然后向东，经过萨夫万诸水井南侧、萨纳姆山和乌姆

---

〔1〕 "Bubiyan Island", Wikipedia, https://en.wikipedia.org/wiki/Bubiyan_Island, May 14, 2019.

〔2〕 阿拉伯国家首脑会议：《伊拉克表示愿意承认科威特的独立》，载央视网，http://www.cctv.com/special/480/2/20496.html，最后访问日期：2019 年 5 月 14 日。

卡斯尔并把它们划归伊拉克，直至祖拜尔湾与阿卜杜拉湾的交会处。沃尔巴岛、布比延岛、马希姜岛、法拉卡岛、奥哈岛、库帕尔岛、卡鲁岛和乌姆阿尔马腊迪姆岛属于科威特。"[1]

1933—1958 年，布比延岛与沃尔巴岛主权争端初露端倪。1951 年，英国政府向伊拉克政府提交一份普通照会，正式将萨夫万以南的点解释为"萨夫万海关哨所以南 1000 米"。但伊拉克要求科威特"租赁或者割让"沃尔巴岛作为达成边界协议的苛刻条件使得该协议无疾而终。1961 年科威特独立，伊拉克于 1963 年表示承认科威特，但对两国边界问题不置可否。随后半个世纪，伊科两国共发生了三次领土危机。在此期间，伊科领土问题陷入僵局，两国就布比延岛和沃尔巴岛主权归属展开了一场"拉锯战"。

1973 年 3 月，因伊拉克派兵占领了位于伊科两国争议地区的一个边防站，伊科之间第二次领土危机爆发。1975 年 5 月，伊拉克官方宣称，伊拉克与科威特已经就解决争议的具体建议取得共识：科威特需租借半个布比延岛给伊拉克 99 年，并放弃沃尔巴岛主权；作为交换，伊拉克将承认科威特的陆地边界。[2] 1976 年 12 月，科威特新闻部部长指出，根据"1923 年信件"和 1963 年伊科两国协定，沃尔巴岛与布比延岛属科威特主权的一部分。[3] 1980 年 9 月爆发的两伊战争导致伊拉克于 1981 年 7 月再次对沃尔巴岛和布比延岛提出主权要求，萨达姆重提 1975 年伊拉克的提议，特别是要求科威特租借半个布比延岛。科威特政府坚称对布比延岛享有不容争议的主权，不过，这次伊科两国关于领土问题的争论并未导致领土危机的爆发。

1990 年 8 月 2 日，伊拉克入侵科威特，第三次领土危机爆发，彻底打破此前僵化的局面。[4] 联合国安理会通过第 660 号决议对伊拉克的入侵进行谴责并呼吁伊科双方为解决分歧而展开密切谈判。同年 8 月 4 日，伊拉克宣布废除科威特萨巴赫政权，成立"自由科威特临时政府"；同年 8 月 28 日，伊拉克宣布科威特为其第 19 个省，并将沃尔巴岛、布比延岛、阿布达利（Abdali）周围的边界地带，以及鲁迈拉油田南部与科威特其他地区相分离，划归伊拉克巴士拉省。[5]

---

〔1〕　杨光：《伊拉克科威特领土争端透视》，载《西亚非洲》1992 年第 2 期，第 46 页。
〔2〕　谢立忱：《当代中东国家边界与领土争端研究》，中国社会科学出版社 2015 年版，第 74 页。
〔3〕　Peter Calvert, *Border and Territorial Dispute of the World*, London：John Harper Publishers, 2004, p. 470.
〔4〕　Harry Brown, "The Iraq-Kuwait Boundary Dispute：Historical Background and the UN Decisions of 1992 and 1993", *IBRU Boundary and Security Bulletin* 10, 1994, pp. 66-68.
〔5〕　谢立忱：《当代中东国家边界与领土争端研究》，中国社会科学出版社 2015 年版，第 76 页。

1991 年，以美国为首的多国部队先后对伊拉克实施了代号为"沙漠风暴"和"沙漠军刀"的作战行动，解放了科威特。安理会相继通过第 686 号和第 687 号决议[1]，就伊科边界作出规定：要求伊拉克承认它和科威特于 1963 年签订的两国边界协议。这个协议规定的边界线比现存边界线向伊拉克一侧推进 5 公里—8 公里；在 1963 年两国边界的伊方一侧 10 公里和科方一侧 5 公里的范围内建立一个非军事区，由联合国伊科观察团巡逻，以防止可能发生的侵犯边界和其他敌对行动。[2]同时，联合国按该决议的有关条款规定，设立了联合国伊科划界委员会（United Nations Iraq-Kuwait Boundary Demarcation Commission），负责勘定伊科两国之间的边界。边界的勘定将不经谈判，而根据该决议进行。

1992 年 11 月，联合国伊科划界委员会参照 1941 年和 1950 年英国政府为伊科两国划定的边界，对伊科边界进行微调并订立了永久性界桩。按此新伊科边界，伊拉克的法奥半岛与科威特的沃尔巴岛、布比延岛被水道分开，伊拉克曾疏浚和深挖的主要航道被划入科威特领海。1993 年 5 月 20 日，联合国伊科划界委员会向安理会提交了关于伊科划界的最终报告，确定了能够精准定位伊科边界的地理坐标，陆地边界整体北移 600 米。[3]

1994 年 11 月 10 日，伊拉克革命指挥委员会宣布，承认科威特的主权、领土完整和政治独立，以及联合国伊科划界委员会划定的国际边界，并声称将尊重该边界的神圣不可侵犯性。而到了 20 世纪 90 年代中后期，伊拉克、科威特两国又开始不断抗议对方侵犯了本国边界与领海。1998 年 6 月，科威特再次对部署在两国边界附近的伊军发出警告。2000 年 7 月，伊拉克宣布不接受科威特和沙特阿拉伯、伊朗之间达成的海洋边界协议，与此同时，科威特拒绝恢复与伊拉克之间的正常外交关系。

（3）伊科关系回暖

2003 年，美英为主的联合部队正式对伊拉克发动战争。同年 4 月，萨达姆政权土崩瓦解，伊科划界委员会因不再被需要而在联合国 1490 号决议之后解散，伊科两国关系逐渐回暖。2004 年 6 月 28 日，驻伊联军当局正式向伊拉克临时政府移交权力，科威特政府随即宣布恢复与伊拉克的外交关系。

---

〔1〕 《联合国安理会第 687 号决议》，载联合国安理会网站，https://www.un.org/chinese/aboutun/prinorgs/sc/sres/91/s687.pdf，最后访问日期：2020 年 12 月 9 日。

〔2〕 梁甫：《海湾的一个敏感点——伊拉克与科威特的划界问题》，载《世界知识》1992 年第 19 期，第 29 页。

〔3〕 Peter Calvert, *Border and Territorial Dispute of the World*, London: John Harper Publishers, 2004, p.470.

3. 争端后续问题

尽管伊拉克与科威特的关系进入缓和的新阶段，但以此断言伊科两国已彻底解决彼此间的纠葛仍为时尚早。首先，因 1990 年伊拉克入侵科威特而在两国间产生的争端尚未完全解决。其次，科威特民众对伊科关系的发展较为敏感。最后，两国在布比延岛仍存在现实纠纷。

2011 年 4 月，科威特在布比延岛举行穆巴拉克·卡比尔港项目奠基仪式，此后，伊拉克方面多次对这一项目表示疑虑，担心该项目会"扼杀"伊拉克现有航道、影响伊拉克港口运营。伊拉克认为，短海岸线的现状使其只能经由狭长水域连通海湾，而科威特海岸线相对较长，故其希望科威特能对穆巴拉克港的位置进行微调。[1]2018 年 5 月，科威特常驻联合国代表团向秘书长致意并报告称，伊拉克共和国已开始在法奥港修建防波堤。尽管科威特一再要求，但伊拉克仍未根据《公约》第 123 条、第 205 条、第 206 条与科威特协商并提供一份环境影响评估报告。[2]这意味着伊科两国关系的发展并不是一帆风顺的。不过，伊拉克和科威特两国均具有解决历史遗留问题，进一步改善双方关系的意愿。

4. 争端解决方式

伊科边界争端历时近一个世纪，双方对于海洋争端解决的态度和方式也在逐渐转变。20 世纪的边界争端往往引起政治摩擦甚至大规模战争，因此，从三次领土危机可以看出，这个阶段的争端解决方式以大国调停、安理会决议、两国通过外交手段等政治方法为主。进入 21 世纪以来，随着法律方法的成熟，两国争端解决手段倾向于以国际仲裁、向国际法院提起诉讼为主。如伊拉克交通部部长阿梅里在 2012 年 12 月表示，如果两国无法达成一致，将提交国际仲裁。

（二）伊拉克与伊朗的海洋争端

伊拉克是伊朗最大的陆地邻国。两伊矛盾最早可溯及阿拉伯帝国入侵波斯高原以及奥斯曼帝国与伊朗萨菲王朝（Safavid Dynasty）的冲突。两伊的领土之争复杂曲折，边界划分协定表述模糊，政治信任极度匮乏，这都使得两国边界条约毫无实际约束力。两伊边界的分歧主要集中在对胡齐斯坦地区

---

〔1〕 Habib Toumi and Bureau Chief, "Kuwait, Iraq Embroiled in New Territorial Dispute", Gulfnews, https://gulfnews.com/world/gulf/kuwait/kuwait-iraq-embroiled-in-new-territorial-dispute-1.1971891, May 16, 2019.
〔2〕 《2018 年 5 月 23 日科威特常驻联合国代表团给秘书长的普通照会》，载联合国文件中心网站，https://undocs.org/zh/A/72/880，最后访问日期：2019 年 5 月 16 日。

和阿拉伯河的归属上。[1]两伊之间的紧张关系经过一段时间的不断加剧和边界冲突之后，在1980年9月爆发成为公开的战争活动，即两伊战争。战后两伊关系的发展逐渐从消极对抗转向积极中立。纵观历史，短海岸线的地理特征使得两伊争端多爆发于陆地边界，至于海洋争端则集中存在于对伊拉克领海基线的划定问题上。该争端参见本书"伊朗海洋法律制度研究"的第五部分"海洋争端解决"相关内容，此处不再赘述。

---

[1] 杨明星：《试论两伊战争及其遗产》，载《阿拉伯世界》2005年第2期，第49页。

六、国际海洋合作

（一）海洋研究合作

1. 海水淡化合作

淡水资源匮乏一直以来都是困扰伊拉克的问题，但长期的武装冲突，使缺水问题并未得到足够的重视。伊拉克所使用的水，近 98% 来自幼发拉底河和底格里斯河。然而，与伊拉克北部接壤的土耳其修筑伊利苏大坝（Ilisu Dam）、伊朗切断流入底格里斯河的小扎布河（Little Zab River）的水流、库尔德地区的长年战乱，这些因素使得两河上游地带的水量管控得不到良好保障。为获得足够的淡水资源，海水淡化和幼发拉底河河口的水资源利用成为伊拉克迫切需要解决的问题。为此，近年来，伊拉克同中国、日本、韩国、法国等就海水淡化开展系列合作，在其唯一沿海省份巴士拉建造规模化的海水淡化厂。

2003 年 5 月 11 日，伊拉克因水源受污染而发生霍乱，科威特内阁秉持人道主义精神决定向伊拉克提供 8 套海水淡化装置，以帮助其解决饮水问题。科威特内阁还表示，科威特会继续通过输水管道向伊拉克提供淡水。[1] 2018 年 8 月 13 日，科威特埃米尔萨巴赫决定向伊拉克提供 4 套海水淡化装置。这 4 套海水淡化装置的生产能力达 100 万加仑/天（约 3785.4 立方米/天）。[2]

2014 年 1 月 29 日，法国威立雅（Veolia）公司与日本日立（Hitachi）企业集团、埃及阿拉伯科（ArabCo）工程公司合作赢得了在伊拉克建造和运营海水淡化厂的合同，该合同价值达 1.15 亿美元。根据这份合同，威立雅将建造并运营一个带有超滤装置和反渗透膜的海水淡化厂。该海水淡化厂淡化产量达 20 万立方米/日，将大大减少巴士拉居民饮用水中的含盐量。工厂的建设工作在 2014 年第一季度开始，于 30 个月内完成。[3]

---

〔1〕 安江：《科将向伊提供海水淡化装置》，载中国水网，http：//www.h2o-china.com/news/17194.html，最后访问日期：2019 年 6 月 8 日。

〔2〕 "Kuwait Sends 4 Seawater Desalination Units to Iraq", ARAB TIMES, http：//www.arabtimesonline.com/news/kuwait-sends-4-seawater-desalination-units-to-iraq/, June 9, 2019.

〔3〕 "Veolia Wins Contract to Build and Operate A Water Desalination Plant in Iraq", VEOLIA, https：//www.veolia.com/en/veolia-group/media/press-releases/veolia-wins-contract-build-and-operate-water-desalination-plant-iraq, December 9, 2020.

2018 年 12 月 23 日，中国能建国际公司与伊拉克巴士拉省政府签署了伊拉克巴士拉海水淡化和水处理项目 EPC（Electric Power Construction）合同。伊拉克巴士拉海水淡化和水处理项目是巴士拉省恢复重建项目群中的首批项目，其目标在于建设反渗透海水淡化厂和城市饮用水处理的供水工程，以解决巴士拉城市饮用水的安全卫生供给问题，改善当地人民生活水平，推动地区经济健康发展。具体来说，该项目由伊拉克中央政府提供资金，中国能建国际公司负责开发，广东省电力设计研究院有限公司总承包，天津电力建设有限公司负责工程施工。[1] 该项目已于 2019 年 5 月下旬开工，其中的阿拉伯河第三海水淡化厂设计淡化能力为 3000 立方米/小时，阿巴斯水处理厂（一期）设计净水能力为 5000 立方米/小时。[2]

2019 年 5 月 23 日，韩国现代工程建设公司（Hyundai Engineering & Construction）赢得价值 24.5 亿美元的合同，将在伊拉克建造一个海水处理设施。据韩国媒体相关报道，韩国现代工程建设公司与巴士拉石油公司（Basrah oil Co.）签署了一份为期 49 个月的项目意向书，该项目每天可提供 500 万桶淡水。[3]

2. 海洋环境合作

海洋环境保护地区组织（Regional Organization for the Protection of the Marine Environment）成立于 1979 年，成员国有巴林、伊朗、伊拉克、科威特、阿曼、卡塔尔、沙特阿拉伯和阿联酋。该组织目标是协同成员国的努力，以保护海洋水质，以及保护海洋环境系统和海洋生物，减少开发活动导致的污染。作为该组织的成员国，伊拉克积极参与推进该组织所倡导的海洋环境保护活动。[4]

（二）海洋油气资源合作

同邻国伊朗、科威特相比，伊拉克仅拥有 60 公里的海岸线，狭窄的出海

---

〔1〕《中国能建签署伊拉克巴士拉省海水淡化和水处理项目 EPC 合同》，载中国能建网站，http：//www.ceec.net.cn/art/2019/1/2/art_ 11016_ 1808904. html，最后访问日期：2019 年 6 月 8 日。

〔2〕《伊拉克巴士拉海水淡化厂和水处理厂 EPC 项目》，载深圳一带一路建设有限公司网站，http：//www.beltway.cn/case_ view.aspx？TypeId＝143&Id＝436&FId＝t4：143：4，最后访问日期：2019 年 6 月 8 日。

〔3〕"Hyundai Wins ＄2.4bn Desalination Contract"，Iraq Business News，http：//www.iraq-business-news.com/2019/05/23/hyundai-wins-2-4bn-desalination-contract/，June 8, 2019.

〔4〕"Who We Are"，Regional Organization for the Protection of the Marine Environment（ROPME），http：//ropme.org/1_ WhoWeAre_ EN.clx，June 6, 2019.

口使其无力参与波斯湾海洋油气资源开发的竞争。足以出口全球各地的陆上油气资源和常年战争对其海域的污染，使伊拉克狭小海域内潜在的油气资源[1]难以得到相关方的关注。故目前尚未看到伊拉克在海洋油气资源开发方面的消息。

（三）基础设施建设合作

1. 港口建设

（1）与美国的合作

巴士拉港是伊拉克的重要港口之一。该港口有 15 个泊位，目前有 11 个正在运营，其中 14 号泊位是唯一的全集装箱码头，由北美西亚控股公司（North America Western Asia Holdings，NAWAH）开发并运营。2012 年 10 月，北美西亚控股公司宣布与伊拉克交通部和伊拉克港口总公司达成正式协议，以实现巴士拉港 14 号码头的现代化，这项协议价值超过 1400 万美元。2013 年 10 月 27 日，伊拉克交通部部长宣布 14 号泊位正式开放。2014 年 4 月，北美西亚控股公司港口管理公司[2]（NAWAH Port Management）与伊拉克交通部和伊拉克港口总公司签订了进一步的正式协议，旨在将巴士拉港现有码头的规模扩大 4 倍。北美西亚控股公司港口管理公司进行的投资和重建工作促成了巴士拉港第一个现代码头的运营，使其能为集装箱货物、散装货物、项目货物和冷藏集装箱提供服务。

乌姆卡斯尔港是伊拉克唯一的深水港，该港曾是伊拉克的海军基地。受多次战争的影响，该港遭到了严重破坏。第二次海湾战争后，该港面临重建。2003 年 5 月 23 日，该港的控制运营权从西班牙军队转移到美国装卸服务公司（Stevedoring Service of America，SSA）。该公司负责港口的运营以及恢复和翻新工作，并在港口全面投入运营后交付给伊拉克民用控制系统。2004 年 1 月，由联盟临时管理局（Coalition Provisional Authority）项目管理办公室（Project Management Office）资助 1030 万美元的乌姆卡斯尔海军基地改造工程启动。该项目包括码头修理和疏浚、建筑改造和电力建造等。该项目的总承包商是美国宾夕法尼亚州威斯顿解决方案公司（Weston Solutions，Inc.），项目已于 2004 年 5 月中旬完结。[3]

---

[1]　在伊拉克海域发现珊瑚礁，可能存在油气资源，但目前尚未确认其狭小海域内有油气资源。
[2]　北美西亚控股公司港口管理公司是一家由伊拉克公司和美国公司共同设立的合资公司。
[3]　"List of Ports in Iraq"，Wikipedia，https：//en. wikipedia. org/wiki/List_ of_ ports_ in_ Iraq，June 9，2019.

（2）与韩国的合作

法奥港（Al Faw Grand Port）的开发是伊拉克港口建设的一个大型项目，伊拉克政府计划将该港与其邻国的铁路连接起来，使该港口成为全球十大港口之一。2013 年 11 月 26 日，韩国的大宇工程建设公司（Daewoo Engineering & Construction，以下简称"大宇公司"）赢得了价值 6.93 亿美元的订单，将为法奥港的集装箱码头建造一个堤坝。该订单的业主是国营伊拉克港口总公司，大宇公司已于 2016 年完成法奥港西部 15.8 公里的堤坝建设。

2019 年 5 月 7 日，大宇公司宣布其将斥资 1.9975 亿美元在伊拉克巴士拉省建造一个集装箱码头。大宇公司还表示，伊拉克交通部和大宇公司已于 2019 年 4 月 30 日签署了建造法奥集装箱码头（第一期）的合同，伊拉克港务局也已向韩国建造商下达订单。大宇公司将在巴士拉的法奥地区修建一条 4.5 公里长的临时堤坝，以作为集装箱码头一期工程的一部分。[1]

（3）与日本的合作

2018 年 5 月，日本三菱公司赢得价值约 1.1 亿美元的伊拉克港口建设合同。该合同由伊拉克港口总公司发出，涵盖该国南部巴士拉地区的港口修复项目。该项目由日本国际协力机构发放的官方发展援助贷款提供资金。[2]该项目由三菱公司与各个承包商合作开发，其中包括隶属于土耳其卡利克控股（Calik Holding）集团的卡利克能源（Calik Enerji）公司和盖璞因沙特（Gap Insaat）公司。这两家土耳其姐妹公司将在具体执行建筑工作中发挥重要作用，而三菱则负责整体项目的协调并促使从日本进口钢结构和其他必要用品。该项目的目标是实现巴士拉地区现有港口设施的现代化，特别是扩大霍尔-祖拜尔港（Khor Al-Zubair Port）的石油产品泊位和为乌姆卡斯尔港的支援船和服务船建造新的服务泊位。[3]

（4）与菲律宾的合作

2014 年 4 月 8 日，菲律宾国际集装箱码头服务公司（International Container Terminal Services Inc，ICTSI，以下简称"菲律宾码头公司"）通过其子公司——菲律宾国际集装箱码头服务公司中东卓美亚湖塔公司（ICTSI Middle East JLT）与伊拉克港口总公司签订了在乌姆卡斯尔港运营、开发和扩建集装

---

〔1〕 "Articles", Buiness Korea, http：//www. businesskorea. co. kr/news/articleList. html? sc_ sub_ section_ code = S2N3, June 9, 2019.

〔2〕 "Mitsubishi Awarded $110m Iraq Port Contract", Iraq Business News, http：//www. iraq-business-news. com/2018/05/31/mitsubishi-awarded-110m-iraq-port-contract/, June 9, 2019.

〔3〕 "Mitsubishi Wins Iraq Port Contract", The Maritime Standard, https：//www. themaritimestandard. com/mitsubishi-wins-iraq-port-contract/, June 9, 2019.

箱设施的合同。根据该合同，菲律宾码头公司将管理和运营乌姆卡斯尔港 20
号泊位的现有集装箱设施 10 年。为此，其花费 3000 万美元修复该泊位。菲律
宾码头公司还以"建设—经营—转让"（build-operate-transfer，BOT）方式，在
港口建设一个新的集装箱和货运站，并提供为期 26 年的集装箱和一般货物码
头服务。此外，菲律宾码头公司投资约 1 亿美元建造了一个 200 米的新码头。[1]
据报道，2018 年 2 月，菲律宾码头公司对位于乌姆卡斯尔港的巴士拉港口码
头（Basra Gateway Terminal，BGT）进行扩建，新建码头长达 396. 24 米，旁
边有 14 米的草坪和 3 台新的后巴拿马型 STS 起重机。[2]

（5）与中国的合作

2018 年 4 月 28 日，伊拉克与中国电力建设集团有限公司和北方国际合
作股份有限公司签订合同，拟在海湾的法奥港附近建造一个法奥炼油厂。[3]
这个炼油厂设计产能达 30 万桶/天，因临近法奥港，该厂还能促进伊拉克石
油产品出口。法奥港是伊拉克最大的油港，可以停靠 33 万吨级油轮，全港年
输油能力超过 1 亿吨；该港还是伊拉克通往波斯湾的咽喉要地，每天有超过
300 万桶石油从这里运往世界各地。[4]

2. 输油管线

（1）与中国的合作

伊拉克石油资源丰富，但受常年战乱和经济制裁的影响，其国内石油基
础设施十分薄弱，需要从零开始更新石油、天然气等领域的基础设施，重建
市场潜力巨大。中国石油企业参与伊拉克能源基础设施重建，完成了鲁迈拉
管道、巴得拉原油外输管道、艾哈代布输油管道和米桑原油外输管道等一系
列重大工程。

值得一提的是，米桑原油外输管道由中国石油管道局（China Petroleum
Pipeline Bureau）承建。它是伊拉克战后第一条全自动化控制的战略外输管
线，经米桑省和巴士拉省入法奥港，连接波斯湾，全长 272 千米，管径约
1. 1 米，设计输油能力 5000 万吨/年，被视作米桑省"原油外输的生命线"。

〔1〕　"ICTSI and GCPI Sign Deal for Iraq's Largest Port"，Offshore Energy，https：//www. offshore-en-
　　　ergy. biz/ictsi-and-gcpi-sign-deal-for-iraqs-largest-port/，December 9，2020.

〔2〕　"ICTSI Expands at Iraq's Biggest Seaport"，The Maritime Executive，https：//www. maritime-exec-
　　　utive. com/article/ictsi-expands-at-iraq-s-biggest-seaport，June 9，2019.

〔3〕　"Iraq Signs Contract with Power China，Norinco to Build Fao Oil Refinery"，REUTERS，https：//
　　　www. reuters. com/article/iraq-oil-refining-china/iraq-signs-contract-with-powerchina-norinco-to-
　　　build-fao-oil-refinery-idUSL8N1S60M3，June 9，2019.

〔4〕　《伊拉克港口：法奥港口 IQFAO》，载《外贸日报》，https：//www. waimaoribao. com/wuliu/
　　　37324. html，最后访问日期：2022 年 8 月 11 日。

该管线穿越沼泽、300 余条大中型河流和 16 处等级公路及铁路，通过近 200 米密集高压油气管网群及 30 千米雷区和未爆军火区，历经世界"热极"酷暑风沙，并经受伊拉克政局持续动荡等一系列挑战和风险考验，于 2014 年 8 月全线贯通投产，开启了伊拉克石油外输新篇章。同时，该管道与原有管线连接形成横贯南北的骨干管网系统，进一步优化了伊拉克国家战略管网布局，强化了原油出口安全，带动了沿线地区的油气开发生产。该战略工程被伊拉克政府誉为"伊拉克管道建设史上深化友谊、合作多赢的典范工程"。

（2）与约旦和埃及的合作

2013 年 4 月 9 日，约旦与伊拉克签署框架协议，计划铺设一条从巴士拉到亚喀巴港的石油管线，项目总额约 180 亿美元。[1]该管线为巴士拉—亚喀巴线，其出口能力预计为 100 万桶/天。通过这条石油管线，伊拉克的石油通过约旦的亚喀巴港和红海到埃及，再向外运送。[2]

（四）海洋防务合作

萨达姆统治时期，伊拉克与世界许多国家保持良好的军事关系，在官兵培训、军事装备引进、军事训练等方面，伊拉克曾得到苏联、法国、意大利等国的帮助。[3]

伊拉克战争结束后，作为战败国和被占领国家，伊拉克基本无权决定国家对外事务，也无权决定国家对外军事关系，对外军事交往完全由美国一手控制。奥巴马政府时期，美国开始从伊拉克撤军，但在伊拉克仍保有相当数量的驻军，为伊拉克海军、陆军和空军提供培训。[4]

---

〔1〕《巴士拉—亚喀巴石油管线项目可能于 2017 年底前开始实施》，载中华人民共和国驻约旦哈希姆王国大使馆经济商务处网站，http://jo. mofcom. gov. cn/article/sqfb/201707/20170702 6093 07. shtml，最后访问日期：2019 年 6 月 9 日。

〔2〕"Jordan, Egypt, and Iraq Set to Build ＄18 Billion Oil Pipeline", Pipelineand Gas Journal, https://pgjonline. com/news/2019/04-apr/jordan-egypt-and-iraq-set-to-build-18-billion-oil-pipeline, June 9, 2019.

〔3〕刘月琴：《列国志：伊拉克》，社会科学文献出版社 2007 年版。

〔4〕马晓霖：《美国在伊拉克战略利益得失分析》，载《阿拉伯世界研究》2010 年第 5 期，第 5 页。也可参见《外媒：美国国防部长奥斯汀突访伊拉克》，载参考消息，http://www. cankaoxiao xi. com/world/20230307/2506405. shtml，最后访问日期：2023 年 3 月 7 日。

七、对中国海洋法主张的态度

伊拉克是世界文明的起源地之一，在丝绸之路中具有重要的战略位置，是中东的重要枢纽，也是陆上丝绸之路与海上丝绸之路的重要交会点。2015年12月，中国和伊拉克建立战略伙伴关系，并签署共建"一带一路"合作文件。自1958年8月25日中伊建交以来，两国关系发展顺利。2018年，伊拉克成为中国在阿拉伯国家的第三大贸易伙伴，两国经济互补性强。[1]在"一带一路"框架下，伊拉克和中国在输油管线、电站、水处理厂等领域展开了一系列合作。

（一）对"一带一路"倡议的积极响应

"一带一路"倡议提出之初，伊拉克持观望态度。由于"一带一路"倡议符合广大中东国家的利益，伊拉克也开始积极响应"一带一路"倡议。2015年以来，伊拉克政府官员多次在公开场合表示对"一带一路"倡议的支持。

2015年6月，伊拉克外长在访华期间接受采访时表示，"一带一路"建设将使沿线各国从中获益，伊拉克将在现代丝绸之路建设中发挥积极作用。伊拉克在基础设施建设等方面有着巨大的需求，而中国既有能力也有丰富的经验来帮助伊拉克实施战后重建。双方在能源、石油、电力、天然气等领域都有好的合作前景，而经济、贸易上的友好往来也会成为两国间政治关系稳固的基础。[2]

2015年12月23日，伊拉克总理在北京接受新华社记者专访时表示，中国提出的"一带一路"倡议给伊拉克和中国的合作带来新机遇。伊拉克将同中方共同努力，加强两国战略伙伴关系，拓展双方合作领域以探求更广阔的合作前景。[3]2017年3月17日，伊拉克驻华大使在接受新华网采访时表示，

---

〔1〕 《中国同伊拉克的关系》，载中华人民共和国外交部网站，https：//www. fmprc. gov. cn/web/gjhdq_ 676201/gj_ 676203/yz_ 676205/1206_ 677148/sbgx_ 677152/t6402. shtml，最后访问日期：2019年6月11日。

〔2〕 国际在线专稿：《伊拉克外长：伊方将积极参与"一带一路"建设》，载人民网，http：//world. people. com. cn/n/2015/0626/c157278-27214959. html，最后访问日期：2019年6月11日。

〔3〕 朱小龙、曹铁：《伊拉克总理："一带一路"拓展伊中合作领域》，载搜狐网，http：//www. sohu. com/a/50246556_ 119663，最后访问日期：2019年6月11日。

"一带一路"倡议以友好、发展的方式加强各国联系，扩展各国关系，对世界与中东地区的和平意义非凡，因此伊拉克支持并全力参与其中。[1]

此外，伊拉克参加了 2017 年第一届"一带一路"国际合作高峰论坛。伊拉克与包括中国在内的其他伙伴国充分利用此平台加深了解、满足沟通需求，拓展深入合作的机会。[2]2019 年 4 月，第二届"一带一路"国际合作高峰论坛期间，伊拉克"智慧宫"[3]专家接受新华网采访时表示，"一带一路"倡议通过陆路与海路将亚洲、非洲和欧洲联系起来，促进地区融合，推动经济发展，对伊拉克而言具有战略发展意义。[4]

（二）在"一带一路"框架下与中国合作的态度

中国和伊拉克在"一带一路"框架下展开了一系列合作。例如，2018 年 5 月，中国电力建设集团有限公司和北方国际合作股份有限公司与伊拉克签署法奥炼油厂建造协议。2019 年 1 月，中国能建签署伊拉克巴士拉省海水淡化和水处理项目 EPC 合同。2019 年 2 月，中国能建天津电建中标伊拉克米桑 80 万千瓦联合循环电站项目。[5]

2019 年 3 月，伊拉克交通部召开会议，探讨加入"一带一路"相关事宜，并为此建立有效的规划机制。伊拉克交通部部长表示，希望与中国公司和中国大使馆建立合作关系，为基础设施建设项目争取投资，并将"一带一路"深度引入伊拉克，在铁路、港口、海运及陆运等多个领域深化与中国的合作。[6]

（三）对"南海仲裁案"的态度

对于"南海仲裁案"，伊拉克并未单独表明立场，而是通过其所在的阿拉伯国家联盟表达了对中国立场的支持。2016 年 5 月 12 日，中阿合作论坛

---

〔1〕《伊拉克驻华大使："一带一路"倡议对中东和平有非常积极的作用》，载新华网，http://www.xinhuanet.com//world/2017-03/17/c_ 129511874. htm，最后访问日期：2019 年 6 月 11 日。

〔2〕《伊拉克与"一带一路"的关系》，载商务历史网，http://history. mofcom. gov. cn/? bandr = ylkyydyldgx，最后访问日期：2019 年 6 月 11 日。

〔3〕"智慧宫"是伊拉克官方规模最大的智库，成立于1995 年，隶属伊拉克部长委员会秘书处。

〔4〕《专访："一带一路"对推进伊拉克战后重建有重要意义——访伊拉克智库"智慧宫"专家塔米米》，载大众网，http://www. dzwww. com/xinwen/guojixinwen/201904/t20190421_ 18639617. htm，最后访问日期：2019 年 6 月 11 日。

〔5〕《伊拉克·一带一路资讯》，载中国拟在建项目网站，http://www. bhi. com. cn/ydyl/search. aspx? area =9860，最后访问日期：2019 年 6 月 11 日。

〔6〕《伊拉克：启动与中方合作，加入"一带一路"》，载百家号网，https://baijiahao. baidu. com/s? id =1627033772112984168&wfr =spider&for = pc，最后访问日期：2019 年 6 月 11 日。

第七届部长级会议于卡塔尔首都多哈召开。此次会议上，中国与阿拉伯国家联盟签署了《中国—阿拉伯国家合作论坛第七届部长级会议多哈宣言》。该宣言涉及阿拉伯国家对中国海洋争端所持立场，包括伊拉克在内的阿拉伯国家表示支持中国同相关国家根据双边协议和地区共识，通过友好磋商和谈判，和平解决领土和海洋争议问题，并强调应尊重主权国家及《联合国海洋法公约》缔约国享有的自主选择争端解决方式的权利。[1] 2018 年 7 月 10 日，中阿合作论坛第八届部长级会议在北京召开，中国与阿拉伯国家联盟签署了《中国—阿拉伯国家合作论坛第八届部长级会议北京宣言》，重申了上述立场。[2]

---

〔1〕《70 余国支持中国南海立场 仲裁结果将会砸伤什么?》，载央视网，http：//m. news. cctv. com/ 2016/07/12/ARTIL7EDl1OuAsWSMqrR25oD160712. shtml，最后访问日期：2019 年 6 月 11 日。

〔2〕中阿合作论坛：《中国—阿拉伯国家合作论坛第八届部长级会议北京宣言》，载上海外国语大学中阿改革研究中心网站，http：//infadm. shisu. edu. cn/_ s114/b2/55/c7883a111189/page. psp，最后访问日期：2019 年 6 月 11 日。

结　语

　　伊拉克较短的海岸线使得其对海洋资源的开发极其有限，海洋事务主管部门和海洋相关部门立法较少，缔结的国际条约亦十分有限。伊拉克已签署并批准《联合国海洋法公约》。极富战略意义的地理位置使伊拉克过去一个世纪以来纷争不断，但大多集中于陆上边界和资源争端。与科威特就岛屿主权的争端无疑展露了伊拉克在海洋发展中打开局面的诉求和雄心。在此基础上，伊拉克还在海洋研究、基础设施建设和防务等方面开展了系列国际合作。

　　中国和伊拉克在经济上的互补之处甚多，在政治上亦保持交流。对于中国的海洋法主张，伊拉克也未表示过反对。因此，有理由相信，两国在"一带一路"的框架下定能将海洋领域的合作推向更深入、更广阔的领域。

第Ⅲ部分

科威特海洋法律体系研究

一、科威特海洋基本情况

（一）地理位置

科威特国（The State of Kuwait，以下简称"科威特"）位于阿拉伯半岛东北部，波斯湾西北隅，北纬 28.30°—北纬 30.06°、东经 46.30°—东经 49.00°之间，[1]面积 17818 平方公里，人口 446.4 万（2022 年 6 月）。[2]科威特北部、西部与伊拉克接壤，南部、西南部毗邻沙特阿拉伯，东临波斯湾，与伊朗隔海相望。科威特地理位置优越，素有"阿拉伯半岛东北窗口"的美称。

科威特海岸绵延 290 公里，可分为两个主要部分：一部分沿波斯湾，多为沙质海岸；另一部分沿科威特湾与苏比亚海峡，为冲积层所覆盖，水浅浪低，特别是科威特湾北部，海浪最高仅 26 厘米。科威特的领海面积约为 7545.8 平方公里，分为两个海区：北区水浅，深度不超过 5 米，海底为淤泥；南区水较深，海底为沙质和硅石层，科威特大多数港口都建在南区。[3]

科威特拥有 9 个岛屿，分别是布比延岛（Bubiyan Island）、法拉卡岛（Failaka Island）、瓦尔巴岛（Warbah Island）、米斯堪岛（Miskan Island）、奥哈岛（Auhah Island）、乌姆马拉迪姆岛（Umm al Maradim Island）、乌姆纳木勒岛（Umm al Namil Island）、库巴尔岛（Kubbar Island）、卡鲁岛（Qaruh Island）。其中，布比延岛位于科威特湾的北部，与大陆有公路桥相连，面积 863 平方公里，是科威特第一大岛，岛上缺少淡水，无人居住。法拉卡岛位于科威特市东北 20 公里处海湾中，是科威特最美、最著名的岛屿和旅游胜地，该岛长 12 公里，宽 6 公里，面积 70 多平方公里，是科威特第二大岛。瓦尔巴岛位于布比延岛北面，隔海峡与伊拉克相望，面积 37 平方公里，无人居住。米斯堪岛位于法拉卡岛北面，扼科威特湾北入口处，战略地位重要。奥哈岛位于法拉卡岛南面，面积相对较小。乌姆纳木勒岛位于科威特湾之

---

〔1〕 参见科威特政府网站，https：//www. e. gov. kw/sites/kgoenglish/Pages/Visitors/AboutKuwait/ KuwaitAtaGlaneGeographicalLocation. aspx，最后访问日期：2019 年 6 月 4 日。

〔2〕 《科威特国家概况》，载中华人民共和国外交部网站，https：//www. fmprc. gov. cn/web/gjhdq_ 676201/gj_ 676203/yz_ 676205/1206_ 676620/1206x0_ 676622//，最后访问日期：2023 年 1 月 11 日。

〔3〕 王景祺：《列国志：科威特》，社会科学文献出版社 2014 年版，第 4 页。

中，岛上发掘出许多古代伊斯兰文物。库巴尔、卡鲁和乌姆马拉迪姆 3 岛位于科威特南部海湾中，曾为各种海鸟的栖息地。近年来，由于狩猎者和游泳爱好者的大量涌入，鸟类已大大减少。[1]

（二）建国历史

公元 7 世纪，科威特是阿拉伯帝国的一部分，1581 年起哈立德家族（Khalid）开始统治科威特。1710 年，居住在阿拉伯半岛内志的萨巴赫（Sabah）家族迁移到科威特[2]，并于 1756 年取得统治权，建立了科威特酋长国。1822 年，英国总督从巴士拉迁至科威特。1871 年，科威特成为奥斯曼帝国巴士拉省的一个县。1899 年，英国逼迫科威特签署秘密协定，从而成为科威特的宗主国。1939 年，科威特正式沦为英国的保护国。1954 年，科威特成立了以酋长阿卜杜拉·萨巴赫为首的最高委员会，并于 1960 年从英国手中先后接管了司法权和货币管理权。

1961 年 6 月 19 日，科威特宣布独立。1990 年 8 月 2 日，科威特被伊拉克出兵侵吞，由此引发了海湾战争。1991 年 3 月 6 日，海湾战争结束，科威特埃米尔贾比尔等政府官员返回科威特本土。[3]

2006 年 1 月 15 日，科威特埃米尔贾比尔·艾哈迈德·萨巴赫去世。其堂弟王储萨阿德·阿卜杜拉·萨利姆·萨巴赫即位。1 月 21 日，首相萨巴赫·艾哈迈德·贾比尔·萨巴赫主导的内阁会议决定启动宪政程序，逼迫萨阿德逊位，由首相萨巴赫继任。1 月 24 日，萨阿德被迫放弃王位。1 月 29 日，科威特国会无异议通过首相萨巴赫出任埃米尔案。首相萨巴赫随后宣誓即位成为埃米尔，被称为“萨巴赫四世”。[4]

独立以前，科威特的海洋相关立法甚少，只有在 1949 年作为英国的保护国时期，颁布了一份关于波斯湾公海海床和底土的公告。独立后不久，科威特于 1967 年颁布了一部关于领海的法令。第三次国际海洋法会议后，尽管很多国家完善其国内海洋立法，但科威特直至 2014 年才颁布第一部综合性的海洋区域划界法。

---

[1] 王景祺：《列国志：科威特》，社会科学文献出版社 2014 版，第 5 页。

[2] Kuwait 译为“小城堡”，由 kut 而来，意思是“堡垒”，衍生自波斯文 kud，意思是“城市”。

[3] 《科威特》，载中国社会科学院西亚非洲研究所网站，http://iwaas. cssn. cn/xszy/xy/201508/t20150818_ 2614474. shtml，最后访问日期：2019 年 5 月 25 日。

[4] 《科威特》，载维基百科，https://zh. wikipedia. org/wiki/% E7% A7% 91% E5% A8% 81% E7% 89% B9#cite_ note-3，最后访问日期：2019 年 5 月 12 日。

（三）行政区划

科威特全国共划分 6 个行政省：即首都省[1]（Al Asimah Governorate）、哈瓦里省（Hawalli Governorate）、艾哈迈迪省（Al Ahmadi Governorate）、贾哈拉省（Al Jahra Governorate）、法尔瓦尼亚省（Al Farwaniyah Governorate）和大穆巴拉克省（Mubarak Al-Kabeer Governorate）。首都省、哈瓦里省和法尔瓦尼亚省共同构成大科威特市区。[2]

首都省的省会是科威特市，它是王宫和政府的所在地。哈瓦里省人口约80 万人，是六省中面积最小、人口最多的行政省，科威特国际机场坐落于该省。艾哈迈迪省面积约 5000 平方公里，为科威特第二大省，它因第十任埃米尔艾哈迈德·贾比尔·萨巴赫提议建城而得名；该省以油田、水井、港口而著称；省会艾哈迈迪市有"石油之城"的美誉。贾哈拉省是科威特最大的行政省，省会为贾哈拉市；该省以贾哈拉战役发生地而闻名遐迩，瓦尔巴岛和布比延岛归该省管辖。法尔瓦尼亚省的人口约 97 万，据说省名是根据科威特第十任埃米尔艾哈迈德·贾比尔·萨巴赫的一名忠实的仆人苏鲁尔·本·法尔瓦之名命名的。大穆巴拉克省是科威特最年轻的省，人口约 23 万，省名取自科威特第七任埃米尔穆巴拉克·萨巴赫·贾比尔。

科威特现有四个港口，分别是舒威赫港（Shuwaikh）、舒艾巴港（Shuaiba）、多哈港（Doha）和艾哈迈迪港（Mina Al Ahmadi）。其中前三者为商用港，供近海商船装卸货物，而艾哈迈迪港为石油和碳氢产品装卸港口。科威特在建港口阿卜杜拉港（Mina ABD Allah）和祖尔港（Az Zour），两者均为石油产品装卸港口。此外，正在规划建设的布比延港（Bubiyan）作为今后北部重要的商用港口，将在未来面向伊拉克的出口或转口贸易中起到重要作用。[3]

（四）海洋资源

1. 油气资源

科威特石油和天然气储量丰富。已探明石油储量 140 亿吨，居世界第七

---

[1] 也叫科威特省。

[2]《科威特国家概况》，载中华人民共和国外交部网站，https://www.fmprc.gov.cn/web/gjhdq_676201/gj_676203/yz_676205/1206_676620/1206x0_676622/，最后访问日期：2022 年 8 月 11 日。

[3]《科威特基础设施情况简述》，载中华人民共和国驻科威特大使馆经济商务处网站，http://kw.mofcom.gov.cn/article/ztdy/200910/20091006561824.shtml，最后访问日期：2019 年 5 月 13 日。

位。已探明天然气储量 1.78 万亿立方米，居世界第十八位。[1]2017 年，科威特的天然气生产量世界排名第 34 位，原油生产量世界排名第 9 位。[2]根据科威特通讯社 2013 年 12 月 21 日的报道，科威特蕴藏有 70 亿—100 亿桶油当量的页岩油资源。2015 年，其石油及其他液体产量全球排名第十，在欧佩克成员国中排名第五，仅次于沙特阿拉伯、伊朗、伊拉克和阿联酋，是当之无愧的石油天然气大国。[3]

值得一提的是，科威特生产的大部分石油来自陆上油气田。关于离岸油气田，20 世纪 60 年代，沙特阿美石油公司在科威特和沙特阿拉伯的海上中立区（the partitioned neutral zone）发现了卡夫奇、豪特、露露和杜拉油田。[4]其中卡夫奇油田产能约为每天 61 万桶。[5]科威特海湾石油公司（Kuwait Gulf Oil Company）与沙特阿美公司的子公司阿美海湾运营公司（Aramco Gulf Operations Company）成立了一家联合运营公司卡夫奇联合运营公司（Al-Khafji Joint Operations Company），负责管理海上中立区的石油生产。[6]

科威特拥有 3 个大型炼油厂，即 1946 年建成的艾哈迈迪港炼油厂、1958 年竣工的阿卜杜拉港炼油厂和 1969 年竣工的舒艾巴炼油厂[7]。20 世纪 80 年代，出于经济结构调整和完善石油工业体系的需要，政府利用积累起来的石油美元，投入巨资先后对 3 个炼油厂进行了扩建或升级。2006 年 11 月，舒艾巴炼油厂发生爆炸，导致部分设施被关闭，这促使政府加快实施已拟订的新炼油厂建设计划，即投资 150 亿美元兴建阿祖尔炼油厂。2011 年 6 月，最高石油委员会（The Supreme Petroleum Council）正式批准建设阿祖尔炼油

---

[1] 《科威特国家概况》，载中华人民共和国外交部网站，https：//www.fmprc.gov.cn/web/gjhdq_ 676201/gj_ 676203/yz_ 676205/1206_ 676620/1206x0_ 676622/，最后访问日期：2022 年 8 月 11 日。

[2] 《2018 年 BP 世界能源统计年鉴》，载 BP 网站，https：//www.bp.com/content/dam/bp/country-sites/zh_ cn/china/home/reports/statistical-review-of-world-energy/2018/2018srbook.pdf，最后访问日期：2020 年 12 月 11 日。

[3] 《弹丸之地，大大储量：科威特油气行业全梳理》，载搜狐网，https：//www.sohu.com/a/ 218252085_ 117959，最后访问日期：2020 年 12 月 11 日。

[4] IBP, Inc., *Kuwait Energy Policy*, *Laws and Regulations Handbook*, Lulu.com, 2015.

[5] "Kuwait Soon to Boost Crude Oil Production with Offshore Drilling Project", Offshore Energy, https：//www.offshoreenergytoday.com/kuwait-soon-to-boost-crude-oil-production-with-offshore-drilling-project/，May 25, 2019.

[6] "Saudi, Kuwait Extend Bidding for Hout Oilfield Work", REUTERS, https：//www.reuters.com/article/saudi-kuwait-hout-idAFLDE75A05420110612，May 25, 2019.

[7] Henry K. H. Wang, *Energy Markets in Emerging Economies*：*Strategies for Growth*, Routledge, 2017, p.241；"Kuwait Shuts Down Shuaiba Refinery", https：//theenergyyear.com/news/kuwait-shuts-down-shuaiba-refinery/，November 23, 2018.

厂，初步设计原油加工能力为 615 万桶/日，年产 3000 万吨。2012 年，科威特石油公司（Kuwait Petroleum Corporation）正式启动招标程序。2017 年 4 月，设施陈旧的舒艾巴炼油厂关闭。[1]

科威特少有独立的天然气储藏，天然气的开采和利用相对较晚。直到 1976 年，科威特石油公司才开始经营天然气项目，即利用石油伴生气生产液化气及其派生物丙烷和丁烷。1979 年，第一座石油伴生气液化厂建成，并配有燃气收集系统。该厂工程造价 10 亿美元，按日产原油 150 万桶、年产液化气 220 万吨（丙烷 60%、丁烷 40%）的规模设计。20 世纪 80 年代初，科威特液化天然气开始出口，年均出口量 100 万—200 万吨。

2. 渔业资源

科威特濒临波斯湾，境内多半是沙漠，无河流和湖泊，没有淡水渔业，所以科威特转而发展海洋渔业。据统计，波斯湾的底层和中上层鱼类资源蕴量在 100 万吨以上。科威特盛产大虾、石斑鱼和黄花鱼，年产量在 1 万吨左右，产值约 1060 万科威特第纳尔（合 23970 万元人民币）。[2]

科威特的海洋渔业包括两个部分：沿岸传统渔业和虾渔业。沿岸传统渔业使用的主要渔具有陷阱网、手钓、延绳钓、刺网和曳网。由于科威特没有采用现代化捕鱼技术，产量不稳定。虽然沿岸渔工捕获的鱼类直接在国内市场出售，但数量不能满足国内的需要，还得从伊拉克进口淡水鱼。科威特主要的捕虾渔场在波斯湾北部。所捕的虾的种类有印度对虾、斑节对虾和新对虾等。为摆脱因过度捕捞使波斯湾虾资源产量下降的困境，科威特捕虾公司确定每年 4—6 月为禁渔期。[3]而 2020 年的禁渔期更是长达 7 个月，从当年的 1 月开始到 7 月结束。[4]

水产养殖是科威特一个相对较新和具有潜力的产业。为了弥补当地捕捞渔业上岸量的不足，科威特大力发展水产养殖业。目前科威特采用两种水产养殖系统。第一种，利用咸淡水在混凝土池养殖尼罗罗非鱼（Oreochromis niloticus）；第二种，在科威特湾利用网箱养殖银头鲷和矛鲷。海湾国际水产养殖公司商业化私营孵化场和坐落在沃夫拉的罗非鱼孵化场的建立体现了科

---

[1]　"Al – Zour Refinery Project", NS ENERGY, https：//www. nsenergybusiness. com/projects/al-zour-refinery-project/, November 23, 2018.

[2]　《科威特国家概况》，载中华人民共和国驻科威特国大使馆网站，http：//kw. china-embassy. org/chn/kwtgk/ggjk/t580292. htm，最后访问日期：2019 年 5 月 12 日。

[3]　参见《科威特渔业》，载《水产科技情报》1976 年第 11 期。

[4]　Kuwait to Start Shrimp Fishing after 7 Months of Ban, Xinhuanet, http：//www. xinhuanet. com/english/2020 – 07/28/c_ 139246801. htm, March 3, 2023. 3. 15.

威特水产养殖与日俱增的生产潜力。[1]

据报道，科威特农业和渔业资源公共管理局（Public Authority For Agriculture and Fish Resources）计划实现国内海产品自给自足。该计划包括扩张和加强水产领域，尤其是开展鱼类养殖业的运营和项目合作。2015—2016 财年，科威特鱼虾产量在 4000—6000 吨。在科威特，鱼类产品消费占鱼虾总产量的 33% —49%，如果计划实施顺利，那么 2025 年养殖鱼类的产量可占50%。按该计划，科威特将建立国家级卵化场，支持罗非鱼鱼卵的培育和养殖，预计年产量为 8 万—9 万吨。[2]

3. 珍珠资源

18 世纪后期和 19 世纪初期，科威特每年有数百艘珍珠船出港采珍珠。20 世纪 20 年代早期是海湾珍珠业的繁荣时期，那时大约有 800 多艘船在波斯湾活动，船员占经济活动人口的很大一部分。不幸的是，由于大萧条时期欧美对奢侈品的需求减少和日本珍珠养殖业的价格竞争，珍珠价格在 1929 年开始下降，科威特的珍珠行业开始衰落。[3]

如今，每年七八月，科威特会举办"采珍珠节"。采珍珠被当地居民当作民族文化的一个重要组成部分。科威特政府每年都组织中学生学习制造木船并下海打捞珍珠和贝类。科威特人向自己的孩子们传授造木船和采珍珠的技艺，使这一古老的传统世代传承。[4]

4. 海水淡化

由于横跨中东和北非干旱带的一部分，科威特一直受到淡水资源匮乏的困扰。20 世纪 50 年代，进入石油时代的科威特开始投资自来水生产现代技术。1951 年，科威特石油公司在艾哈迈迪建立一座小型海水淡化厂。1953 年，科威特在舒威赫港建立了第一座大型海水淡化厂，这也是海湾六国第一个大型海水淡化厂。随着人口激增和石油收入的大量盈余，科政府先后建立了 7 座大型海水淡化厂（第Ⅲ部分 表1），其中舒艾巴北水厂因 1990 年伊拉克入侵损毁严重，至 2007 年一直处于废弃状态，2008 年，政府重新翻修改建该厂；苏比亚水厂由我国葛洲坝集团于 2006—2008 年总包承建，已验收合

〔1〕《国家水产养殖部门概况：科威特》，载联合国粮食及农业组织网站，http：//www. fao. org/fishery/countrysector/naso_ kuwait/zh#tcN7002D，最后访问日期：2019 年6 月3 日。
〔2〕中国国际渔业博览会：《科威特计划发展渔业 拟实现自给自足》，载中国水产科学研究院网站，http：//www. cafs. ac. cn/info/1053/25054. htm，最后访问日期：2019 年5 月1 日。
〔3〕"Resource Library"，Schlumberger，https：//www. slb. com/ ~ media/Files/resources/mearr/num1/pearls_ petroleum. pdf，May 13，2019.
〔4〕《实拍! 科威特人下海采珍》，载环球网，https：//go. huanqiu. com/gallery/9CaKrnQ8Gqz，最后访问日期：2019 年5 月13 日。

格并交付使用。

海水淡化需要消耗大量热能，因此，科威特 7 座海水淡化厂均建在电厂旁，以充分利用电厂余热。目前，科威特水淡化技术以反渗透法（RO）为主，多重闪蒸和电渗析技术为辅。科威特建有舒威赫水运行总控制中心，下设水厂子中心，对整个国家水配送进行管理和监测。科威特境内共有 75 座水塔，三五成组，高高矗立，形成一道道亮丽的风景线，以科威特大塔（Kuwait Tower）最为著名，其已成为科威特地标性建筑。[1]

第Ⅲ部分 表 1　科威特水厂建设基本情况[2]

名称	装机容量（MIG）[3]	初建时间
舒威赫水厂	28	1953 年
舒艾巴北水厂	9	1965 年
舒艾巴南水厂	32	1971 年
多哈东水厂	42	1978 年
多哈西水厂	110.4	1983 年
祖尔南水厂	115.2	1988 年
苏比亚水厂	100	2006 年

[1] 《科威特基础设施情况简述》，载中华人民共和国驻科威特大使馆经济商务处网站，http://kw.mofcom.gov.cn/article/ztdy/200910/20091006561824.shtml，最后访问日期：2019 年 5 月 13 日。

[2] 《科威特基础设施情况简述》，载中华人民共和国驻科威特大使馆经济商务处网站，http://kw.mofcom.gov.cn/article/ztdy/200910/20091006561824.shtml，最后访问日期：2019 年 5 月 13 日。

[3] MIG 为百万英制加仑（million imperial gallon）。

二、海洋事务主管部门及其职能

根据《1962年科威特宪法》[1]（Kuwait's Constitution of 1962，以下简称《科威特宪法》），科威特实行三权分立。立法权属于埃米尔和国民议会，法律非经国民议会通过和埃米尔批准，不得颁布。行政权属于埃米尔、内阁和各部部长，内阁首相和各部部长就国家的总体政策集体向埃米尔负责，各部部长就其主管事务单独向埃米尔负责。[2]与其他海湾国家相比，科威特国民议会的权力较大，对埃米尔约束较多，但以埃米尔为首的统治家族实际上掌握着国家最高权力，这在海洋事务管理上也有所体现。

（一）立法机构

1. 埃米尔

科威特的政权组织形式是二元制君主立宪制。埃米尔为国家元首，由萨巴赫家族世袭。根据《科威特宪法》，埃米尔的权力包括：创议、批准和颁布法律；作为武装部队的最高统帅发布命令宣告防御性战争，但禁止侵略性战争；必要时发布国内戒严法；发布命令缔结条约；为实施法律发布必要的规章；任免首相，根据首相的建议任免各部部长；按照法律任免文官、军官和派驻外国的外交代表，接受外国外交代表的国书；发布命令实行赦免和减刑，但大赦只能根据法律作出，并且要求所犯罪行发生在提出赦免建议之前；依照法律授予荣誉勋章等。

埃米尔的立法权受到国民议会及宪法的制约。埃米尔有权要求议会重新审议已经通过的议案，如议会以三分之二的多数再次通过，或在此后的会议上以简单多数通过，则该议案自动生效。埃米尔在国民议会休会或被解散期间颁布的命令，不能和宪法相抵触或违反预算法中关于拨款的规定。埃米尔要解散国民议会，必须要有充足的理由，且此后不能以同样的理由再次解散国民议会。[3]

---

[1] 科威特于1962年11月11日正式颁布宪法，1963年1月29日，第一届国民议会正式通过后生效，是科威特独立以来制定的唯一一部宪法。

[2] 《科威特宪法》第50、第51、第52、第58、第79条。

[3] 《科威特宪法》第66、第71、第107条。

2. 国民议会

科威特的国民议会于 1963 年 1 月 23 日成立。根据《科威特宪法》,国民议会为立法机构。科威特国民议会为一院制,由选举产生的 50 名议员和内阁成员组成,每届任期 4 年。[1]国民议会召开会议,须过半数议员出席,决议的通过须经出席议员的绝对多数票赞成,要求特定多数的情况除外,如果赞成票与反对票数量相等,决议不通过。[2]国民议会的主要职能包括:制定和通过国家的各项法令和法规;监督国家财政执行情况;就政府的内外政策及有关事务向首相和各部部长提出质询;组成调查委员会对任何事件进行调查;通过对各部部长投不信任票罢免其职务;议会不得对内阁首相提出不信任案,但可呈报埃米尔裁决,埃米尔可以解除首相职务或解散议会。[3]

国民议会的立法权很大程度上受到埃米尔的限制。例如,法律的通过一般需要得到埃米尔的批准;埃米尔有权中止和解散国民议会等。此外,由埃米尔任免的各部部长是国民议会非经选举产生的当然议员,这加强了埃米尔对立法权的控制。值得注意的是,1976—2016 年,科威特国民议会曾被解散 10 次之多,[4]这可能会导致其海洋政策的不连续和不稳定。

(二) 行政执法机构

1. 内 阁

内阁是科威特的最高行政机关,由首相领导,对埃米尔负责。内阁的职能包括:拟定并执行政府的总体政策;监督各部门的工作;实施埃米尔颁布的法律和法令,落实埃米尔的指示;依据宪法和埃米尔的授权,具体负责管理国家一切对内对外事务等。[5]内阁下设 22 个部门和众多直属机构。其中,与海洋事务管理有关的部门和机构有国防部 (Minister of Defense)、外交部 (Minister of Foreign Affairs)、内政部 (Minister of Interior)、石油部 (Minister

---

[1] "About KNA", Kuwait National Assembly, http://www. kna. kw/clt-html5/about-en. asp, May 12, 2019.

[2] 《科威特宪法》第 97 条。

[3] "About KNA", Kuwait National Assembly, http://www. kna. kw/clt-html5/about-en. asp, May 12, 2019.

[4] 其中 8 次是被埃米尔解散,2 次是被宪法法院解散。See "Elections of the National Assembly of Kuwait and the Chances for Political Stability", Fiker Center, https://fikercenter. com/en/position-papers/elections-of-the-national-assembly-of-kuwait-and-the-chances-for-political-stability, May 12, 2019.

[5] 王景祺:《列国志:科威特》,社会科学文献出版社 2014 年版。

of Oil)、电力和水利部（Minister of Electricity and Water）、港务局（Port Authority）、农业和渔业资源公共管理局（Public Authority for Agriculture and Fish Resources）、环境公共管理局（Environment Public Authority）等。

2. 外交部

科威特建国之初，就成立了外交部，该部是内阁成立的第一个下设部门。外交部负责管理科威特的外交事务，具体职责包括执行国家外交政策、维护国家最高利益、代表国家参与双边和多边外交事务等。在海洋事务管理方面，外交部负责代表国家缔结海洋相关的国际条约、代表国家参与海洋相关的区域性和全球性国际组织、参加海洋相关的会议和论坛等。

3. 国防部

科威特作为英国的保护国时期，其外交和防务由英国负责，科威特政府只有一支埃米尔皇家卫队和为数不多的警察部队，负责维持国内治安。独立一年后，科威特政府成立了主管军事和防务工作的国防部，着手组建自己的部队。独立初期遇到的伊拉克威胁和领土要求，客观上推动了科威特建军进程。[1]科威特的武装力量包括科威特陆军（Kuwaiti Land Forces）、科威特海军（Kuwaiti Navy）、科威特空军（Kuwaiti Air Force），以及科威特国民卫队（Kuwaiti National Guard）。[2]其中，科威特海军主要负责海上防务。

科威特海军由海军陆战队（Kuwait Marine Corps）和海军突击队（Kuwait Commando Marine Units）组成。在伊拉克入侵科威特期间，科威特海军几乎被完全摧毁。战后，科威特重建海军，经过几十年的努力，海军实力已远超战前。至2019年，海军部队拥有2200多名军官、3艘导弹快速巡逻艇、7艘巡逻战舰、7艘两栖登陆艇和2艘补给船。以第一任国防部部长名字命名的穆罕默德·艾哈迈德科威特海军基地（Mohammed Al-Ahmad Kuwait Naval Base）是科威特唯一一个海军基地，美国海军和美国海岸警卫队也使用该基地。[3]科威特尽管十分重视军事建设，军事支出在其国民总收入中占比颇高，但受制于国土面积狭小和人口数量少等因素，仍需要借助外部力量来保障其海洋防务。

4. 内政部

科威特内政部成立于1962年，主要职责是确保公共安全，维护社会秩

---

〔1〕 参见王景祺：《列国志：科威特》，社会科学文献出版社2014年版。

〔2〕 "The World Factbook：Kuwait"，Central Intelligence Agency，https：//www.cia.gov/library/publications/the-world-factbook/geos/ku.html，May 15, 2019.

〔3〕 "Kuwait Military Forces"，Wikipedia，https：//en.wikipedia.org/wiki/Kuwait_Military_Forces，May 15, 2019.

序。[1]此外，内政部还与司法部一起负责管理选举工作。[2]内政部下设部长办公室（Office of the Minister of Interior）、副部长办公室（Office of the Under-secretary of the Ministry of Interior）和副部长助理办公室（Offices of the Assistant Undersecretaries of the Ministry of Interior）。其中，副部长助理办公室负责警察事务，管辖陆地边防部队、海岸警卫队、禁毒部队、交通部队等。海岸警卫队与海洋事务直接相关，至2019年，其在编人员约500人。[3]

5. 最高石油委员会

1974年，科威特设立了最高石油委员会（Supreme Petroleum Council）。最初，最高石油委员会主席由内阁首相担任，成员还包括财政部部长和石油部部长、外交部部长、内阁事务部部长、商务和工业部部长以及一位内阁指定的专职秘书长。最高石油委员会负责制定国家石油的总体政策，保护和合理开发石油资源，发展石油产业，以促进石油投资，实现石油财富的最高收益。最高石油委员会每年应至少举行4次会议，但2008—2010年因4位部长辞去最高石油委员会的职务而未召开会议。2010年，埃米尔任命8名内阁成员和10名私营部门代表为最高石油委员会成员。[4]2013年，最高石油委员会成员为6位部长和6名私营部门代表。[5]

6. 石油部

科威特独立后，其石油生产和出口由财政和经济部负责，该部于1965年更名为财政和石油部。1975年，科威特颁布《石油部从财政部分离的法令》，规定成立石油部，负责科威特的石油和天然气事务。2003年，石油部被重组为能源部（Ministry of Energy）的一部分。2007年，科威特颁布《2007年第78号法令》（Decree No. 78 of 2007），取消能源部，设立石油部。石油部部长兼任电力和水利部部长。

石油部的使命是保护石油资源，利用最佳方式开采石油和发展石油产

---

[1] "Kuwait-Police and the Criminal Justice System", Mongabay, https：//data. mongabay. com/history/kuwait/kuwait-police_ and_ the_ criminal_ justice_ system. html, May 15, 2019.

[2] Democracy Reporting International, "Assessment of the Electoral Framework Final Report", https：//web. archive. org/web/20160312042733/http：//democracy-reporting. org/files/dri_ kuwait_ report _ 08. pdf, May 15, 2019.

[3] State of Kuwait Ministry of Interior, https：//www. moi. gov. kw/portal/venglish/, May 15, 2019.

[4] Cablegatesearch, "New Supreme Petroleum Council Meets—Room for Progress?", https：//web. archive. org/web/20131230235444/http：//www. cablegatesearch. net/cable. php? id = 10KUWAIT123, May 15, 2019.

[5] "Overview of Kuwait", U. S. Energy Information Administration, https：//www. eia. gov/beta/international/analysis. php? iso = KWT, May 14, 2019.

业，增加国民收入，保证石油工人的安全，减少石油产业导致的环境污染。石油部的目标包括：协助最高石油委员会执行其所承担的任务，并监督其决定的执行情况；提出油气行业的总体政策，以可持续的方式开发和利用油气资源；维持科威特的石油价格水平，以满足国家财政和发展计划的需要；保持石油作为战略商品和主要能源的地位，提高科威特在国际市场上的地位；提高科威特在油气领域的区域和国际组织中的地位；满足本地市场的油气产品需求并提出定价政策等。科威特石油公司及其附属的子公司由石油部监管。[1]

7. 电力和水利部

电力和水利部是科威特负责管理电力和水利的部门。电力和水利部的职责包括：鼓励私营部门参与电力和水利项目的投资和运营；利用可再生能源生产电力和水；不断提升电力和水的生产技术；提高电力和水的使用效率，使电力和水的消耗量保持在合理的水平；可持续地提供高质量的电力和水，以满足当前和未来的需求。电力和水利部负责卡塔尔的海水淡化项目，例如多哈反渗透海水淡化项目（Doha Reverse Osmosis Project）由电力和水利部运营，每天可以生产6000万加仑淡水。[2]

8. 港务局

科威特港务局成立于1977年，是一个具有独立法人资格的政府机构。港务局负责管理科威特的三个商业港口：舒威赫港、多哈港、舒艾巴港。港务局致力于使用世界一流的管理模式，为航运公司提供高质量的服务，不断提升港口管理和运营水平，将本国港口打造成中东和北非地区先进的港口。港口在科威特经济发展和城市扩张中扮演着重要的角色，港务局通过提高港口运营绩效促进了科威特海洋经济的发展。[3]

9. 环境公共管理局

科威特环境公共管理局成立于1995年。该局的职责包括：制定保护环境和自然资源的总体政策；应对环境灾害；与有关机构协调，制订环境保护行动计划并监督其执行；制定环境保护方面的法律法规，并跟进其实施情况；制订和实施环境调查和监测计划；参与国际环境保护合作等。环境公共管理局下设20个部门，其中与海洋环境保护密切相关的有沿海与荒漠化监测部门（Coastal & Desertification Monitoring Department）、保护生物多样性部门

---

〔1〕 State of Kuwait Ministry of Oil, "The National Cadres Are the Future Oil", http: //www. moo. gov. kw/, May 14, 2019.

〔2〕 See Minister of Electricity and Water, https: //www. mew. gov. kw/vision. aspx, May 14, 2019.

〔3〕 See Port Authority, http: //www. kpa. gov. kw/index. html, May 14, 2019.

（Conservation of Biodiversity Department）、水生环境污染部门（Aquatic Environmental Pollution Department）。[1]

10. 农业和渔业资源公共管理局

科威特农业和渔业资源公共管理局成立于1980年，负责管理科威特的农业和渔业事务。农业和渔业资源公共管理局下设部门中与海洋联系最为密切的是渔业部门。渔业部门的具体职责包括：制定渔业管理法规，规范渔业捕捞活动，与其他国家和国际组织开展渔业合作等。[2]

11. 科威特石油公司

科威特石油公司（Kuwait Petroleum Company）成立于1980年1月，是一家国有石油公司，业务涉及石油勘探、冶炼、销售和运输。科威特石油公司是世界主要的石油公司之一，2020年原油产量达400万桶/天，预计到2030年非伴生气产量达708万立方米/天。科威特石油公司的子公司囊括科威特主要的石油公司，有上游的科威特石油公司[3]（Kuwait Oil Company）、科威特海湾石油公司（Kuwait Gulf Oil Company）、科威特外国石油勘探公司（Kuwait Foreign Petroleum Exploration Company），中游的科威特油轮公司（Kuwait Oil Tanker Co. SAK），下游的科威特国家石油公司（Kuwait National Petroleum Company）、石化工业公司（Petrochemical Industries Company）、科威特综合石化工业公司（Kuwait Integrated Petroleum Industries Company）、科威特石油国际有限公司（Kuwait Petroleum International Limited）。[4]其中，科威特海湾石油公司成立于2002年，负责开发位于科威特与沙特阿拉伯边界的中立区的海上油气资源。

12. 科威特科学研究所

1967年，为履行科威特政府石油特许权协议中规定的义务，日本阿拉伯石油有限公司[5]（Arabian Oil Company Limited）建立了科威特科学研究所

〔1〕 "Environment Public Authority", Wikipedia, https：//en. wikipedia. org/wiki/Environment_ Public_ Authority, May 15, 2019.
〔2〕 "About PAAF", Public Authority of Agriculture Affairs & fish Resources, http：//www. paaf. gov. kw/, May 15, 2019.
〔3〕 Kuwait Oil Company 是 Kuwait Petroleum Company 的子公司，两者的中文名称相同。
〔4〕 "KPC at A Glance", Kuwait Oil Company, https：//www. kpc. com. kw/about/kpc-at-a-glance, May 15, 2019.
〔5〕 阿拉伯石油有限公司成立于1958年，总部位于日本东京。阿拉伯石油有限公司从科威特政府获得了位于科威特与沙特阿拉伯中立区的油田开采特许权。See "Arabian Oil Co Ltd", Bloomberg, https：//www. bloomberg. com/research/stocks/private/snapshot. asp？ privcapId = 874330, May 27, 2019.

（Kuwait Institute for Science Research）。科威特科学研究所是一个开拓性的、独立的、卓越的国家科研机构，其在成立之初致力于发展石油、沙漠农业、海洋生物这三个重要的领域。此后，研究所的职责扩大到促进民族工业的发展和进行关键领域的研究，例如环境保护、资源可持续利用、农业技术创新等。1973年重组后，科威特科学研究所通过其董事会直接向内阁负责。至2019年，研究所拥有580多名研究人员和100多个实验室，与区域和国际科研机构开展了密切的合作。

　　研究所下设石油研究中心（Petroleum Research Center）、水研究中心（Water Research Center）、环境与生命科学研究中心（Environment and Life Sciences）、能源与建筑研究中心（Energy and Building Research Center）。这4个研究中心均与海洋有关。石油研究中心的研究领域涉及提高海洋油气资源的原油采收率、优化炼油工艺和减缓油气设备腐蚀等；水研究中心的研究领域涉及海水淡化、废水处理等；环境与生命科学研究中心的研究领域涉及海洋环境保护、水产养殖等；能源与建筑研究中心的研究领域涉及包括海洋能在内的可再生能源等。[1]

---

〔1〕 "Petroleum Research Center, Water Research Center, Environment and Life Sciences, Energy and Building Research Center", Kuwait Institute for Scientific Research, http：//www. kisr. edu. kw/en/, May 15, 2019.

三、国内海洋立法

（一）划定管辖海域的法

科威特目前有 3 部关于划定管辖海域的立法。分别是《1949 年 6 月 12 日科威特国王公告》（Proclamation by the Ruler of Kuwait of 12 June 1949，以下简称《1949 年国王公告》），《1967 年 12 月 17 日关于划定科威特国领海宽度的法令》（Decree regarding the Delimitation of the Breadth of the Territorial Sea of the State of Kuwait of 17 December 1967，以下简称《1967 年法令》）和《2014 年关于科威特国海洋区域划界的第 317 号法令及其修正案》（Decree No. 317 Year 2014 Concerning the Delimitation of the Marine Areas Pertaining to the State of Kuwait and Its Amendment，以下简称《2014 年第 317 号法令及其修正案》）。[1] 值得一提的是，《2014 年第 317 号法令及其修正案》是科威特划定管辖海域立法的集大成者，与科威特有关的管辖海域事宜在这部法中都有所体现。[2]

1. 领 海

（1）领海基线。《1967 年法令》第 2 条最早规定了科威特领海基线的测算方法。如科威特大陆或岛屿的海岸完全面向大海，则海岸的低潮线为领海基线；如遇港口或海港，其最外缘永久港口工程为海岸的一部分；如果低潮高地与科威特大陆或岛屿距离不超过 12 英里[3]，该低潮高地的最外缘为领海基线；科威特湾的基线为横越海湾入口的封口线。[4]

《2014 年第 317 号法令及其修正案》第 2 条也规定了科威特领海基线的测算方法。科威特的正常基线从面向公海的大陆或岛屿的海岸低潮线起算；

---

〔1〕 Maritime Space：Maritime Zones and Maritime Delimitation， "Kuwait"，https：//www.un.org/ Depts/los/LEGISLATIONANDTREATIES/STATEFILES/KWT.htm，May 14，2019.

〔2〕 在科威特法律咨询和立法委员会网站的法律分类中，"海洋区域立法"分类下仅有《2014 年第 317 号法令》一部，从侧面印证了上述说法。参见科威特法律咨询和立法委员会网站，http：//www.law.gov.kw/MainTabsPage.aspx? val = AL1，最后访问日期：2019 年 5 月 28 日。但为了展现科威特关于划定管辖海域的立法的沿革，此处采联合国网站上的分类，对三部法加以介绍。

〔3〕 《1967 年 12 月 17 日关于划定科威特国领海宽度的法令》第 2 条（c）款用词为"12 miles"。

〔4〕 参见《关于预防可航行水域油污污染的 1964 年第 12 号法》（Law No. 12 of 1964 regarding Prevention of the Pollution of Navigable Waters by Oil）附件 3。

当海岸有港口时，最外缘的海上永久港口工程被视为海岸的一部分；低潮时露出水面且距离科威特大陆或岛屿海岸不超过 12 英里[1]的高地，其最外缘为正常基线；科威特湾的基线为科威特海湾的封口线。综上，《2014 年第 317 号法令及其修正案》与《1967 年法令》相比，其关于领海基线的规定没有太大的变动。

（2）领海宽度。科威特的领海宽度为 12 海里。《1967 年法令》第 1 条和《2014 年第 317 号法令及其修正案》第 4 条都规定了科威特的领海宽度为 12 海里[2]。

（3）领海界限。《1967 年法令》第 4 条规定，如果依照本法测算的科威特的领海与其他国家的领海或与 1965 年 7 月 7 日《中立区的分区协定》[3]所确定的分区相重叠，两国的领海界限应按照《领海及毗连区公约》（Convention on the Territorial Sea and the Contiguous Zone）第 12 条[4]确定。

《2014 年第 317 号法令及其修正案》第 4 条规定，若根据本法划定的科威特的领海同与科威特相向或相邻的国家的领海存在重叠，且双方不存在划定海洋边界的协定，中间线[5]应被视为科威特领海的外部界限。

2. 毗连区

《2014 年第 317 号法令及其修正案》第 5 条规定了科威特的毗连区。科威特的毗连区是从科威特领海基线量起 24 海里内不包括领海的海域。若科威特的毗连区与其相向或相邻国家的毗连区重叠，且双方不存在划定海洋边界的协定，中间线为科威特毗连区的外部界限。科威特在毗连区实施必要的管制，以防止相关主体在其领土或领海内违反其海关、财政、移民或卫生的法律和规章，或惩治在其领土或领海内违反上述法律和规章的行为。

3. 专属经济区

《2014 年第 317 号法令及其修正案》第 6 条规定了科威特的专属经济区。

---

[1] 《2014 年第 317 号法令及其修正案》第 2 条（c）款用词为"12 miles"。

[2] 两部法令相关法条的用词皆为"12 nautical mile"，1 海里 = 1.85200 公里，1 英里 = 1.609344 公里。

[3] 《中立区的分区协定》的相关内容参见《沙特阿拉伯、卡塔尔、阿联酋海洋法律体系研究》"沙特阿拉伯海洋法律制度研究"第六部分"国际海洋合作"。

[4] 《领海及毗连区公约》第 12 条规定："两国海岸相向或相邻者，除彼此另有协议外，均无权将本国领海扩展至每一点均与测算各该国领海宽度之基线上最近各点距离相等之中央线以外。但如因历史上权利或其他特殊情况而须以异于本项规定之方法划定两国领海之界限，本项规定不适用之。"参见《领海及毗连区公约》，载联合国中文网站，https://www.un.org/zh/documents/treaty/ILC-1958-4，最后访问日期：2019 年 5 月 27 日。

[5] 即一条其每一点都同测算两国领海宽度的基线上最近各点距离相等的线。

科威特在其领海之外且邻接领海的地方划定专属经济区，该专属经济区的最外缘延伸至与其相向或相邻国家的有关海洋边界。若科威特与其相向或相邻的国家之间不存在划定边界的协定，中间线为科威特专属经济区的外部界限。科威特对其专属经济区不仅享有《联合国海洋法公约》第 56 条规定的权利和管辖权，而且对专属经济区内的自然资源和财富享有其对领海内的自然资源和财富同等的权利和权力。

4. 大陆架

在《1949 年国王公告》中，科威特当权者宣称邻接科威特领海并向海一侧延伸至各国边界的波斯湾公海下的海床和底土，经科威特统治者根据公平原则同邻国协商确定后，属于科威特的部分受科威特专属管辖和控制。这是科威特对其大陆架作出的最早的规定。

《2014 年第 317 号法令及其修正案》第 7 条也规定了科威特的大陆架。该条规定科威特大陆架的定义应符合《联合国海洋法公约》第 76 条的有关规定。若科威特与其相向或相邻的国家之间不存在划定边界的协定，中间线为科威特大陆架的外部界限。科威特对其大陆架不仅享有《联合国海洋法公约》第 77 条规定的权利，对大陆架内的自然资源和财富还同等地享有其对领海内的自然资源和财富享有的权利和权力。

（二）海洋环境保护立法

科威特重视对海洋环境的保护，有关海洋环境保护的国内立法也较为完善。早在 1964 年 12 月 26 日，科威特就发布了《1964 年第 12 号法》以预防船舶航行中的海洋石油污染。1980 年 8 月 23 日，科威特发布了《1980 年第 62 号法规》（Enactment No. 62 of 1980）设立了环境保护委员会，规定科威特的环境保护政策。[1]2014 年 7 月 13 日，科威特发布了《2014 年第 42 号法》（Law No. 42 of 2014），这是其环境立法趋向完善的体现。该法是科威特的环境保护法，涉及科威特环境保护的方方面面，涵盖了科威特对水质、沿海环境和生物多样性的保护。[2]

值得一提的是，2017 年 8 月 21 日，科威特发布的《2017 年第 12 号法令》（Decree No. 12 of 2017）是对《2014 年第 42 号法》第四节"保护科威

---

〔1〕《科威特》，载联合国粮食及农业组织网站，http：//www. fao. org/faolex/results/details/zh/c/LEX-FAOC008852/，最后访问日期：2019 年 5 月 28 日。

〔2〕《2014 年第 42 号法令：关于颁布环境法》，载科威特法律咨询和立法委员会网站，http：//www. law. gov. kw/KWT_ LC-Ar/01 _ % D8% A8% D9% 8A% D8% A6% D8% A9/KWT-LC-Ar_ 2014-06-29_ 00042_ Law. html？val，最后访问日期：2019 年 5 月 28 日。

特国水生和沿海环境免受污染"作出的细化规定，是保护科威特国水生和沿海环境免受污染的执行规定。2017 年 4 月 11 日，科威特发布的《2017 年第 3 号法令》（Decree No. 3 of 2017）是对《2014 年第 42 号法》第五节"生物多样性保护"作出的细化规定，其中涉及海洋生物多样性的保护。此外，2016 年 7 月 19 日发布的《2016 年第 5 号法令》（Decree No. 5 of 2016）是该国的化学品管理执行条例，其中也涉及对海洋环境的保护。[1]

（三）渔业相关立法

科威特的渔业立法种类和数量较多。[2]这些立法大致可以分为三类：一类是规范渔业活动的立法，一类是有关渔船渔民的立法，一类是保护渔业资源的立法。值得说明的是，这三类立法中存在交叉的情形，不是非此即彼的关系。

1. 规范渔业活动的立法

规范渔业活动的立法数量较多，涉及渔业活动的方方面面。如规定了在科威特领海捕捞和运往国内市场最小渔获量的《1983 年第 9 号法令》（Decree No. 9 of 1983）、禁止在科威特部分领海地区捕鱼的《1983 年第 10 号决定》（Decision No. 10 of 1983）、禁止在渔船上使用工业纤维网的《1995 年第 442 号决定》（Decision No. 442 of 1995），以及禁止在科威特领海采集珍珠牡蛎的《2007 年第 338 号决议》（Resolution No. 338 of 2007）等。

2. 与渔船渔民有关的立法

相对于规范渔业活动的立法而言，与渔船渔民有关的立法在数量上较少，且大多是与渔船有关的立法。如对科威特渔船许可证作出规定的《1980 年第 18 号部长决议》（Ministerial Resolution No. 18 of 1980）、对渔船所有权转让和抵押作出规定的《2002 年第 231 号法令》（Decree No. 231 of 2002），对从事捕鱼活动的钢木船和玻璃纤维船长度和容量作出规定的《2003 年第 128 号决议》（Resolution No. 128 of 2003）等。与渔民有关的立法有《1986 年第 28 号法令》（Decree No. 28 of 1986），该法主要涉及对渔民的援助和保护。

3. 保护渔业资源的立法

在科威特的渔业相关立法中存在一类专门涉及渔业资源保护的立法，如《1980 年第 46 号法令》（Decree No. 46 of 1980）。该法是科威特的渔业资源保护法，对该国的渔业资源保护加以专门规定。此外，有关渔业资源保护的立

---

[1] 参见本书附录23。

[2] 参见本书附录24。

法在其他立法分类中也可找到一二，如"规范渔业活动的立法"分类中的禁止在科威特领海采集珍珠牡蛎的《2007 年第 338 号决议》。

（四）港口、船舶与航运相关立法

1959 年 6 月 7 日，科威特颁布了《科威特港口法》（Kuwait Port Law），对科威特港口的一般管理规则作出了规定。1980 年 6 月 15 日，科威特颁布了《1980 年第 28 号法令》（Decree No. 28 of 1980）。该法令是科威特的海商法，内容翔实全面，涉及船舶、船员和航运等。此外，科威特还有很多法令和条例对其港口、船舶和航运事宜作出了规定。[1]

（五）石油相关立法

科威特的石油立法可以分为两类，一类是与石油和天然气监管机构相关的立法，另一类是规范石油和天然气开采活动的立法。前者的代表性立法有：规定成立科威特石油公司的《1980 年第 6 号法令》（Decree No. 6 of 1980）和对石油部职责加以明确的《2007 年第 78 号法令》（Decree No. 78 of 2007）。后者的代表性立法有：规定石油资源保护的《1973 年第 19 号法》（Law No. 19 of 1973）、规定除非获得科威特石油公司的事先批准否则不得进出口原油或任何石油化工产品的《1989 年第 4 号部长决议》（Ministerial Resolution No. 4 of 1989），以及禁止私人交易科威特石油的《1990 年第 1 号法令》（Decree No. 1 of 1990）等。[2]

---

〔1〕　参见本书附录 25。
〔2〕　参见本书附录 26。

四、缔结和加入的海洋法条约

（一）《联合国海洋法公约》

1958 年 2 月 24 日至 4 月 27 日，联合国在日内瓦召开第一次海洋法会议，会议通过了四项公约，即《领海及毗连区公约》、《公海公约》、《捕鱼及养护公海生物资源公约》和《大陆架公约》。科威特没有加入上述四项公约。1982 年召开的第三次国际海洋法会议通过了《联合国海洋法公约》，科威特于 1982 年 12 月 10 日签署，并于 1986 年 5 月 2 日批准《联合国海洋法公约》；于 1994 年 11 月 16 日签署了《关于执行 1982 年 12 月 10 日〈联合国海洋法公约〉第十一部分的协定》，并于 2002 年 8 月 2 日加入该协定。[1]

值得注意的是，1982 年 12 月，科威特批准《公约》之后发表了一份谅解备忘录，说明科威特批准《公约》并不意味着其以任何方式承认以色列，也不意味着有意愿与以色列产生任何条约关系。[2]这与中东地区历时已久的领土争端和对巴勒斯坦建国的政见密切相关。伊拉克、卡塔尔和也门在签署《公约》时也发表了不承认以色列的声明。[3]在国际法的实践中，加入同一多边条约并不意味着对缔约当局的默示承认。[4]但是，一些阿拉伯国家还是通过明确宣告的方式，表示牵涉以色列的某一特定行为不能解释为包含任何承认的意思，以自动排除默示承认的任何可能。[5]

（二）缔结和加入的海事条约

科威特于 1962 年加入政府间海事协商组织，该组织于 1982 年更名为国

---

〔1〕 参见本书附录 27。"Multilateral Treaties Deposited with the Secretary-General", United Nations Treaty Collection, https：//treaties. un. org/Pages/ParticipationStatus. aspx? clang = _ en, May 12, 2019.

〔2〕 参见本书附录 28。"Declarations and Statements", Oceans & Law of the Sea United Nations, http：//www. un. org/Depts/los/convention _ agreements/convention _ declarations. htm # Qatar% 20Upon% 20signatur, May 12, 2019.

〔3〕 以色列是 1958 年 "日内瓦公约" 的缔约国，但不是 1982 年《公约》的缔约国。

〔4〕 ［英］劳特派特修订：《奥本海国际法》（上卷），王铁崖、陈体强译，商务印书馆 1971 年版，第 117 页。

〔5〕 马尔科姆·N. 肖：《国际法》（第六版），白桂梅等译，北京大学出版社 2011 年版，第 365—366 页。

际海事组织，科威特始终是国际海事组织的积极参与者。[1]在国际海事组织框架下，科威特加入了多个国际海事条约。[2]这些条约主要涉及海洋污染防治、海上航行安全、损害赔偿和责任、海员管理和船舶管理等类别。

其中，与防治海洋污染有关的条约有：《1969 年国际干预公海油污事故公约》（International Convention relating to Intervention on the High Seas in Cases of Oil Pollution Casualties，1969），《关于 1973 年国际防止船舶造成污染公约的 1978 年议定书》（Protocol of 1978 relating to the International Convention for the Prevention of Pollution from Ships，1973）及其 5 个附则等。

与海上航行安全有关的条约有：《1966 年国际载重线公约》（International Convention on Load Lines，1966），《1974 年国际海上人命安全公约》[3]（International Convention for the Safety of Life at Sea，1974），《1972 年国际海上避碰规则公约》（Convention on the International Regulations for Preventing Collisions at Sea，1972），《1976 年国际海事卫星组织公约》（Convention on the International Maritime Satellite Organization，1976），《1976 年国际海事卫星组织业务协定》（Operating Agreement on the International Maritime Satellite Organization，1976），《1979 年国际海上搜寻救助公约》（International Convention on Maritime Search and Rescue，1979），《1988 年制止危及海上航行安全的非法行为公约》（Convention for the Suppression of Unlawful Acts against the Safety of Maritime Navigation，1988），《1988 年制止危及大陆架固定平台安全的非法行为议定书》（Protocol for the Suppression of Unlawful Acts against the Safety of Fixed Platforms Located on the Continental Shelf，1988）等。

与损害赔偿和责任有关的条约有：《修正 1969 年国际油污损害民事责任公约的 1992 年议定书》（Protocol of 1992 to Amend the International Convention on Civil Liability for Oil Pollution Damage，1969）等。

与海员管理和船舶管理有关的条约有：《1978 年海员培训、发证和值班标准国际公约》（International Convention on Standards of Training，Certification and Watchkeeping for Seafarers，1978），《1969 年国际船舶吨位丈量公约》

---

[1] "Convention on the International Maritime Organization"，ECOLEX，https：//www. ecolex. org/details/treaty/convention-on-the-international-maritime-organization-tre-000498/？q = Convention + on + the + International + Maritime + Organization&type = legislation&xdate_ min = &xdate_ max：，May 12，2019。

[2] 见附录 29。

[3] 科威特在签署《1974 年国际海上人命安全公约》时发表声明称："加入此公约不意味着对以色列的承认，不意味着任何与以色列的国际交往会产生法律效力。"科威特在签署《1976 年国际海事卫星组织公约》时发表同样的声明。

（International Convention on Tonnage Measurement of Ships，1969）等。

（三）缔结和加入的区域性环境保护条约

科威特很重视对海洋环境的保护，其缔结和加入了很多与海洋环境有关的区域性条约[1]，这些条约大多是在科威特签署或由其保管的、保护波斯湾环境免受污染的条约。科威特缔结和加入的区域性海洋环境保护条约有：《科威特海洋环境污染保护合作区域公约》（Kuwait Regional Convention for Cooperation on the Protection of the Marine Environment from Pollution）、《控制危险废物和其他废物的海洋越境流动和处置的区域议定书》（Regional Protocol on the Control of Marine Trans-Boundary Movements and Disposal of Hazardous Wastes and Other Wastes）、《关于因勘探和开发大陆架而造成的海洋污染议定书》（Protocol Concerning Marine Pollution resulting from Exploration and Exploitation of the Continental Shelf）、《保护海洋环境免受陆源污染的议定书》（Protocol for the Protection of the Marine Environment against Pollution from Land-Based Sources）、《紧急情况下应对石油和其他有害物质污染的区域合作议定书》（Protocol Concerning Regional Cooperation in Combating Pollution by Oil and other Harmful Substances in Cases of Emergency）等。

---

[1] 参见本书附录30。

五、海洋争端解决

在不同的历史时期，人们开发海洋的能力不同，国家对于海洋的权益要求和划界要求也不尽相同。二战之后，《杜鲁门公告》（Truman Proclation）与1958年《大陆架宣言》公布，世界各国不再仅满足于领土权益，"蓝色圈地运动"兴起。海洋划界本身所具有的复杂性，波斯湾特殊的地理环境，20世纪后半叶国家海洋权益的不同需求，政治主张的分歧共同作用于波斯湾海洋边界的划定，造成了波斯湾海洋划界与争端现状。1976年以降，波斯湾海洋边界划定进入高峰期，伊朗和科威特、伊朗和沙特阿拉伯、沙特阿拉伯和科威特等纷纷签署大陆架划界协定。

（一）科威特与伊拉克的海洋争端

伊拉克在奥斯曼帝国瓦解后便继承了对巴士拉省的主权，因科威特曾作为巴士拉省"不可分割的一部分"，故伊拉克声称科威特也应受伊拉克主权管辖，而科威特对伊拉克此种专断态度持反对意见。伊拉克作为一个产油大国却缺少出海口，因此，长期以来，伊拉克视科威特为"伊拉克的瓶塞"。自1961年科威特独立以来，虽然伊拉克官方曾多次承认科威特的独立，但仍旧不断对科威特提出主权要求，尤其是布比延和沃尔巴两个小岛。

大体上讲，伊拉克与科威特分别于20世纪60年代、70年代和90年代发生三次领土危机，布比延岛与沃尔巴岛的主权之争，归根到底是两国在海洋划界上的争端。[1]在历经伊科战争、科威特复国等曲折后，1992年11月，联合国伊科划界委员会参照1941年和1950年英国政府为伊科两国划定的边界，对伊科边界进行微调并设立永久性界桩。1993年5月20日，联合国伊科划界委员会向联合国安理会提交了关于伊科划界的最终报告，确定了能够精准定位伊科边界的地理坐标，陆地边界整体北移600米。[2]该争端主要内容参见本书"伊拉克海洋法律制度研究"的第五部分"海洋争端解决"的相关内容。

---

〔1〕 谢立忱：《当代中东国家边界与领土争端研究》，中国社会科学出版社2015年版，第74—75页。

〔2〕 Peter Calvert, *Border and Territorial Dispute of the World*, London, John Harper Publishers, 2004, p. 470.

（二）科威特与伊朗的争端

科威特与伊朗的关系受中东地区形势影响，发展过程坎坷。1965 年 6 月，两国为研究领海问题，草签协议，决定成立委员会。1968 年 1 月，两国就海湾大陆架沙洲问题达成协议。1971 年 11 月，伊朗出兵占领海湾阿布穆萨岛、大通布岛和小通布岛，科威特持反对立场。2014 年 10 月 29 日，科威特出台了关于海域划界的第 317 号法令，对领海基线、内水、领海宽度、毗连区、专属经济区以及大陆架问题作出规定。2017 年 12 月 21 日，伊朗致函联合国秘书长对科威特的上述法案提出保留意见。2018 年 5 月 9 日，科威特致函联合国秘书长对伊朗于 2017 年 12 月 21 日给秘书长发出的第 3577 号照会作出回应，并强调在未解决此争端前，科威特《2014 年第 317 号法令》应当继续生效。该争端可参见本书"伊朗海洋法律制度研究"的第五部分"海洋争端解决"的相关部分。

（三）科威特与沙特阿拉伯的海洋争端

1. 争端解决的背景

科威特和沙特阿拉伯在 20 世纪 60 年代关于中立区分界线问题的谈判涉及卡鲁和乌姆马拉迪姆岛的归属。二者分别位于距中立区北部海岸约 37 公里（23 英里）和 26 公里（16 英里）处。根据伊拉克和科威特在 1923 年和 1932 年换文的内容，这两个小岛应属于科威特，但沙特阿拉伯仍坚持对两岛的主权主张。1961 年，科威特提出分享两岛的所有石油收入以换取沙特阿拉伯对科威特对两岛主权的承认。1990 年 8 月，伊拉克在对科威特的入侵过程中占领了上述两岛。1991 年 1 月，多国部队夺回该两岛，后来转交科威特控制。1995 年，沙特阿拉伯和科威特开始讨论两国间海洋大陆架边界的划分问题，但未达成最终协定。[1]

2001 年 1 月，伊朗单方面在位于科威特、沙特阿拉伯和伊朗三国交界的大陆架内的杜拉油田进行勘探，从而再次引发了该区域有关海洋划界的争议。沙特阿拉伯和科威特均对此表示抗议。三个月后伊朗回应称，自己虽是在其管辖区域内进行勘探活动，但仍希望三国就争议地区的划分进行协商。伊朗的介入加速了沙特阿拉伯和科威特就海上划界问题谈判的进程。经反复协商，2000 年 7 月 2 日，两国达成该区域的划界协定，即《沙特阿拉伯王国和科威特国有关毗邻分隔区的水下区域的协定》（Agreement Between the

---

[1] 谢立忱：《当代中东国家边界与领土争端研究》，中国社会科学出版社 2015 年版，第 95—96 页。

Kingdom of Saudi Arabia and the State of Kuwait Concerning the Submerged Area Adjacent to the Divided Zone)。该协定于 2001 年 1 月 31 日生效，并于同年 3 月 29 日在联合国登记。

2. 主要内容

该协定共 10 条和一个附件，规定了毗邻分隔区的划界、勘察测绘和资源共享等三方面的内容。

首先，协定第 1 条、第 2 条、第 3 条、第 4 条和第 7 条对毗邻分隔区的划界问题作出规定。其中，协定的第 1 条第 1 款规定，毗邻分隔区的水下区域的分界线代表两国的边界。该分界线始于海岸上的地理坐标 G 点（北纬 28°32′02.488″、东经 48°25′59.019″），并经过 4 个坐标点（第Ⅲ部分 表2）。

第Ⅲ部分 表2　沙特阿拉伯—科威特毗邻分隔区的边界线坐标

序号	纬度（北）	经度（东）
1	28°38′20″	48°35′22″
2	28°39′56″	48°39′50″
3	28°41′49″	48°41′18″
4	28°56′06″	49°26′42″

协定的第 2 条、第 3 条对毗邻分隔区的水下区域北部界限作出了规定。其中第 2 条规定，北部区域的界限应当是低潮标量起的等距离线。该线的起点应当是北纬 28°49′58.7″、东经 48°25′59.019″的坐标点 1，同时，应适当考虑《划分中立区的协定》第 8 条[1]的规定，岛屿、沙洲和暗礁对划界不产生影响。协定第 3 条规定，北部边界线的确定应当在充分考虑 Faylakah 群岛的情况下进行调整，但是不得影响协定附件 1 关于自然资源共享的规定。协定的第 4 条规定毗邻分隔区的水下区域的南部界限应当是两国目前使用的界限，始于海岸上的点 5（北纬 28°14′05.556″、东经 48°36′06.916″）。协定第 7 条还规定，对毗邻分隔区的水下区域（即与伊朗的争议区域）的东部界限的划定，沙特阿拉伯和科威特应当作为单一谈判主体。

其次，协定第 5 条和附件 1 对区域内的自然资源作出规定，两国同意共享毗邻分隔区的水下区域的自然资源。两国共享的自然资源包括：卡鲁和乌姆马拉迪姆两岛的自然资源，以及根据第 2 条和第 3 条调整后的北部区域内

---

[1] 《划分中立区的协定》第 8 条：“划定毗邻分隔区的水下区域的北部边界线时，应将该区作为整体进行划定，不考虑本协定的内容。缔约国双方以共同开发的方式，在前述条款 6 海里界限之外的水下区域内平等行使权利，双方另有约定除外。”

的自然资源。

最后，协定第6条对水下区域的勘察和绘图做了规定。该条规定，双方任命的负责毗邻分隔区的水下区域勘查和绘图的公司，应当按照双方约定的界限确定坐标，并绘制最终地图。地图由双方代表签署并被视为本协定的组成部分。同时，该协定第9条强调，本协定不得违反此前双方签订的《划分中立区的协定》《有关确立两国中立区中间点的协议》中的条款。

3. 其他利益相关方的立场

该协定生效前沙特阿拉伯和科威特就因此区域与伊朗发生过冲突，此种冲突在2011年1月25日沙特阿拉伯和科威特发布联合照会[1]后迅速升级。伊朗频繁派军舰、船舶、飞机干扰油井作业。2011年至2016年，沙特阿拉伯和科威特多次发布照会。其中两国联合发布的有5次，时间分别是2011年1月25日、2011年12月15日[2]、2012年11月21日[3]、2013年1月8日[4]和2015年9月23日[5]。此外，沙特阿拉伯还单独发布照会（第Ⅲ部分 表3）。

第Ⅲ部分 表3　沙特阿拉伯抗议伊朗侵入毗邻分隔区记录

序号	照会或信件日期	抗议事项
1	2013年10月19日	重申其捍卫在毗邻分隔区内水域及对石油设施的权利，伊朗应该遵守国际法的规定，避免其船只和飞机实施任何侵犯行为
2	2013年5月20日	伊朗军事武装侵犯了沙特阿拉伯与科威特毗邻分隔区附近的离岸区域

---

[1] 2011年1月25日，沙特阿拉伯和科威特发布的联合照会称，伊朗将要进行石油和天然气开采活动，而其开采的海域延伸到了沙特阿拉伯和科威特协定的上述毗邻分隔区的水下区域，侵犯了两国对该毗邻分隔区的自然资源开采享有的排他性权利，两国对伊朗的行为表示抗议。

[2] 2011年12月15日，沙特阿拉伯和科威特发布联合照会称，2011年8月10日，伊朗军舰威胁沙特阿拉伯和科威特的杜拉油田14号油井的工作人员，第二天伊朗军舰靠近该油田的7号油井，对该区域造成威胁。

[3] 2012年11月21日，沙特阿拉伯和科威特发布联合照会称，2012年8月24日7时30分，3艘悬挂伊朗国旗的武装快艇进入该毗邻分隔区并在ID-30钻井平台附近停了几分钟，然后向协助钻井平台的船只驶去。

[4] 2013年1月8日，沙特阿拉伯和科威特发布联合照会称，2012年10月24日，3艘伊朗军舰靠近杜拉油田AD-30钻井平台并在"鲨鱼30"（Shark 30）号船附近停下，对该区域造成了威胁。

[5] 2015年9月23日，沙特阿拉伯和科威特发布联合照会称，伊朗国家石油公司的杂志在描述公司的投资机会时把位于沙特阿拉伯和科威特分隔区内的杜拉油田包括在内，而该块油田完全位于沙特阿拉伯—科威特毗邻分隔区的近海区域内。

序号	照会或信件日期	抗议事项
3	2012 年 10 月 16 日	3 架悬挂伊朗国旗的武装发射装置于 2012 年 8 月 24 日进入沙特阿拉伯和科威特毗邻分隔区离岸区域
4	2011 年 7 月 19 日	4 艘悬挂伊朗国旗的船只靠近沙特阿拉伯和科威特毗邻分隔区附近的杜拉油井
5	2016 年 9 月 08 日	4 艘伊朗的船只靠近沙特阿拉伯与科威特毗邻分隔区内的杜拉油井

注：① 上述记录第 1 条至第 4 条来自 2015 年 12 月 16 日沙特阿拉伯向联合国海洋事务和海洋法司司长的致函，在致函中沙特阿拉伯请求联合国海洋事务和海洋法司将沙特阿拉伯外交部对伊朗侵犯其边界的行为的 11 条抗议记录公布，这 11 条抗议记录中有 4 条是针对伊朗对沙特阿拉伯和科威特毗邻分隔区的侵犯行为提出的。

　　② 第 5 条来自沙特阿拉伯单独致联合国秘书长的信件，并附有沙特阿拉伯和科威特于 2016 年 7 月 26 日的照会。

　　而伊朗方面，则先后就此事发布了 3 份照会作为回应。在 3 份照会中，伊朗始终坚持，伊朗是在其大陆架范围内进行活动，称伊朗侵犯他国水域的说法于法无据。伊朗愿意与相关国家进行协商，以解决该区域的划界问题。此外，在 2016 年 4 月 21 日发布的第 2 份照会中，伊朗还提出希望邻国也能避免使用与善意原则不相容、无助于相互理解和信任的概念和术语。同时，强调沙特阿拉伯与科威特于 2002 年 7 月 2 日签订的协定对第三方伊朗不产生效力。伊朗更在 2016 年 12 月 27 日的第 3 份照会中主张，由于该区域并未确定专属经济区的界限，作为波斯湾沿岸海岸线最长的国家，伊朗有在科威特和沙特阿拉伯所抗议区域进行巡航的自由。

六、国际海洋合作

(一) 海洋研究合作

科威特虽然只有东面临海，但海洋在其国民的生产生活中有不可忽视的地位。因此，科威特注重海洋研究，在海水淡化、海洋环境保护、水文测量方面与其他国家和国际组织展开了一系列合作。

1. 海水淡化合作

2007 年 7 月，日本第二大贸易公司三井（Mitsui Co.）从科威特政府获得 13 亿美元的舒维巴（Shuviba）电厂及海水淡化厂项目。该电厂于 2010 年建成，电力输出 750 兆瓦，足够供应 30 万个家庭，海水淡化厂日产淡水 20 万吨。

2013 年 12 月，韩国现代重工集团（Hyundai E & C）与法国威立雅（Veolia）水务工程公司、法国 GDF 苏伊士能源国际（GDF Suez Energy International）、日本住友商事株式会社（Sumitomo Corporation）组成联合体，建设科威特北祖尔（Az Zour North）发电站与海水淡化厂第一期项目。项目占地 100 平方公里，发电量为 1500 兆瓦，日淡化海水 1.02 亿加仑，总金额为 9.7 亿美元，于 2016 年第四季度竣工。[1]这是科威特首次允许私人企业进驻独立水电项目。2014 年 1 月，威立雅通过其子公司西德姆（Sidem）在北祖尔发电站建造了一座日产水量为 48.64 万吨的海水淡化工厂。韩国现代重工集团负责建设 1500 兆瓦的发电站。该厂的建设于 2013 年年底前开始，并已于 2016 年 11 月投入商业运营。该海水淡化厂占科威特装机容量的约 20%，是北祖尔发电和水生产项目的一部分。[2]

2016 年 5 月 31 日，韩国斗山重工业公司宣布已经赢得了价值 8600 万美元的工程、采购和施工（engineering, procurementand construction, EPC）合同，在科威特建立了多哈一期海水淡化厂。该设施每天将 27 万吨海水加工

---

〔1〕《韩国现代重工集团中标建设科威特北祖尔发电站与海水淡化厂第一期项目》，中华人民共和国驻科威特经济商务处网站，https：//china. huanqiu. com/article/9CaKrnJDzUP，最后访问日期：2019 年 5 月 13 日。

〔2〕 "Kuwait-Veolia to Build the Desalination Plant at the Az Zour North Complex for 320 Million Euros"，VEOLIA，https：//www. veolia. com/en/veolia-group/media/press-releases/kuwait-veolia-build-de-salination-plant-az-zour-north-complex-320-million-euros，May 13, 2019.

成淡水，可供应 90 万人。该厂于 2018 年 11 月完工，斗山重工负责该工厂的运营和维护，直至 2023 年 11 月。[1]

2. 海洋环境合作

随着科威特走进石油时代，科威特湾的海水不断受到污染。主要污染源是石油勘探、交通运输、工业生产、发电和海水淡化等。因此，科威特非常重视海洋环境保护与合作。

1978 年 4 月 15—23 日，巴林、伊朗、伊拉克、科威特、阿曼、卡塔尔、沙特阿拉伯和阿联酋在科威特召开关于开发和保护海洋环境与沿海地区的区域全权代表会议。该会议于 1978 年 4 月 23 日通过了《关于保护海洋环境免受污染的科威特区域合作公约》及《保护和发展海洋环境和沿海地区的行动计划》（The Action Plan for The Protection and Development of the Marine Environment and the Coastal Areas）。1979 年 7 月 1 日，《科威特区域公约》的缔约国根据该公约第 16 条成立了海洋环境保护地区组织（The Regional Organization for the Protection of the Marine Environment）。该组织要求成员国尽最大努力来保护海洋环境并防止污染，旨在协调各成员国在共有海域改善水质，保护海洋环境和海洋生物。根据《科威特区域公约》，科威特在海洋监测、海洋考察和海事紧急互助方面加强了与其他成员国的合作，为该组织作出了较大的贡献。

为了定期评估整个共有海域的海洋环境状况，截至 2006 年，海洋环境保护区域组织共派出 3 艘船舶对该海域进行考察。第一艘船是美国国家海洋和大气管理局、联合国教科文组织政府间海洋学委员会、联合国环境规划署和海洋环境保护区域组织赞助的美国籍船舶 R/VMt. Mitchell Cruise。该船于 1992 年 6 月对上述海域和阿曼海进行了考察。此次考察的目的是全面评估 1990—1991 年伊拉克入侵科威特期间，大量石油泄漏和油井起火对海洋环境的影响。

第二艘船是海洋环境保护区域组织、联合国环境规划署、政府间海洋学委员会和日本赞助的日本籍船舶 RT/V Umitaka-Maru。该船于 1993 年 12 月、1994 年 1 月和 1994 年 12 月进行了三次短途巡航，对共有海域进行了考察。这三次巡航旨在研究伊拉克—科威特战争后，不同生态系统中的污染物对该海域的影响。

---

[1] Jung Min-hee, "Doosan Heavy Industries Wins 460B Won Desalination Plant Order in Kuwait", Business Korea, http: //www. businesskorea. co. kr/news/articleView. html? idxno = 14846, May 13, 2019.

第三艘船是海洋环境保护区域组织和伊朗环境部赞助的伊朗籍船舶 T/V Ghods。该船于 2000 年 8 月 14 日—9 月 4 日考察了共有海域的北部区域。考察的目的是评估该海域北部在夏季生物和底部沉积物的特征。该船于 2001 年 8 月 6—27 日考察该海域深海领域。考察目的是进行夏季一般性海洋学研究，并记录水文和气象数据。该船于 2006 年 2 月 1 日—3 月 11 日考察共有海域和阿曼海，考察目的是通过全面的海洋学研究评估该海域在冬季的海洋和气象特征。此外，关于 2016 年海洋巡航的第一次科学委员会会议于 2015 年 9 月 13—14 日在卡塔尔首都多哈举行。该会议提议于 2016 年对共有海域进行考察，会上讨论了考察的时间和地点，但该计划的执行未见后续报道。[1]

1999 年，红潮和海藻过多繁殖导致科威特湾出现大量的死鱼。为了防止海洋环境的恶化，科威特环境公共管理局邀请 3 名英国科学家来协助调查研究，全面监控科威特湾的水质。研究人员从不同海区提取海水样本并采集 60 种不同的鱼类样本。海水样本分别在科威特和英国进行测试，然后比较结果，提出处理意见。另外，海水污染监测局还成立了微生物处，每个月在 13 个不同海区收集样本。[2]

3. 水文测量合作

科威特是国际海道测量组织（the International Hydrographic Organization, IHO）的成员。该组织是关于水文测量的政府间国际组织，旨在通过协调各成员国水文主管机关的活动，推进海事测量的标准化，推广可靠高效的水文测量方法，从而促进海上航行安全、提高航行效率和净化海洋环境。[3]

（二）海洋油气资源合作

科威特的油气资源主要来自陆上油田，海上油田寥寥无几。因此，科威特在海洋油气资源方面的国际合作较少，主要与沙特阿拉伯、伊朗和中国等开展了海上油气资源合作。

1. 与沙特阿拉伯的合作

沙特阿拉伯和科威特共同享有两国分割区内的油田。2014 年 10 月，沙

〔1〕"Oceanographic Cruises", ROPME, http：//ropme. org/350 _ Overview _ EN. clx, May 14, 2019.

〔2〕李越峰：《科威特采取措施改善海洋生态环境》，载中华人民共和国驻科威特大使馆经济商务处网站，http：//kw. mofcom. gov. cn/article/jmxw/200310/20031000134079. shtml，最后访问日期：2019 年 5 月 13 日。

〔3〕"About IHO", IHO, https：//iho. int/en/about-the-iho, December 11, 2020.

特阿拉伯声称因环境原因关停其与科威特分割区内的卡夫奇海上油田。自2015年始，由于科威特与沙特阿拉伯在开发分割区上的分歧，卡夫奇油田未能重启作业。[1] 2016年，科威特与沙特阿拉伯就两国存在争议的卡夫奇海上油田复产达成一致，双方将少量恢复该油田的生产，并在环境问题得到解决后逐步增加产量。[2] 日本东洋工程公司于2018年7月2日表示，沙特阿拉伯和科威特共享的分割区的卡夫奇油田正准备于2019年重新开始生产，其已同意与联合运营公司KJO续签通用工程服务协议，将支持KJO进行项目规划可行性研究，为油田的运营提供资金和技术支持。[3]

2. 与伊朗的合作

2012年7月23日，伊朗海洋石油公司的总经理宣布伊朗准备与科威特合作，共同开发阿拉什油田[4]。他强调："伊朗愿意在这一领域与科威特合作，增加两个国家的共同利益，并深化这两个国家之间的双边关系。"[5]

3. 与中国的合作

2018年7月9日下午，在中科两国元首的共同见证下，中国出口信用保险公司（以下简称"中国信保"）总经理王廷科与科威特石油公司首席执行官纳扎尔·奥德赛尼代表双方在人民大会堂签署了框架合作协议。该协议是中国信保与海湾国家石油公司签署的第一份合作协议，也是科威特埃米尔萨巴赫访华及中阿合作论坛第八届部长级会议的重要金融合作成果之一。

近年来，随着中科两国友好关系不断深化，双边经贸合作实现快速发展。在中阿合作论坛第八届部长级会议召开和中科两国宣布建立战略伙伴关系之际，中国信保与科威特石油公司合作协议的签署具有重要意义。双方合作关系的建立不仅是对论坛主题的积极响应，也是支持"一带一路"倡议同

---

〔1〕 中东石油内参：《弹丸之地，大大储量：科威特油气行业全梳理》，载搜狐网，http://www.sohu.com/a/218252085_117959，最后访问日期：2018年11月23日。

〔2〕《科威特与沙特阿拉伯就Khafji海上油田复产达成一致》，载中华人民共和国驻科威特大使馆经济商务处网，http://kw.mofcom.gov.cn/article/ztdy/201603/20160301286755.shtml，最后访问日期：2020年12月11日。

〔3〕 "Saudi-Kuwait Neutral Zones Khafji Oil Field to Be Restarted in 2019：Toyo"，S & P Global Platts，https://www.spglobal.com/platts/en/market-insights/latest-news/oil/070218-saudi-kuwait-neutral-zones-khafji-oil-field-to-be-restarted-in-2019-toyo，November 23，2018.

〔4〕 See "Fields Details"，Iranoilgas，http://www.iranoilgas.com/fields/details? id = 11&title = Arash + （Oil），May 14，2019.

〔5〕 "Iran and Kuwait Cooperate on Development of Arash Field"，Offshore Energy，https://www.offshoreenergytoday.com/iran-and-kuwait-cooperate-on-development-of-arash-field/，May 14，2019.

科威特"2035 发展愿景"对接的务实举措，有助于推动两国战略伙伴关系，特别是经贸合作进一步发展。中国信保和科威特石油公司将以此次协议签署作为良好开端，加强具体项目合作，实现优势互补和互利共赢。[1]

4. 在石油输出国组织框架下的合作

石油输出国组织（欧佩克）是一个常设性的政府间组织，成立于 1960 年巴格达会议，成员国包括伊朗、伊拉克、科威特、沙特阿拉伯和委内瑞拉。后来加入了其他成员。欧佩克的使命是协调和统一其成员国的石油政策，确保石油市场的稳定，保证成员国经济效益和稳定的石油供应。[2]欧佩克成员国对当前形势和市场走向加以分析和预测，明确经济增长速度和石油供求状况等多项基本因素，据此磋商并在其石油政策中进行适当的调整。[3]2017 年 1 月 4 日，科威特表示将遵守欧佩克减产协议，落实其所应承担的13.1 万桶/天的减产份额，直至 2017 年第一季度末。[4]

5. 在阿拉伯石油输出国组织框架下的合作

1968 年 1 月 9 日，科威特、利比亚和沙特阿拉伯于贝鲁特签署协议建立阿拉伯石油输出国组织（Organization of Arab Petroleum Exporting Countries, OAPEC）。3 个创始成员国同意将该组织设在科威特。到 1982 年，阿拉伯石油输出国组织的成员国增加至 11 个。该组织的主要目标是促进成员国在石油工业中开展各种形式的经济活动，加强本领域内成员国的联系，维护其成员国的合法利益，努力确保石油以公平合理的条件流入消费市场，并为成员国投资石油工业提供专业知识，创造适当的环境。该组织采取适当措施协调成员国的石油经济政策；协调成员国现行法律制度，使该组织能够开展活动；与此同时，促进成员国之间的合作，以解决其在石油工业中面临的问题；利用成员国的资源和共同潜力，在石油工业的各个阶段建立联合项目。[5]

---

[1] 王皓然：《中国信保与科威特石油公司签署合作协议》，载经济参考网，http：//www.jjckb.cn/2018-07/11/c_137317026.htm，最后访问日期：2019 年 5 月 14 日。
[2] "About us"，OPEC，https：//www.opec.org/opec_web/en/17.htm，May 14，2019.
[3] "OPEC Ministers Agree to Raise Oil Production but Don't Say by How Much"，CNBC，https：//www.cnbc.com/2018/06/22/opec-ministers-strike-deal-on-oil-production-levels.html，May 14，2019.
[4] Rania El Gamal，"Kuwait Cuts January Oil Output to Agreed OPEC Target：Official"，REUTERS，https：//www.reuters.com/article/us-opec-kuwait-oil-idUSKBN14Q1KF，May 14，2019.
[5] "Organization of Arab Petroleum Exporting Countries"，Ministry of Petroleum & Mineral Resources Arab Republic of Egypt，https：//www.petroleum.gov.eg/en/international-relations/cooperation-with-regional-organizations/Pages/arab-petroleum-exporting-countries.aspx，December 11，2020.

（三）海洋渔业合作

1. 与中国的合作

2006年4月17日，科威特农业和渔业资源委员会主席贾西姆会见中国驻科威特大使吴久洪，并向吴大使简要介绍了科威特农业、渔业的发展情况。双方探讨了加强两国农业合作等事宜。贾西姆表示，中国是农业大国，拥有丰富成功的农业发展经验和成熟先进的农业技术，科威特希望与中国不断深化农业领域的合作关系。[1]

2. 与伊朗的合作

2010年7月7日，伊朗与科威特在德黑兰签署了两国加强渔业合作的备忘录，合作的内容包括水产品海水养殖和培训等。

3. 与伊拉克的合作

2014年12月，科威特与伊拉克的双边联委会召开，科威特第一副首相兼外交大臣谢赫·萨巴赫·哈立德和伊拉克外交部长易卜拉欣·贾法里代表双方签署了多项合作协议和谅解备忘录，双方同意就阿卜杜拉港的监管、渔业和投资开展合作。[2]

4. 与斯里兰卡的合作

2016年8月，科威特商业和工业部部长在第18届联合国贸易和发展会议上会见斯里兰卡产业与商务部部长时表示，科威特有意进口斯里兰卡海产品，特别是黄鳍金枪鱼产品，希望双方在海产品进出口贸易方面能有合作。斯里兰卡方面则表示已做好充分准备接受科威特方面的投资，加强两国在渔业方面的合作，共同发展。[3]

（四）海洋防务合作

科威特地处波斯湾北部关键位置，其海洋防务面临严峻的挑战。加之科威特自身的海军力量较为薄弱，为保障自身海洋安全，科威特与其他国家和

---

〔1〕《科威特希望加强科中农业关系》，载中华人民共和国外交部网站，https：//www.fmprc.gov.cn/web/gjhdq_ 676201/gj_ 676203/yz_ 676205/1206_ 676620/1206x2_ 676640/t246835.shtm，最后访问日期：2019年5月13日。

〔2〕《科威特与伊拉克在巴格达召开双边高级联委会》，载中华人民共和国驻科威特大使馆经济商务处网站，http：//kw.mofcom.gov.cn/article/jmxw/201412/20141200849258.shtml，最后访问日期：2020年12月11日。

〔3〕中国国际渔业博览会：《斯里兰卡与科威特加强渔业合作》，载中国水产科学研究院网，http：//www.cafs.ac.cn/info/1053/3032.htm，最后访问日期：2019年5月13日。

国际组织开展多样的海洋防务合作。

1. 与中国的合作

1995 年，科威特与中国签订了第一份军事协议，这也是中国同海湾合作委员会国家签订的第一份军事协议。1998 年，中国与科威特达成首个军售协议。这份协议包括提供价值约 1.865 亿美元的弹药。[1]

2011 年 11 月 27 日，圆满完成亚丁湾、索马里海域护航任务的中国海军第九批护航编队"武汉"舰和"玉林"舰抵达科威特舒威赫港，对科威特开启了为期 5 天的友好访问。时任中国海军第九批护航编队指挥员、南海舰队副参谋长管建国表示，这是中科建交 40 年来中国海军舰艇首次访问科威特。希望通过此访加强两国海军的交流，为两国和两军关系的发展作出贡献。访问期间，中国海军官兵与科威特政府官员和军方人士进行了交流，中方的两艘舰艇对科公众开放参观。[2]

2017 年 2 月 1—5 日，中国海军第二十四批护航编队圆满完成亚丁湾、索马里海域护航任务，并应邀对科威特进行友好访问。这是中国海军护航编队第二次访问科威特。访问期间，编队领导拜会了科威特军队官员，并带领官兵参观了科海军舰艇和军事设施，双方海军官兵还开展了文体交流活动，举行两军首次海上联合演练。[3]

2018 年 7 月 9 日，中国国家主席习近平在人民大会堂同科威特埃米尔萨巴赫举行会谈。其间，习近平强调要深化中科双方在安全和反恐领域的合作，表示中方愿同科方加强沟通和协调，推动中国同海湾合作委员会关系稳步向前发展，共同促进地区和平稳定。萨巴赫表示，科方愿同中方在互信的基础上，本着务实的精神，共同促进海湾地区乃至世界的和平与安全。[4]此次访问双方还签署了一项促进两国之间国防工业合作的协议。[5]

2. 与美国的合作

因地处波斯湾北部关键位置，科威特一直是美国在该地区的重要合作伙

---

〔1〕 Alanoud Alsabah, "Kuwait-China Relations and Future Prospects", *China International Studies* 54, 2015, pp. 100-110.

〔2〕 《中国海军第九批护航编队舰艇访问科威特》，载央视网，http://news.cntv.cn/china/20111128/100044.shtml，最后访问日期：2020 年 12 月 11 日

〔3〕 《中国海军第二十四批护航编队访问科威特》，载中华人民共和国外交部网站，https://www.fmprc.gov.cn/web/wjdt_674879/zwbd_674895/t1435990.shtml，最后访问日期：2020 年 12 月 11 日。

〔4〕 白洁：《习近平同科威特埃米尔萨巴赫举行会谈》，载新华网，http://www.xinhuanet.com/politics/2018-07/09/c_1123100702.htm，最后访问日期：2019 年 5 月 16 日。

〔5〕 Sinem Gengiz, "Kuwait Looks to Turkish and Chinese Military Power", ARAB NEWS, http://www.arabnews.com/node/1390646, May 16, 2019.

伴。科威特和美国有一项正式的国防合作协定，根据该协定，美国在科威特部署军事装备，并驻有 13000 多名军事人员[1]。美国在科威特的驻军人数仅次于美国在德国、日本和韩国的驻军人数，且美国在科威特设有多个美军基地，包括爱国者军营[2]（Camp Patriot）海军基地、阿里夫坚军营（Camp Arifjan）、布埃林军营（Camp Buehring）、阿里萨利姆空军基地（Ali Al Salem Air Base）和艾哈迈德·贾比尔空军基地（Ahmad al-Jaber Air Base）等。2017 年 9 月 8 日，科威特埃米尔萨巴赫访问美国，美方重申了加强科威特军事能力的承诺。2017 年 12 月 3—5 日，美国国防部长访问科威特，表示美国同科威特的军事关系非常密切。以上种种都反映出科威特是美国在波斯湾地区的主要作战指挥中心所在地。

科威特还是美国军火销售商的重要客户。1992 年，科威特向美国购买了 5 个"爱国者"反导弹火力单元，于 1998 年收到并投入使用，该系统在 2003 年伊拉克战争期间成功拦截了伊拉克的导弹。1993 年，科威特购买了 218 辆 M1A2 坦克，价值 19 亿美元，美国于 1998 年完成交付。2002 年 9 月，科威特订购了 16 架配备"长弓"火控系统的 AH-64"阿帕奇"直升机，总价值约 9.4 亿美元。2008 年，科威特购买了 120 枚 AIM-120C-7 先进中程空对空导弹，总价值 1.78 亿美元。2012 年 2 月，美国国防安全合作局（Defense Security Cooperation Agency，DSCA）通知国会向科威特销售 80 枚 AIM-9X-2"响尾蛇"导弹及相关零部件和支持设备，估计售价为 1.05 亿美元。2016 年 11 月 28 日，科威特订购了 28 架美国海军的 F/A-18"超级大黄蜂"战斗机，总价值为 50 亿美元。[3] 2017 年 10 月 16 日，美国国防安全合作局通知美国国会决定向科威特出售美国制造的坦克部队的新坦克外壳、武器装备和发动机，估计售价为 2900 万美元。2018 年 7 月 30 日，美国国防安全合作局通知美国国会可能向科威特出售 300 枚"地狱火"空对地导弹，估计售价为 3040 万美元。

此外，美国还为科威特军队提供国际军事教育和训练。科威特每年在这类项目上总共花费约 1000 万美元，这些军事教育和训练包括对科威特海军的

---

[1]　另一说为至少 50000 名美军。See "Kuwait Military Forces：Relationship with the United States Armed Forces", Wikipedia, https：//en. wikipedia. org/wiki/Kuwait_ Military_ Forces#Relationship_ with_ the_ United_ States_ Armed_ Forces, May 27, 2019.

[2]　该基地也称穆罕默德·艾哈迈德·科威特海军基地（Mohammed Al-Ahmad Kuwait Naval Base）。

[3]　David Brown, "Trump Took Credit for Fast-Tracking an Arms Deal with Kuwait, but It Was Approved Last Year", BUSSINESS INSIDER, https：//www. businessinsider. com/trump-took-credit-for-kuwait-arms-deal-but-it-was-approved-last-year-2017-9, June 2, 2019.

培训。[1]科威特也经常同美国开展军演，但大都是涉及多个国家的联合军演。

3. 与英国的合作

1993 年起，英国在科威特设立了一个军事特派团[2]，以向科威特武装部队和政府提供各种军事活动的咨询和援助。英国还应科威特政府要求，设立并协助开办了联合指挥与参谋学院（Joint Command and Staff College），以培训来自海湾合作委员会国家的高级军官。此外，英国的科威特方案办公室（Kuwait Programme Office）专门向科威特国防军提供国防援助以采购国防设备。该办公室的项目包括：海军人员培训、"海贼鸥"（Sea Skua）反舰导弹培训和鹰式喷气式教练机翻新等。[3]

2010 年 2 月 13 日，科威特海岸警卫队与英国皇家海军举行联合军事演习。双方在英国皇家海军"蒙茅斯"（Monmouth）号军舰上演练了海上反恐和打击走私等项目。科威特海军官员称，科威特希望通过本次演习提高海岸警卫队的能力以打击非法渗透和任何企图破坏科威特国家安全的行为。[4]

2017 年，应科威特国防部的邀请，来自第 51 步兵旅的英国指挥人员参加了在科威特舒威赫港举行的多国演习"2017 决断之鹰"（Eagle Resolve 2017）。因这次军事演习的成功和科威特迫切的防务需求，第 51 步兵旅的人员被邀请参加 2019 年的演习。此外，英国陆军也受到邀请，在 2019 年与科威特陆军进行陆地海外训练，以部署和排练联合作战计划。[5]值得一提的是，2018 年 12 月，英国政府与科威特达成协议，在科威特设立军事基地。[6]

---

〔1〕 Congressional Research Service, "Kuwait: Governance, Security, and U. S. Policy", https://crsreports. congress. gov/product/pdf/RS/RS21513, May 17, 2019.

〔2〕 该团现在有 38 名成员组成。See "EXCLUSIVE: Britain 'Considering Permanent Military Presence' in Kuwait", FORCES NETWORK, https://www. forces. net/news/exclusive-britain-considering-permanent-military-presence-kuwait, May 17, 2019.

〔3〕 "Relations with Host Countries and other Gulf States: Kuwait", https://publications. parliament. uk/pa/cm199900/cmselect/cmdfence/453/45308. htm, May 17, 2019.

〔4〕 杜建、王波：《科威特海岸警卫队与英国海军举行海上联合演习》，载凤凰网，http://news. ifeng. com/mil/3/201002/0214_341_1546684. shtml，最后访问日期：2019 年 5 月 17 日。

〔5〕 George Allison, "UK Is Considering a 'Permanent Military Presence' in Kuwait", Uk Defence Journal, https://ukdefencejournal. org. uk/uk-considering-permanent-military-presence-kuwait/, May 17, 2019.

〔6〕 Anadolu Agency, "UK Reaches Agreement with Kuwait to Establish Military Base, Report Says", https://www. dailysabah. com/mideast/2018/12/13/uk-reaches-agreement-with-kuwait-to-establish-military-base-report-says, DAILY SABAH, December 11, 2020.

4. 与法国的合作

2015年10月21日，在科威特首相贾比尔访问法国期间，双方签署了总额超过25亿欧元的防务协议以及部分临时协议。这些协议包括总额约为10亿欧元的军用直升机购买协议、总额约为15亿欧元的沃尔沃雷诺防务卡车购买协议与P37型巡逻艇现代化改造项目协议等。[1]其中，军用直升机协议中的直升机机型为"狞猫"（Caracal）武装直升机，由法国空客直升机公司供货，用于战斗搜索和海军作战。[2]

2018年11月17日，法国同科威特举行了第六次"西部明珠"（Pearl-ofthe West）军事演习。本次演习大约有500名科威特士兵和1100名法国军人参加。第一次"西部明珠"军事演习在1996年举行。根据两国的防务合作协议，这样的演习每四年联合举办一次。[3]

5. 与俄罗斯的合作

1992年年底，科威特同俄罗斯开展了联合海军演习。1993年11月29日，科威特成为第一个与俄罗斯签署军事协议的波斯湾国家。1994年5月，俄罗斯国防部长宣布，俄罗斯同科威特签署了一项军售协议，由俄罗斯向科威特交付一批BMP-3步兵战车和S-300V地对空导弹。[4]

2015年12月，科威特政府要求国民议会批准200亿美元的额外资金用于购买武器。这笔资金的一部分用于购买俄罗斯制造的导弹系统和重型火炮。[5]2017年2月9日，据《科威特时报》报道，俄罗斯驻科威特大使索洛曼丁在2月8日的一次记者招待会上透露，俄罗斯向科威特出售的T-90MS坦克近日到货，这些坦克的单价为1500万美元。[6]

〔1〕《科威特与法国签署总额为25亿欧元的防务协议》，载环球网，https：//china. huanqiu. com/article/9CaKrnJQLim，最后访问日期：2020年12月11日。

〔2〕Pierre Tran，"Kuwait Orders French Airbus Transport Helicopters in ＄1. 1 Billion Deal"，Defense News，https：//www. defensenews. com/air/2016/08/09/kuwait-orders-french-airbus-transport-helicopters-in-1-1-billion-deal/，June2，2019.

〔3〕"Kuwait-France Conclude Joint Military Drill"，AL Defaiya，http：//www. defaiya. com/news/Regional% 20News/Kuwait/2014/12/01/kuwait-france-conclude-joint-military-drill，May 27，2019.

〔4〕"Kuwait-Russia Relations"，Wikipedia，https：//en. wikipedia. org/wiki/Kuwait% E2% 80% 93Russia_ relations，May 17，2019.

〔5〕这笔资金的其他部分用于购买美国和法国的军火。See Congressional Research Service，"Kuwait：Governance，Security，and U. S. Policy"，https：//crsreports. congress. gov/product/pdf/RS/RS21513，June 2，2019.

〔6〕《俄T-90MS坦克 即将交付科威特 单价高达1500万美元》，载观察者网，https：//www. guan-cha. cn/military-affairs/2017_ 02_ 09_ 393393. shtml，最后访问日期：2019年5月17日。

6. 与土耳其的合作

2017 年 6 月 5 日卡塔尔危机爆发后，科威特对沙特阿拉伯深感不安，积极寻求对外合作。因此，科威特与土耳其之间的防务合作关系发展迅速。2017 年，双方签署了 6 项协议，包括土耳其宪兵总司令部和科威特国民警卫队成员的教育和培训合作议定书。2017 年年底，共有 23 家土耳其国防公司参加了科威特的海湾防务和航空展览会。2018 年 9 月，沙特阿拉伯王储对科威特进行的访问进一步加深了科威特的不安。[1]2018 年 10 月 10 日，科威特与土耳其达成了 2019 年防务合作计划，旨在加强两国的军事合作。[2]

7. 与埃及的合作

2017 年 8 月 6 日，埃及和科威特空军在埃及举行了为期数日、代号为"耶尔穆克 3"（Yarmouk-3）的联合军演。据埃及官方通讯社中东社报道，这次军演包括空中打击、防御以及针对敌方目标进行空中侦察等课目的演练。报道称，此次军演旨在加强埃及与科威特联合执行空中任务的能力，促进双方军事合作。此前，两国分别于 2010 年 12 月和 2016 年 4 月举行了"耶尔穆克 1"（Yarmouk-1）和"耶尔穆克 2"（Yarmouk-2）联合军演。[3]

2019 年 1 月底至 2 月 9 日，埃及和科威特在科威特领海和空军基地开展了两次联合军事演习。这两次军事演习的代号分别为"沙巴 1"（Sabah-1）和"耶尔穆克 4"（Yarmouk-4）。其中，"沙巴 1"是埃及与科威特之间的第一次海军军事演习，包括保护载有重要货物的海军舰艇、开展船只搜索和救援行动、海军舰艇的昼夜航行及海上加油等项目。根据埃及军队发表的声明，"沙巴 1"海军演习还包括协调双方海上行动的理论和实践讲座，"耶尔穆克 4"演习包括一系列防御和攻击练习。[4]

8. 与苏丹的合作

2018 年 3 月 3 日，据苏丹论坛网报道，科威特武装部队总参谋长穆罕默德·哈立德·凯德尔（Mohammad Khaled Al-Kheder）中将表示，科威特已经与苏丹达成协议，将与苏丹军队在喀土穆（Khartum）进行联合军事演习。双方同意互访部队以交流作战经验。此外，50 名科威特军官已抵达喀土穆苏

---

〔1〕 Ali Bakeer, "Turkey's Involvement in Gulf Security", Gulf International Forum, https：//gulfif. org/turkeys-involvement-in-gulf-security/#_ ftn7, May 27, 2019.

〔2〕 王建：《沙特阿拉伯和以色列关系改善的背景、目标及影响》，载《当代世界》2019 年第 1 期。

〔3〕 郑思远：《埃及与科威特举行空军联合军演》，载新华网，http：// www. xinhuanet. com//2017-08/07/c_ 1121439381. htm，最后访问日期：2019 年 5 月 17 日。

〔4〕 "Egyptian-Kuwaiti Joint Military Drills Carry out Naval Training", Daily News Egypt, https：//dai-lynewsegypt. com/2019/02/06/egyptian-kuwaiti-joint-military-drills-carry-out-naval-training/, December 11, 2019.

丹军事学院进行军事学习和训练。[1]

9. 与北约的合作

科威特是一个活跃的北约伙伴国，参与了许多北约的倡议。专家工作人员会议（Expert Staff Meeting）是北约与科威特军事合作的重要组成部分，该会议旨在确保双方的军事伙伴关系满足科威特武装部队的需要，并得到北约军事委员会的指导。2018年10月5日，北约那不勒斯盟军联合司令部（Allied Joint Force Command Naples）在科威特市举行了北约年度专家工作人员会议。会议期间，来自科威特国家安全局的人员同北约专家工作人员进行了讨论。讨论的主题包括北约伙伴关系的进程、海上卫士行动、2018—2019年北约—科威特军事伙伴关系活动的审查等。[2]

10. 多国海上演习合作

2017年3月19日，在科威特舒威赫港，来自科威特、美国、英国及其他海湾合作委员会国家的士兵参加了"2017决断之鹰"联合军事演习，此次演习有1000多名美军士兵参加。[3]这次演习是海陆空三军的联合军演，包括搜查扣押化学武器、对抗化学威胁和保障边境安全等项目。此次演习持续了三周，旨在交流经验并规划和演示相关领域的合作计划。[4]

2018年8月15日，美国海军和海岸警卫队、伊拉克海军和科威特海军在波斯湾北部完成了三边演习。这次演习的重点是提高三国海上安全战术的熟练程度。参与演习的军舰包括美国导弹驱逐舰"苏利文兄弟"（USS The Sullivans）号、美国沿海巡逻舰"暴风雨"（USS Tempest）号和"焚风"（USS Chinook）号、美国海岸警卫队岛级巡逻艇"莫诺莫伊"（USCGC Monomoy）号、伊拉克海军巡逻艇P303和科威特海军巡逻艇"阿尔加罗"（KNS Al-Garoh）号。这次演习包括实弹射击、登船参观、海上基础设施保护等项目。[5]

2018年9月28日至10月7日，由土耳其主办的代号为"蓝鲸-2018"（Mavi Balina-2018）的军事演习在地中海东部举行。此次演习的参与者为北

〔1〕《苏丹即将与科威特举行联合军演》，载环球视野网，http://www.globalview.cn/html/global/info_23160.html，最后访问日期：2019年5月17日。
〔2〕"JFC Naples Meet with Kuwaiti Armed Forces"，NATO，https://jfcnaples.nato.int/newsroom/news/2018/jfc-naples-meet-with-kuwaiti-armed-forces，May 17, 2019.
〔3〕木子：《科威特举行"决断之鹰"联合军演》，载多维新闻网，http://news.dwnews.com/china/photo/2017-04-06/59809261.html，最后访问日期：2019年5月17日。
〔4〕See ARAB NEWS，http://www.arabnews.com/% E8% 8A% 82% E7% 82% B9/% 201071096% 20/% E4% B8% AD% E4% B8% 9C，May 17, 2019.
〔5〕"U. S., Iraq, Kuwait Complete Trilateral Exercise"，US. Dept of Defense，https://dod.defense.gov/News/Article/Article/1606780/us-iraq-kuwait-complete-trilateral-exercise/，May 17, 2019.

约成员国及北约伙伴国，美国、科威特、卡塔尔、沙特阿拉伯均参加了该演习。这次演习的主要目标是反潜训练，各方在演习范围内，进行了潜艇防御战、潜艇和海上空中作战的训练。此次演习中，科威特派出了多名观察员参与演习，土耳其共有4艘巡防舰、5艘潜水艇、2艘驱潜快艇、1艘物资技术保障船只、3架飞机和6架直升机参加演习，其他国家也派出了相应的军舰和人员参加演习。[1]

2018年11月1日，据埃及军方消息，来自科威特、沙特阿拉伯、阿联酋、巴林和约旦的海军、陆地和空中部队抵达埃及。2018年11月3—16日，代号为"阿拉伯盾牌"（Arab Shield）的军事演习在埃及西部举行。其中，黎巴嫩和摩洛哥作为观察员也参加了此次演习。[2]

11. 在联合海上部队中的合作

联合海上部队（Combined Maritime Forces，CMF）是一个多国海军伙伴组织，于2001年成立，总部位于巴林，旨在促进约830万平方公里的国际水域的安全、稳定和繁荣。联合海上部队的主要活动内容是打击恐怖主义，打击海盗，鼓励区域合作，促进建立一个安全的海上环境。联合海上部队一共有三个联合特遣部队：主要负责海上安全行动和反恐的CTF-150，主要负责打击海盗的CTF-151，主要负责波斯湾海上安全行动的CTF-152。[3]

2005年7月20日，联合海上部队和伊拉克、科威特的海上部队在波斯湾北部进行了军事演习。这是这些国家第一次联合进行海上军事演习，此次军事演习的重点是维护海上安全。演习期间，参加演习的部队对伊拉克和科威特之间的航道进行了巡逻，以增强各方的协同能力，维护海上安全。[4]

12. 在海湾合作委员会框架下的合作

海湾合作委员会也称海湾阿拉伯国家合作委员会或海合会（Gulf Cooperation Council），由波斯湾境内除伊拉克外的其他阿拉伯国家组成。具体来说，

---

〔1〕 "Mavi Balina-2018 Davet Tatbikatı Tamamlandı"，Anadolu Ajansi，https：//www. aa. com. tr/tr/turkiye/mavi-balina-2018-davet-tatbikati-tamamlandi/1275996，May 27，2019.

〔2〕 Hamza Hendawi，"Forces from Egypt and 5 Other Nations to Start 'Arab Shield' Joint Military Exercise"，Military Times，https：//www. militarytimes. com/news/your-military/2018/11/01/forces-from-egypt-5-other-arab-nations-to-start-joint-drill/，May 17，2019.

〔3〕 "Combined Maritime Forces（CMF）"，CMF，http：//www. combinedmaritimeforces. com，May 23，2019.

〔4〕 中国船舶信息中心：《多国联军与伊拉克、科威特海上部队进行联合军事演习》，载国防科技信息网，http：//www. dsti. net/Information/News/26499，最后访问日期：2019年5月17日。

海合会成员包括巴林、科威特、阿曼、卡塔尔、沙特阿拉伯和阿联酋。海合会成立于 1981 年 5 月 25 日，其目的是促进整个波斯湾国家在经济、社会、军事和文化领域的广泛合作。

科威特积极参加海合会框架下包括海洋防务在内的各项合作。2000 年 12 月，海合会国家签署了一项联合防务协议，规定任何针对成员国的威胁都将被视为对所有成员国的威胁，并予以解决。在海合会有关边防部队和海岸警卫队领域的合作成果中，科威特内政部编写的一份关于渗透现象及如何处理的研究报告得到了海合会成员国的认同。此外，科威特与其他海湾合作委员会国家间进行的联合海军演习也加深了科威特在海合会框架下与他国的防务合作。[1]

（五）基础设施建设合作

1. 跨海大桥

2019 年 1 月 20 日，科威特的苏比亚跨海大桥（Subiyah Causeway）竣工。该项目耗资 30 亿美元，是世界上最大的基础设施项目之一。大桥全长超过 30 英里，跨越科威特湾，主要包括两部分：一部分是连接科威特城、多哈和科威特娱乐城的多哈通道；另一部分是连接科威特城与苏比亚未来的丝绸之城（Madinat al-Hareer）的主要通道。这座桥旨在缩短科威特城和苏比亚之间的交通距离。该项目由以韩国现代重工为首的联合体承建。[2]中交集团所属广航局负责大桥临时航道疏浚工程。该工程航道长约 7.7 公里，疏浚量为 500 万立方米，工期 225 天，合同总价约 1500 万美元。[3]

2. 港口建设

在海湾合作委员会成员国中，科威特的港口发展程度较高。该国制定了宏伟的港口发展规划，以提高其物流能力。科威特港口发展规划的核心项目是布比延岛大穆巴拉克·卡比尔港项目，价值 160 亿美元。该港口预计于 2035 年竣工，将成为促进科威特整个交通部门发展的主要动力，也将

---

[1]　参见海湾合作委员会总秘书处网站，http：//www.gcc-sg.org/en-us/CooperationAndAchievements/Achievements/SecurityCooperation/Achievements/Pages/TenthCooperationinthefieldofbo.aspx，最后访问日期：2019 年 5 月 17 日。

[2]　《科威特在建主要大型项目介绍》，载中华人民共和国驻科威特大使馆经济商务处网站，http：//kw.mofcom.gov.cn/article/ztdy/201311/20131100377568.shtml，最后访问日期：2019 年 5 月 13 日。

[3]　《中交集团中标科威特苏比亚跨海大桥临时航道疏浚工程》，载国务院国有资产监督管理委员会网站，http：//www.sasac.gov.cn/n2588025/n2588124/c3856834/content.html，最后访问日期：2020 年 12 月 11 日。

在很大程度上使科威特在海湾合作委员会成员国中成为港口基础设施总价值较高的国家。[1] 韩国现代重工在内的联合体负责承建大穆巴拉克港第一阶段项目，项目金额 11. 62 亿美元，于 2014 年竣工。美国 ICOM 公司赢得该港口的深水航道设计与可行性研究项目合同，航道长 40 公里，包括码头与泊位。[2]

[1] 《经济多样化发展带动海湾合作委员会国家港口基础设施增长》，载中国对外承包工程商会网站，http://www.chinca.org/cica/info/18012209324411，最后访问日期：2019 年 5 月 13 日。

[2] 《美国公司赢得科威特布比延岛大穆巴拉克港深水航道设计与可行性研究合同》，载中华人民共和国驻科威特大使馆经济商务处网站，http://kw.mofcom.gov.cn/article/jmxw/201307/20130700212360.shtml，最后访问日期：2019 年 5 月 13 日。

七、对中国海洋法主张的态度

（一）对"一带一路"倡议的积极响应

科威特支持中国"一带一路"倡议，是最早与中国签署共同建设"一带一路"协议的阿拉伯国家之一。科威特地理位置优越，与古代丝绸之路具有天然渊源，是连接东西方"海上丝绸之路"的重要节点。在历史上，科威特将中国的四大发明传至欧洲，也将西方的天文、历法和医药传至中国。"一带一路"倡议提出之前，科威特曾在多种场合向中国表达了进一步加强两国合作的愿望，例如在 2002 年 2 月，科威特财政大臣访华时，提出要振兴古丝绸之路的宏伟构想；2004 年，科威特第一副首相兼外交大臣访华时也表达了这一愿望。

2013 年 9 月、10 月，中国国家主席习近平分别在哈萨克斯坦和印度尼西亚提出"一带一路"倡议，反响强烈。2014 年 6 月，科威特首相贾比尔访华期间，双方签署《科中关于共同推进"丝绸之路经济带"与"丝绸城"有关合作的谅解备忘录》，科威特成为全球首个与中国签署"一带一路"合作文件的国家。2015 年 7 月，科威特第一副首相兼外交大臣积极评价了科中关系及双方在各领域合作取得的快速发展，高度赞赏并愿积极参与"丝绸之路经济带"和"21 世纪海上丝绸之路"建设。

2018 年 7 月 7—10 日，科威特埃米尔萨巴赫访华，并出席了中国—阿拉伯国家合作论坛第八届部长级会议开幕式。这是萨巴赫第七次访华，凸显了科威特高度重视与中国合作。[1] 2018 年 7 月 9 日，习近平主席在人民大会堂同埃米尔萨巴赫举行会谈。两国元首一致决定建立中科战略伙伴关系，为新时期中科关系注入新动力、开辟新前景。习近平强调，中方把科威特作为在海湾方向共建"一带一路"和维护地区稳定的重要合作伙伴，双方要深化政治互信，坚定支持彼此核心利益，中方将一如既往支持科方走符合本国国情的发展道路。习近平还表示，科威特是最早同中国签署共建"一带一路"合作文件的国家，双方要加强发展战略对接，争取实现合作项目早期收获，双方要扩大在能源、基础设施、金融、贸易和投资等领域的合作，密切人文交流，深化安全和反恐合作等。萨巴赫表示科方愿同中方在互信的基础上，本

---

〔1〕《科威特与"一带一路"的关系》，载商务历史网，http：//history. mofcom. gov. cn/？bandr =kwtyydyldgx，最后访问日期：2019 年 5 月 13 日。

着务实的精神，加强在政治、经济、文化和安全等领域的合作关系，合作建设"一带一路"，共同促进海湾地区乃至世界的和平与安全。[1]

（二）在"一带一路"框架下与中国合作的态度

2014 年 6 月，科威特首相贾比尔访华，与时任中国总理李克强共同出席科中 10 份合作协议及备忘录的签字仪式。这些协议及备忘录包括：《科中关于共同推进"丝绸之路经济带"与"丝绸城"有关合作的谅解备忘录》《科中能源合作协议》《科中基础设施项目投资合作协议》《科威特石油公司与中石化合作谅解备忘录》《科中投资非洲合作谅解备忘录》等。同期，科威特以创始成员国身份加入亚洲基础设施投资银行，进一步提高了科威特与中国的经贸合作水平。[2]

2018 年科威特埃米尔萨巴赫访华期间，中科双方发表了《中华人民共和国和科威特国关于建立战略伙伴关系的联合声明》，并在中科两国国家元首的见证下签订了多项双边协议。[3]这些协议中代表性的有：中国商务部与科威特商工部共同签署的《中华人民共和国商务部和科威特国商工部关于电子商务合作的谅解备忘录》[4]、中国出口信用保险公司与科威特石油公司共同签署的《框架合作协议》[5]等。

2017 年 8 月 22 日，时任中共中央政治局常委、国务院副总理张高丽访问科威特，提到将"丝绸城和五岛"[6]作为双方共建"一带一路"的对接点。[7]2018 年 11 月 18 日，时任中国国家发展和改革委员会副主任宁吉喆同科威特丝绸城和布比延岛开发机构主席共同签署了《关于成立"丝绸城和五

---

[1] 《习近平举行仪式欢迎科威特埃米尔访华并同其举行会谈》，载环球网，http://world.huan-qiu.com/article/2018-07/12452266.html? agt=15438，最后访问日期：2019 年 5 月 13 日。

[2] 《科威特与"一带一路"的关系》，载商务历史网，http://history.mofcom.cn/? bandr=kwtyydyldgx，最后访问日期：2019 年 5 月 13 日。

[3] 赵成、王远：《习近平同科威特埃米尔萨巴赫会谈》，载人民网，http://cpc.people.com.cn/n1/2018/0710/c64094-30136346.html，最后访问日期：2019 年 5 月 13 日。

[4] 《中国和科威特签署〈关于电子商务合作的谅解备忘录〉》，载中华人民共和国商务部网站，http://www.mofcom.gov.cn/article/ae/ai/201807/20180702764159.shtml，最后访问日期：2019 年 5 月 13 日。

[5] 海贝能源：《中国信保与科威特石油公司签署合作协议》，载搜狐网，http://www.sohu.com/a/240624975_505855，最后访问日期：2019 年 5 月 13 日。

[6] 建设"丝绸城和五岛"是科威特"2035 国家愿景"发展计划的一部分。

[7] 刘畅、王薇、曾虎：《张高丽访科威特：将"丝绸城和五岛"作为共建"一带一路"对接点》，载一带一路网，https://www.yidaiyilu.gov.cn/xwzx/xgcdt/24582.htm，最后访问日期：2019 年 5 月 27 日。

岛"建设合作机制的谅解备忘录》。[1]2019年2月15—18日，时任中国国家发展和改革委员会副主任宁吉喆访问了科威特，就发展中科友好关系、共建"一带一路"，以及"丝绸城和五岛"合作建设深入交换了意见。[2]

（三）对中国南海主张的态度

2016年5月12日，在中阿合作论坛第七届部长级会议上，中国与阿拉伯国家联盟签署了《多哈宣言》（Doha Declaration）。在《多哈宣言》中，关于中国海洋争端问题，包括科威特在内的阿拉伯国家表示支持中国同相关国家根据双边协议和地区有关共识，通过友好磋商和谈判，和平解决领土和海洋争议问题，并强调应尊重主权国家及《公约》缔约国享有的自主选择争端解决方式的权利。[3]

2016年5月15日，科威特外交部副大臣贾拉拉表示，科威特政府支持中阿合作论坛第七届部长级会议发表的《多哈宣言》中对南海问题的立场。科方认为，中国是根据《联合国宪章》原则和《公约》，通过同有关国家磋商处理南海问题。贾拉拉还表示，日本报纸对科威特在南海问题上的立场的报道是不真实的。[4]

2018年在科威特埃米尔萨巴赫访华期间，中科双方签订了《中华人民共和国和科威特国关于建立战略伙伴关系的联合声明》。该声明由17点组成，涉及双边关系的多个方面。关于海洋争端，在该声明的第5点中，双方强调了自由、开放、稳定的海洋对两国和平稳定的重要性，重申根据包括《公约》在内的国际法和平解决纠纷，合法利用全球海洋。[5]

综上，对于"南海仲裁案"，科威特通过《多哈宣言》和《中华人民共和国和科威特国关于建立战略伙伴关系的联合声明》等明确表示支持中国的南海争端解决立场。

---

[1] 刘维：《中科成立"丝绸城和五岛"建设合作机制 共建"一带一路"》，载中国发展网，http://www.chinadevelopment.com.cn/fgw/2018/11/1398606.shtml，最后访问日期：2019年5月27日。

[2] 《国家发展改革委副主任宁吉喆访问科威特并主持召开中科"丝绸城和五岛"建设合作指导委员会首次会议》，载新华网，http://www.xinhuanet.com/world/2019-02/18/c_1124126807.htm，最后访问日期：2019年5月13日。

[3] 《中阿合作论坛第七届部长级会议通过〈多哈宣言〉》，载中阿合作论坛网站，http://www.chinaarabcf.org/chn/zagx/ltdt/t1362947.htm，最后访问日期：2019年5月13日。

[4] 《科威特强调支持中阿合作论坛有关南海问题立场》，载新华网，http://www.xinhuanet.com/world/2016-05/16/c_1118868895.htm，最后访问日期：2019年5月13日。

[5] 《中华人民共和国和科威特国关于建立战略伙伴关系的联合声明》，载中华人民共和国外交部网站，http://www.xinhuanet.com/world/2018-07/09/c_1123100948.htm，最后访问日期：2019年5月13日。

结　语

　　科威特拥有丰富的油气资源，其主要为陆上油气资源，海上油田很少。科威特海洋事务管理机构尚未健全，海洋事务的立法权归埃米尔和国民议会，行政执法权权限分散在内阁及其下设部门中。科威特早在 1986 年就批准了《联合国海洋法公约》，其划定管辖海域的法的内容也与《公约》规定较为相似。同时，科威特制定了一系列海洋渔业、海洋环境保护和港口航运相关的法律法规。科威特与伊朗、伊拉克和沙特阿拉伯都存在未决海洋争端，未来有将争端提交国际司法机构解决的可能。在国际海洋合作方面，科威特极其重视海洋防务合作，与诸多国家和国际组织频繁地开展双边和多边海洋防务合作。

　　中国和科威特在地理上相距甚远，不存在海洋争端。对于中国的海洋法主张，科威特也未表示过反对。科威特积极响应"一带一路"倡议、参与"一带一路"建设，两国在"一带一路"的框架下定能深入开展海洋合作。

参考文献

一、中文文献

1. ［英］劳特派特修订：《奥本海国际法》（上卷），王铁崖、陈体强译，商务印书馆 1973 年版。

2. 陈德恭：《现代国际海洋法》，中国社会科学出版社 1988 年版。

3. 蔡鹏鸿：《争议海域共同开发的管理模式：比较研究》，上海社会科学院出版社 1998 年版。

4. 马俊驹主编：《清华法律评论》（第四辑），清华大学出版社 2002年版。

5. 刘月琴编著：《伊拉克》，社会科学文献出版社 2007 年版。

6. ［英］伊恩·布朗利：《国际公法原理》，曾令良、余敏友等译，法律出版社 2003 年版。

7. ［英］马尔科姆·N. 肖：《国际法》（第六版），白桂梅、高健军等译，北京大学出版社 2011 年版。

8. 范鸿达：《伊朗与美国：从朋友到仇敌》，新华出版社 2012 年版。

9. 冀开运：《伊朗与伊斯兰世界关系研究》，时事出版社 2012 年版。

10. 仝菲：《阿拉伯联合酋长国现代化进程研究》，社会科学文献出版社 2013 年版。

11. 王景祺编著：《科威特》，社会科学文献出版社 2014 年版。

12. 张卫彬：《国际法院解释条约规则及相关问题研究——以领土边界争端为视角》，上海三联书店 2015 年版。

13. 刘冬：《石油卡特尔的行为逻辑：欧佩克石油政策及其对国际油价的影响》，社会科学文献出版社 2015 年版。

14. 谢立忱：《当代中东国家边界与领土争端研究》，中国社会科学出版社 2015 年版。

15. 杨翠柏、夏秀渊等：《法律文明史（第 12 卷）：近代亚非拉地区法（上卷·亚洲法分册)》，商务印书馆 2017 年版。

16. 商务部国际贸易经济合作研究院、中国驻卡塔尔大使馆经济商务处、商务部对外投资和经济合作司：《对外投资合作国别（地区）指南：卡塔尔》，商务部 2017 年 12 月版。

17. 商务部国际贸易经济合作研究院、中国驻阿拉伯联合酋长国大使馆经济商务处、商务部对外投资和经济合作司：《对外投资合作国别（地区）指南：阿拉伯联合酋长国》，商务部 2017 年 12 月版。

18. 《科威特渔业》，载《水产科技情报》1976 年第 11 期。

19. 若一：《科威特的渔业生产和贸易》，载《中国水产》1988 年第 12 期。

20. 杨光：《伊拉克科威特领土争端透视》，载《西亚非洲》1992 年第 2 期。

21. 梁甫：《海湾的一个敏感点——伊拉克与科威特的划界问题》，载《世界知识》1992 年第 19 期。

22. 余崇健：《阿联酋的国家政治制度及其特点》，载《西亚非洲》1992 年第 4 期。

23. 吴冰冰：《从对抗到合作——1979 年以来沙特与伊朗的关系》，载《阿拉伯世界》2001 年第 1 期。

24. 王有勇：《中国与海湾六国的能源合作》，载《阿拉伯世界》2005 年第 6 期。

25. 王有勇：《美国对阿拉伯能源战略的演变及其启示》，载《阿拉伯世界研究》2006 年第 5 期。

26. 刘多容、陈玉祥、王霞等：《纳米材料在国内外油气田开发中的应用》，载《天然气技术》2007 年第 2 期。

27. 韩志斌、温广琴：《从伊斯兰法到二元法：巴林法律体系的变迁轨迹》，载《阿拉伯世界研究》2009 年第 4 期。

28. 赵克仁：《伊朗胡齐斯坦问题透析》，载《世界民族》2009 年第 4 期。

29. 佚名：《海湾战争石油污染事件》，载《世界环境》2010 年第 1 期。

30. 马晓霖：《美国在伊拉克战略利益得失分析》，载《阿拉伯世界研究》2010 年第 5 期。

31. 陈万里、李顺：《海合会国家与美国的安全合作》，载《阿拉伯世界研究》2010 年第 5 期。

32. 罗国强、叶泉：《争议岛屿在海洋划界中的法律效力——兼析钓鱼岛作为争议岛屿的法律效力》，载《当代法学》2011 年第 1 期。

33. 曾长成：《伊拉克巴士拉油码头简介》，载《中国海事》2011 年第 6 期。

34. 李益波：《试析印度与海合会的军事与安全合作》，载《国际展望》

2012 年第 6 期。

35. 汪绪涛：《伊拉克库尔德地区石油投资法律问题研究》，载《国际经济合作》2014 年第 3 期。

36. 史久镛、高健军：《国际法院判例中的海洋划界》，载《法治研究》2011 年第 12 期。

37. 赵康圣：《巴林卡塔尔海域划界案的国际法探析》，载《山西师大学报（社会科学版）》2014 年第 S2 期。

38. 魏亮：《中东剧变中的巴林动乱》，载《阿拉伯世界研究》2015 年第 1 期。

39. 孙德刚：《美国在海湾地区军事部署的"珍珠链战略"》，载《阿拉伯世界研究》2015 年第 4 期。

40. 曾涛、吴雪：《伊拉克油气开发近况与投资环境潜在变化分析》，载《国际石油经济》2015 年第 7 期。

41. 肖军：《印度与沙特的能源合作：促因与挑战》，载《西南石油大学学报（社会科学版）》2015 年第 6 期。

42. 钮松：《韩国与阿联酋的战略合作伙伴关系》，载《东北亚学刊》2015 年第 1 期。

43. 关培凤：《巴林与沙特阿拉伯大陆架划界暨资源共享谈判及其意义》，载《世界历史》2016 年第 2 期。

44. 邓贤文等：《阿拉伯联合酋长国油气工业发展现状及前景展望》，载《采油工程》2016 年第 3 期。

45. 高鹏、谭喆、刘广仁等：《2016 年中国油气管道建设新进展》，载《国际石油经济》2017 年第 3 期。

46. 冀开运、邢文海：《巴列维王朝的波斯湾战略及其地区影响》，载《阿拉伯世界研究》2017 年第 4 期。

47. 王金岩：《中国与阿联酋共建"一带一路"的条件、问题与前景》，载《当代世界》2017 年第 6 期。

48. 方晓志、胡二杰：《印度洋视域下的中东海洋安全合作研究》，载《阿拉伯世界研究》2018 年第 1 期。

49. 张瑞：《巴林哈利法家族的威权统治与未来政治选择》，载《郑州大学学报（哲学社会科学版）》2018 年第 6 期。

50. 陆如泉：《阿联酋上"路"》，载《中国石油石化》2018 年第 17 期。

51. 张剑、尚艳丽、定明明等：《中国石油与阿联酋油气合作分析》，载《国际石油经济》2018 年第 8 期。

52. 郭振华：《波斯湾地区海洋开发与海洋争端问题研究》，郑州大学 2013 年硕士学位论文。

53. 侯涛、柳玉：《筹划数百年 里海运河修建计划仍遥遥无期》，载《宝安日报》2016 年 5 月 7 日。

54. 肖岚、解亚娜：《伊拉克成立国家石油公司影响几何》，载《中国石油报》2018 年 4 月 10 日。

55. 尚艳丽：《外国石油公司竞相获取阿联酋油田项目股份》，载《中国石油报》2018 年 4 月 10 日。

二、外文文献

1. H. Richard Sindelar III and John E. Peterson, *Crosscurrents in the Gulf: Arab Regional and Global Interests*, Routledge, 1988.

2. Ahmad Razavi, *Continental Shelf Delimitation and Related Maritime Issues in the Persian Gulf*, Martinus Nijhoff Publishers, 1997.

3. Harvey Tripp, *Culture Shock*, Graphic Arts Center Publishing Company, 2003.

4. Christian Marshall, *Iran's Persian Gulf Policy: From Khomeini to Khatami*, Routledge, 2003.

5. Peter Calvert, *Border and Territorial Dispute of the World*, London: John Harper Publishers, 2004.

6. Dirk van Laak, *Über alles in der Welt. Deutscher Imperialismus im 19. und 20. Jahrhundert*, C. H. Beck, 2005.

7. A H Al-Enazy, *The Long Road from Taif to Jeddah: Resolution of a Saudi-Yemeni Boundary Dispute*, Emirates Center for Strategic Studies, 2005.

8. Amy Myers Jaffe, *Iraq's Oil Sector: Past, Present and Future*, Public Policy of Rice University, 2007.

9. Wolfgang Reinhard, *Kleine Geschichte des Kolonialismus*, Kröner, 2008.

10. John W. Garver, *China and Iran: Ancient Partners in a Post-Imperial World*, University of Washington Press, 2011.

11. Joseph Cirincione, Jon B. Wolfsthal, Miriam Rajkumar, *Deadly Arsenals: Nuclear, Biological, and Chemical Threats*, Carnegie Endowment, 2011.

12. Ahmad Reza Taheri, *The Baloch in Post Islamic Revolution Iran: A Political Study*, Lulu. com, 2012.

13. B. M Riegl & S. J, Purkis, *Coral Reefs of the World: Adaptation to Cli-

matic Extremes, Springer, 2012.

14. Madawi Al-Rasheed, *A Most Masculine State: Gender, Politics and Religion in Saudi Arabia*, Cambridge University Press, 2013.

15. International Monetary Fund, Middle East and Central Asia Dept. , *Iraq: 2017 Article IV Consultation and Second Review under the Three-Year Stand-by Arrangement-and Requests for Waivers of Nonobservance and Applicability of Performance Criteria, and Modification of Performance Criteria-Press Release; Staff Report; and Statement by the Executive Director for Iraq*, International Monetary Fund, 2017.

16. Young Richard, "Equitable Solutions for Offshore Boundaries: The 1968 Saudi Arabia-Iran Agreement", *The American Journal of International Law* 64, 1970.

17. N. Downing, "Coral Communities in an Extreme Environment: The Northwest Arabian Gulf", Proceedings of the Fifth International Coral Reef Congress 6, 1985.

18. Harry Brown, "The Iraq-Kuwait Boundary Dispute: Historical Background and the UN Decisions of 1992 and 1993", *IBRU Boundary and Security Bulletin* 10, 1994.

19. Ahmad Jalinusi, Vahid Barari Arayee, "The Three Islands: (Abu Musa, the Greater & Lesser Tunb Island) Integral Parts of Iran", *The Iran Journal of International Affairs* 19, 2007.

20. Farhad Nomani, Sohrab Behdad, "Labor Rights and the Democracy Movement in Iran: Building a Social Democracy", *Northwestern Journal of International Human Rights* 10, 2012.

21. L. Alnahdi, "Quality of Legislation and Law-Making Process in Saudi Arabia", *University of London*, 2014.

22. Clive Schofield, "Defining Areas for Joint Development in Disputed Waters", W. Shicun, & N. Hong, (Eds.), *Recent Developments in the South China Sea Dispute: The Prospect of a Joint Development Regime* (1st ed.), Routledge, 2014.

23. Krista E. Wiegand, "Resolution of Border Disputes in the Arabian Gulf", *Journal of Territorial and Maritime Studies*, 1, 2014.

24. R. Al Hashemi, S. Zarreen, A. Al Raisi, F. A. Al Marzooqi, S. W. Hasan, "A Review of Desalination Trends in the Gulf Cooperation Council Coun-

tries", *International Interdisciplinary Journal of Scientific Research*，1，2014.

25. Hammadur Rahman and Syed Javaid Zaidi，"Desalination in Qatar：Present Status and Future Prospects"，*Civil Engineering Research Journal*，6，2018.

26. Saeid Golkar，"The Evolution of Iran's Police Forces and Social Control in the Islamic Republic"，Crown Center for Middle East Studies，2018.

三、数据库和网站

（一）中文数据库和网站

1. 中华人民共和国外交部，https：//www. mfa. gov-cn。

2. 中华人民共和国商务部，http：//www. mofcom. gov. cn。

3. 中华人民共和国驻伊朗大使馆经济商务处，http：//ir. mofcom. gov. cn。

4. 中华人民共和国驻土库曼斯坦大使馆，http：//tm. mofcom. gov. cn。

5. 中华人民共和国驻科威特大使馆经济商务处，http：//kw. mofcom. gov. cn/。

6. 中华人民共和国国家海洋局，http：//www. soa. gov. cn/。

7. 中国地质调查局青岛海洋地质研究所，http：//www. qimg. cgs. gov. cn/。

8. 国家海洋局海岛研究中心，http：//www. irc. gov. cn/。

9. 青岛海洋科学与技术试点国家实验室，http：//test. qnlm. ac/。

10. 中国国际矿业大会，http：//www. chinaminingtj. org/。

11. 商务历史，http：//history. mofcom. gov. cn/。

12. 上海合作组织，http：//chn. sectsco. org。

13. 中国石油天然气集团有限公司，http：//www. cnpc. com. cn/。

14. 中国海洋石油集团有限公司，http：//www. cnooc. com. cn/。

15. 新华网，http：//www. xinhuanet. com/。

16. 人民网，http：//www. people. com. cn。

17. 海外网，http：//www. haiwainet. cn。

18. 西南大学学报，http：//xbgjxt. swu. edu. cn。

19. 中国网，http：//www. china. com. cn/。

20. 爱思想，http：//www. aisixiang. com/data/19383. html。

21. 百度文库，https：//wenku. baidu. com。

22. 第1财经，https：//www. yicai. com。

23. 低碳网，http：//www. stoo. cn。

24. 大风号，https：//fhh. ifeng. com/。

25. 凤凰网，https：//www. ifeng. com。

26. 观察者网，https：//www. guancha. cn。

27. 航运在线，http：//port. sol. com. cn/。

28. 环球网，http：//www. huanqiu. com。

29. 环球视野，http：//www. globalview. cn。

30. 荔枝网，http：//v. jstv. com。

31. MBA 智库，https：//wiki. mbalib. com/。

32. 科普中国，https：//www. kepuchina. cn。

33. 石油圈，http：//www. oilsns. com。

34. 世界历史网，http：//www. chengshi118. com/。

35. 新浪网，https：//www. sina. com. cn。

36. 央视网，http：//www. cctv. com。

37. 伊朗百科，http：//yilang. h. baike. com/。

38. 引力资讯，http：//www. g. com. cn/。

39. 中国新闻网，http：//www. chinanews. com/hb/。

40. 中国民族新闻网，http：//minzu. people. com. cn/。

41. 中国百科网，http：//www. chinabaike. com。

42. 中国论文网，https：//www. xzbu. com。

43. 走出去公共服务平台，http：//fec. mofcom. gov. cn/。

44. 行政区划网，http：//www. xzqh. org/。

45. 搜狐网，http：//www. sohu. com。

46. 大众网，http：//www. dzwww. com。

47. 中国拟在建项目网，http：//www. bhi. com. cn。

48. 百家号，https：//baijiahao. baidu. com。

49. 上海外国语大学中阿改革研究中心，http：//carc. shisu. edu. cn。

50. 中国能源建设股份有限公司，http：//www. ceec. net. cn/index. html。

51. 一带一路建设，http：//www. beltway. cn/。

52. 中华人民共和国驻科威特国大使馆，http：//kw. china-embassy. org。

53. 中国社会科学院西亚非洲研究所，http：//iwaas. cssn. cn。

54. 中国水产科学研究院，http：//www. cafs. ac. cn。

55. 中国对外承包工程商会，http：//www. chinca. org。

56. 中国一带一路网，https：//www. yidaiyilu. gov. cn/。

57. 中国发展网，http：//www. chinadevelopment. com. cn/。

58. 中阿合作论坛，http：//www. chinaarabcf. org/。

59. 经济参考，http：//www. jjckb. cn。

60. 网易号，http：//dy. 163. com。

61. 地之图，http：//map. ps123. net。

62. 中国人大网，http：//www. npc. gov. cn。

63. 国防科技信息网，http：//www. dsti. net/。

64. 军报记者，http：//jz. 81. cn/。

65. 平凉新闻网，http：//www. plxww. com/。

66. 多维新闻，http：//www. dwnews. com/。

67. 中国政府网，http：//www. gov. cn。

68. 中华人民共和国国防部，http：//www. mod. gov. cn。

69. 中华人民共和国驻沙特阿拉伯王国大使馆经济商务处，http：//sa. mofcom. gov. cn。

70. 自然资源部地质调查局，http：//www. cgs. gov. cn。

71. 国务院国有资产监督管理委员会，http：//www. sasac. gov. cn。

72. 国家能源集团，http：//www. cgdc. com. cn。

73. 中国船舶与海洋工程网，http：//shipoffshore. com. cn。

74. 上海海事大学，https：//www. shmtu. edu. cn。

75. 中国社会科学院考古研究所，http：//www. kaogu. cn。

76. AFCA 亚洲金融合作协会，http：//cn. afca-asia. org。

77. 一带一路全媒体平台，http：//ydyl. people. com. cn。

78. 中国水产商务网，http：//info. chinaaquatic. cn/intenews。

79. 中央人民广播电台，http：//china. cnr. cn。

80. 国际船舶网，http：//www. eworldship. com。

81. 北极星电力网，http：//news. bjx. com. cn。

82. 中国膜工业协会，http：//www. membranes. com. cn。

83. 南海网，http：//www. hinews. cn。

84. 半岛电视台中文网，http：//chinese. aljazeera. net。

85. 财经网，http：//economy. caijing. com. cn。

86. 地图帝，http：//www. dtdmap. com。

87. 地球日报，http：//global. sina. cn。

88. 钝角网，http：//www. dunjiaodu. com。

89. 国际石油网，http：//oil. in-en. com。

90. 华尔街见闻，https：//wallstreetcn. com。

91. 澎湃新闻，https：//www. thepaper. cn。

92. 前瞻经济学人，https：//www. qianzhan. com。

93. 新浪财经，http：//finance. sina. com. cn。

94. 牧通人才网，http：//www. xumurc. com。

95. 中华人民共和国驻巴林王国大使馆经济商务处，http：//bh. mofcom. gov. cn/。

96. 中华人民共和国驻巴林王国大使馆，http：//bh. china-embassy. org/。

97. 中华人民共和国国家能源局网站，http：//www. nea. gov. cn/。

98. 中国水产科学研究院渔业工程研究所网站，http：//www. feri. ac. cn/。

99. 中国能源网，http：//www. cnenergy. org/。

100. 中国石化新闻网，http：//www. sinopecnews. com. cn/。

101. 中国石油新闻中心，http：//news. cnpc. com. cn/。

102. 中国国际渔业博览会，http：//www. seafarechina. com/。

103. 亚洲时报，http：//www. asiatimes. com. my/。

104. 美通社，https：//www. prnasia. com/。

105. 俄罗斯卫星通讯社，http：//sputniknews. cn/。

106. 21 世纪经济报道，http：epaper. 21jingji. com/。

107. 国际投资贸易网：http：//www. china-ofdi. org/。

108. 环球杂志，http：//paper. news. cn。

109. 每经网，http：//www. nbd. com. cn/。

110. 新浪军事，http：//mil. news. sina. com. cn。

111. 英大网，http：//www. indaa. com. cn。

112. 中华人民共和国驻卡塔尔大使馆，http：//qa. chinese embassy. org。

113. 中华人民共和国驻卡塔尔国大使馆经济商务处，http：//qa. mofcom. gov. cn。

114. "一带一路"数据库，https：//www. ydylcn. com。

115. 中国国际能源舆情研究中心，http：//www. energypo. com/2614. html。

116. 中国社会科学网，http：//www. intl. cssn. cn。

117. 中国葛洲坝集团，http：//www. cggc. ceec. net. cn。

118. 中国经济网，http：//www. ce. cn。

119. 中国海洋在线，http：//www. oceanol. com。

120. 网易新闻，http：//3g. 163. com。

121. 汇通网，http：//news. fx678. com。

122. 财经时报，http：//www. businestimes. cn。

123. 中华人民共和国教育部，http：//www. jsj. edu. cn。

124. 中华人民共和国农业农村部，http：//www. moa. gov. cn。

125. 中华人民共和国驻阿联酋大使馆经济商务处，http：//ae. mof-com. gov. cn。

126. 航运界，https：//www. ship. sh。

127. 商桥新外贸，https：//www. ollomall. com。

128. 自由亚洲电台，https：//www. rfa. org。

129. 韩国联合通讯社，https：//cn. yna. co. kr。

（二）外文数据库和网站

1. United Nations, http：//www. un. org.

2. UN Office of Legal Affairs, http：//legal. un. org/.

3. UN Treaty Collection, https：//treaties. un. org.

4. UN Knowledge Base, http：//repository. un. org/b.

5. FAO, http：//www. fao. org/home/en/.

6. ICJ, https：//www. icj-cij. org/.

7. International Labour Organization, http：//www. ilo. org.

8. Inmarsat, http：//www. imso. org/.

9. Guardian Council of the Constitution of the Islamic Republic of Iran, http：//www. shora-gc. ir/P.

10. Cabinet of the Islamic Republic of Iran, http：//dolat. ir/.

11. Ministry of Foreign Affairs of the Islamic Republic of Iran, http：//en. mfa. ir/.

12. Ministry of the Interior of the Islamic Republic of Iran, https：//www. moi. ir/portal/home/.

13. Ministry of Petroleum of the Islamic Republic of Iran, http：//en. mop. ir/Portal/home/.

14. Ministry of Agriculture of the Islamic Republic of Iran, http：//www. maj. ir.

15. Ministry of Roads and Urban Development of the Islamic Republic of Iran, https：//mrud. ir.

16. Ministry of Scientific Research and Technology of the Islamic Republic of Iran, https：//www. msrt. ir.

17. Ministry of Industry, Mining and Trade of the Islamic Republic of Iran, http：//en. mimt. gov. ir.

18. Ministry of Environment of the Islamic Republic of Iran, https：//eform. doe. ir.

19. Border Guard of the Islamic Republic of Iran, http: //www. marzbani. police. ir/.

20. Islamic Republic of Iran Ports and Maritime Organization, https: //www. pmo. ir.

21. Pars Today, http: //parstoday. com/.

22. National Organization for Surveying and Mapping of the Islamic Republic of Iran, http: //www. ncc. org. ir.

23. National Iranian Oil Company, http: //www. nioc. ir/.

24. US State Department, https: //www. state. gov/.

25. U. S. Department of Energy Information, http: //www. ieee. es/.

26. CIA, https: //www. cia. gov/.

27. ICOFC, http: //en. icofc. org.

28. IOOC, http: //www. iooc. co. ir.

29. POGC, http: //pogc. ir/.

30. Khazar, http: //en. kepco. ir/.

31. Undersea Research and Development Center of the Islamic Republic of I-ran, https: //subseard. iut. ac. ir.

32. Iranian Geological Survey, http: //www. gsi. ir.

33. National Institute of Oceanic and Atmospheric Sciences of Iran, http: //www. inio. ac. ir.

34. Iranian Marine Fund, https: //imf. ir.

35. Persian Gulf Research Institute, https: //pgri. pgu. ac. ir.

36. Iran Fisheries Organization, http: //shilat. com.

37. International Energy Research Center of Iran, http: //www. iies. ac. ir/en.

38. Iranian Institute of Fisheries Science, http: //ifro. ir.

39. Petroleum University of Technology, http: //www. put. ac. ir.

40. EU, https: //eeas. europa. eu.

41. Office of the President of Russia, http: //en. kremlin. ru/.

42. INFOFISH, http: //infofish. org.

43. IOTC, http: //www. iotc. org.

44. Islam Times, http: //www. ghatreh. com/.

45. Tehran Convention, http: //www. tehranconvention. org.

46. Iran Chamber, http: //www. iranchamber. com/.

47. Googlebook, https: //books. google. co. jp.

48. Arab News, http：//www. arabnews. com.

49. A Barrel Full, http：//abarrelfull. wikidot. com/.

50. Asia Water, http：//www. asiawaterco. ir/.

51. AZER News, https：//www. azernews. az/.

52. BBC, https：//www. bbc. co. uk/.

53. Brandeis, https：//www. brandeis. edu/.

54. CS Monitor. , http：//www. csmonitor. com.

55. Customstoday, http：//www. customstoday. com. pk/.

56. Deep blue, https：//deepblue. lib. umich. edu/.

57. Desal Data, https：//www. desaldata. com/.

58. Dictionary, https：//dictionary. abadis. ir/.

59. ECOLEX, https：//www. ecolex. org.

60. Economic Times, https：//economictimes. indiatimes. co.

61. Emam, http：//emam. com/.

62. Eurasian Business Briefing, http：//www. eurasianbusinessbriefing. com.

63. Eurasia Net. , https：//eurasianet. org.

64. Euro-petrole, https：//www. euro-petrole. com/.

65. EIR, https：//larouchepub. com/.

66. Fars News, http：//en. farsnews. com/newstext. asp.

67. Financial Tribune, https：//financialtribune. com.

68. Fisheries Sciences, http：//www. fisheriessciences. com.

69. Getting The Deal Through, https：//gettingthedealthrough. com.

70. Global Security, https：//www. globalsecurity. org/.

71. Gulf Oil and Gas, http：//www. gulfoilandgas. com/.

72. HC360, http：//info. chem. hc360. com/.

73. Hy flux, https：//www. hyflux. com/.

74. IB times, https：//www. ibtimes. com/.

75. IDE-JETRO, http：//www. ide. go. jp/.

76. INTEM Consulting, Inc. , http：//www. intemjapan. co. jp.

77. IORA, http：//www. iora. int.

78. Iran-business New, http：//www. iran-bn. com/.

79. Iran Data Portal, http：//irandataportal. syr. edu/.

80. Iran-daily, http：//www. iran-daily. com.

81. Iran Oil Gas, http：//www. iranoilgas. com/.

82. Iran online, http: //www. iranonline. com/.

83. Iran air, http: //www. iranair. co. uk.

84. Iran Republic News Agency, https: //www. irna. ir.

85. Iranica online, http: //www. iranicaonline. org/artic.

86. Iran Primer, https: //iranprimer. usip. org/.

87. IFP News, https: //ifpnews. com.

88. JICA, https: //www. jica. go. jp.

89. Kay Han, http: //kayhan. ir/.

90. Knowpia, https: //zh. knowpia. com/pages/Hass.

91. kknews, https: //kknews. cc.

92. KOGAS, http: //www. kogas. or. kr.

93. Latitude, https: //latitude. to.

94. Los Angeles Times, http: //articles. latimes. com/.

95. Manqian, http: //toutiao. manqian. cn/.

96. Mapcarta, https: //mapcarta. com/.

97. Maritime Gateway, http: //www. maritimegateway. com.

98. Marine Regions, http: //www. marineregions. org.

99. Marine Traffic, https: //www. marinetraffic. com/.

100. MEHR News, https: //en. mehrnews. com.

101. MEMAC, http: //memac-rsa. org.

102. Nationalinterest, https: //nationalinterest. org/.

103. Namnak, http: //namnak. com/.

104. Naftyar, http: //www. naftyar. com/.

105. MARYAMRAJAVI, https: //www. maryam-rajavi. com.

106. NDTV, https: //www. ndtv. com.

107. Newsweek, https: //www. newsweek. com.

108. Northwestern Law, http: //scholarlycommons. law. northwestern. edu/.

109. Nrgedge, https: //www. nrgedge. net/.

110. Offshore Energy Today, https: //www. offshoreenergytoday. com/.

111. Oman Fisheries, http: //omanfisheries. com.

112. Openoil, http: //openoil. net.

113. PAK Observer, https: //pakobserver. net.

114. Peakoil, https: //peakoil. com/.

115. Petronas, https: //www. petronas. com/.

116. POGDC, http://www.pogdc.com/.

117. Press TV, https://www.presstv.com/.

118. ProTenders, https://www.protenders.com/.

119. Pulse, https://pulsenews.co.kr/.

120. Report, https://report.az.

121. Revolvy, https://www.revolvy.com/.

122. ROSGEO, https://www.rosgeo.com/.

123. ROPME, http://ropme.org/.

124. Sazeh Sazan, http://sazehsazan.com/.

125. Shana, https://www.shana.ir/.

126. Stanford, https://web.stanford.edu.

127. Sygic Travel, https://travel.sygic.com/.

128. Tasdid Company, https://en.tasdid.com/home/.

129. TehranTimes, https://www.tehrantimes.com.

130. The Free Dictionary by Farlex, https://www.thefreedictionary.com/.

131. The Local, https://www.thelocal.it.

132. The Moscow Times, https://themoscowtimes.com/.

133. The Iran Project, https://theiranproject.com.

134. The EDGE, https://www.theedgesingapore.com/.

135. Times Of Oman, https://timesofoman.com.

136. Total, https://www.total.com/.

137. Under consideration, https://www.underconsideration.com.

138. Under Current News, https://www.undercurrentnews.com.

139. UPI, https://www.upi.com/.

140. Washington Post, https://www.washingtonpost.com.

141. Wisconsin Project, https://www.wisconsinproject.org/.

142. Worldview, https://worldview.stratfor.com/article/iran-oman.

143. WSWS, https://www.wsws.org/.

144. Xzbu, https://www.xzbu.com/1/view.

145. YJC, https://www.yjc.ir/.

146. Young Journalists Club, https://www.yjc.ir.

147. Wikipedia, https://en.wikipedia.org/.

148. EIA, https://www.eia.gov/.

149. Government of Iraq, https://gds.gov.iq/.

150. Cabinet Secretariat of Iraq, http：//www. cabinet. iq/default. aspx.

151. Ministry of Foreign Affairs of Iraq, http：//www. mofa. gov. iq.

152. Ministry of Interior of Iraq, https：//moi. gov. iq.

153. Ministry of Oil of Iraq, https：//oil. gov. iq.

154. Ministry of Electricity of Iraq, https：//www. moelc. gov. iq.

155. Ministry of Agriculture of Iraq, http：//www. zeraa. gov. iq.

156. Ministry of Higher Education and Scientific Research of Iraq, http：// mohesr. gov. iq.

157. Ministry of Transportation of Iraq, http：//www. motrans. gov. iq.

158. General Company for Ports of Iraq, http：//www. scp. gov. iq.

159. State Company for Maritime Transport of Iraq, http：//scmt. gov. iq.

160. Ministry of Water Resources of Iraq, http：//www. mowr. gov. iq.

161. Britannica, https：//www. britannica. com/.

162. GAC, https：//www. gac. com.

163. Bridgat, http：//article. bridgat. com.

164. Gulfanalysis, https：//gulfanalysis. wordpress. com/.

165. 2b1stconsulting, https：//www. 2b1stconsulting. com/.

166. Nature, https：//www. nature. com/.

167. TIMEP, https：//timep. org.

168. Lawreviews, https：//thelawreviews. co. uk.

169. Lexology, https：//www. lexology. com.

170. ARAB TIMES, http：//www. arabtimesonline. com/news/.

171. VEOLIA, https：//www. veolia. com/middleeast/.

172. Iraq business news, http：//www. iraq-businessnews. com/.

173. BUINESS KOREA, http：//www. businesskorea. co. kr/.

174. The Maritime Standard, https：//www. themaritimestandard. com/.

175. WORFLD MARITIME NEWS, https：//worldmaritimenews. com/.

176. The MARITIME EXECYTIVE, https：//www. maritime-executive. com/.

177. REUTERS, https：//www. reuters. com/.

178. Pipeline and Gas Journal, https：//pgjonline. com/.

179. UNSecurity Council, https：//undocs. org.

180. Kuwait National Assembly, http：//www. kna. kw.

181. Kuwait government, https：//www. e. gov. kw.

182. Kuwait Ministry of Interior, https：//www. moi. gov. kw.

183. Kuwait Ministry of Oil, http：//www. moo. gov. kw.

184. Kuwait Ministry of Electricity and Water, https：//www. mew. gov. kw.

185. Kuwait Ports Authority, http：//www. kpa. gov. kw.

186. Kuwait Environment Public Authority, https：//epa. org. kw.

187. Kuwait Agriculture and Fisheries Resources Proclamation Authority, http：//www. paaf. gov. kw.

188. Kuwait Petroleum Company, https：//www. kpc. com.

189. Ministry of Petroleum of Egypt, http：//www. petroleum. gov. eg.

190. Kuwait Institute for Scientific Research, http：//www. kisr. edu. kw.

191. Kuwait Legal Advisory and Legislative Council, http：//www. law. gov. kw/.

192. US Congress, https：//www. congress. gov/.

193. US Defense, https：//dod. defense. gov/.

194. UK Parliament, https：//www. parliament. uk/.

195. UK Defence, https：//ukdefencejournal. org. uk/.

196. World Bank, https：//data. worldbank. org. cn.

197. Kuwait News Agency, https：//www. kuna. net. kw/.

198. Secretary General of the Gulf Cooperation Council, http：//www. gcc-sg. org/.

199. OAPEC, http：//oapecorg. org.

200. OPEC, https：//www. opec. org.

201. CNBC, https：//www. cnbc. com.

202. BP, https：//www. bp. com.

203. Hein Online, https：//heinonline. org/.

204. FORCES NETWORK, https：//www. forces. net/.

205. AL Defaiya, http：//www. defaiya. com/.

206. Gulf International Forum, https：//gulfif. org/.

207. Global Research, https：//www. globalresearch. ca/.

208. MENAFN, https：//menafn. com/index. aspx.

209. NATO OTAN, https：//jfcnaples. nato. int/default. aspx.

210. Anadolu Ajansi, https：//www. aa. com. tr/tr.

211. Military Times, https：//www. militarytimes. com/.

212. CMF, https：//combinedmaritimeforces. com/.

213. Jane's 360, https：//www. janes. com/.

214. Gulfnews, https：//gulfnews. com.

215. Visit-kuwait, https：//www. visit-kuwait. com.

216. IHO, https：//www. iho. int.

217. HELLENIC SHIPING NEWS, https：//www. hellenicshippingnews. com.

218. Arch-daily, https：//www. archdaily. cn.

219. S&P Global Platts, https：//www. spglobal. com.

220. BUSSINESS INSIDER, https：//www. businessinsider. com.

221. SLB, https：//www. slb. com.

222. DefenseNews, https：//www. defensenews. com.

223. Researchgate, https：//www. researchgate. net.

224. Google, https：//www. google. com.

225. Mongabay, https：//data. mongabay. com.

226. Cablegatesearch, http：//www. cablegatesearch. net.

227. Bloomberg, https：//www. bloomberg. com.

228. World Energy, https：//www. worldenergy. org.

229. PERSGA, http：//www. persga. org.

230. Bureau of Experts at the Council of Ministers, https：//www. boe. gov. sa.

231. Ministry of Transportation of the Kingdom of Saudi Arabia, https：//mot. gov. sa.

232. Ministry of Education of the Kingdom of Saudi Arabia, https：//www. moe. gov. sa.

233. Ministry of Agriculture of the Kingdom of Saudi Arabia, https：//www. mewa. gov. sa.

234. Ministry of Energy, Industry and Mineral Resources of the Kingdom of Saudi Arabia, http：//www. meim. gov. sa.

235. Ministry of Foreign Affairs of the Kingdom of Saudi Arabia, https：//www. mofa. gov. sa.

236. Embassy of the Kingdom of Saudi Arabia, https：//www. saudiembassy. net.

237. Kingdom of Saudi Arabia Ports Authority, http：//www. ports. gov. sa.

238. Saudi Aquaculture Society, http：//www. sas. org. sa.

239. Saudi Aramco, https：//www. saudiaramco. com.

240. Saudi Petroleum Services Polytechnic, http：//www. spsp. edu. sa.

241. SWCC, https：//www. swcc. gov. sa.

242. King Abdulaziz City for Science and Technology, https：//www. kacst. edu. sa.

243. King Abdulaziz University, https：//www. kau. edu. sa.

244. KFUPM, http：//www. kfupm. edu. sa.

245. Kingdom of Saudi Arabia, http：//vision2030. gov. sa.

246. Israel Ministry of Defense, https：//www. israeldefense. co. il.

247. Ministry of Foreign Affairs of Malta, https：//foreignaffairs. gov. mt.

248. University of Florida, http：//fall. fsulawrc. com.

249. Woods Hole Oceanographic Institution, https：//www. whoi. edu.

250. Naval Group, https：//www. naval-group. com.

251. ASHARQ, https：//aawsat. com.

252. Saudi Gazette, http：//saudigazette. com. sa.

253. Daily Pakistan, http：//cn. dailypakistan. com. pk.

254. Eastasia Forum, http：//www. eastasiaforum. org.

255. Arabian Business, https：//www. arabianbusiness. com.

256. Dolphin Energy, http：//www. dolphinenergy. com.

257. Middleeast Monitor, https：//www. middleeastmonitor. com.

258. Global Times, http：//www. globaltimes. cn.

259. US nook, http：//www. usnook. com.

260. OIL&GAS JOURNAL, https：//www. ogj. com.

261. Joc. com, https：//www. joc. com/maritime-news.

262. Diplomat, http：//thediplomat. com.

263. Al-bab, http：//www. al-bab. com.

264. COMPELO, https：//www. compelo. com.

265. Constructionweekonline, http：//www. constructionweekonline. com.

266. DTU Orbit, http：//orbit. dtu. dk.

267. Drillinginfo, https：//info. drillinginfo. com.

268. Gulftainer, http：//www. gulftainer. com/terminals.

269. Gulfbusiness, http：//gulfbusiness. com.

270. JSTOR, https：//www. jstor. org.

271. JEWISH VIRTUAL LIBRARY, https：//www. jewishvirtuallibrary. org.

272. Marinelink, https：//www. marinelink. com.

273. Novinite group, https：//www. novinite. com.

274. Offshore technology, https：//www. offshore-technology. com.

275. OXFORD BUSINESS GROU, https：//oxfordbusinessgroup. com.

276. Petroleum Insights, http：//petroleuminsights. blogspot. com.

277. SAMAA, https：//www. samaa. tv.

278. Sharafshippingksa, http：//www. sharafshippingksa. com.

279. TOP UNIVERSITY, https：//www. topuniversities. com.

280. The National, https：//www. thenational. ae.

281. Worldportsource, http：//www. worldportsource. com.

282. Carnegie Endowment for International Peace, http：//carnegieendowment. org/.

283. Bahrain Government, https：//www. bahrain. bh.

284. Council of Reresentatives, https：//www. nuwab. bh/.

285. Bahrain Shura, http：//www. shura. bh/.

286. Ministry of Education of Bahrain, http：//www. moe. gov. bh.

287. Ministry of Foreign Affairs of Bahrain, https：//www. mofa. gov. bh.

288. Ministry of Transportation and Telecommunications of Bahrain, http：//www. mtt. gov. bh/.

289. Ministry of Interior of Bahrain, https：//www. interior. gov. bh/.

290. Customs Affairs Directorate of Bahrain, http：//www. bahraincustoms. gov. bh.

291. National Oil & Gas Authority of Bahrain, https：//www. noga. gov. bh/.

292. Ministry of Works Municipalities Affairs and Urban Planning of Bahrain, //www. mun. gov. bh/.

293. Survey and Land Registration Bureau of Bahrain, https：//www. slrb. gov. bh/.

294. Supreme Council for Environment of Bahrain, http：//www. sce. gov. bh/.

295. BAPCO, http：//www. BAPCO. net/.

296. BANAGAS, http：//www. BANAGAS. com.

297. Bahrain LNG Company, https：//bahrainlng. com/.

298. GPIC, http：//www. gpic. com/.

299. Tatweer Petroleum, http：//tatweerpetroleum. com/.

300. Prime Minister of Japan and his cabinet, https：//www. kantei. go. jp/.

301. Yale, http：//avalon. law. yale. edu.

302. NESTE, https：//www. neste. com/.

303. Action on Armed Violence, https：//aoav. org. uk/.

304. Business Wire, https://www.businesswire.com/.

305. BIDEC, https://www.bahraindefence.com.

306. CEFAS, https://www.cefas.co.uk.

307. DANAT, https://www.danat.bh.

308. Eco-Business, https://www.eco-business.com/.

309. International Democracy Watch, http://www.internationaldemocracy-watch.org.

310. JNA AWARDS, https://www.jnaawards.com/.

311. Mining Encyclopedia, http://mining-enc.com/.

312. Middle East Business Intelligence, https://www.meed.com/.

313. Modern Power Systems, https://www.modernpowersystems.com/.

314. Parsbahrain, https://www.parsbahrain.net.

315. Power Engineering, https://www.power-eng.com/.

316. Photius, https://photius.com/.

317. STA, https://www.stalawfirm.com/.

318. SUEZ, https://www.suezwaterhandbook.com/.

319. The Oxford Water Network, https://www.water.ox.ac.uk/.

320. Water Online, https://www.wateronline.com/.

321. Qatar Government, https://portal.www.gov.qa/.

322. Qatar Ministry of Foreign Affairs, https://mofa.gov.qa/.

323. Qatar Ministry of Interior, https://portal.moi.gov.qa/.

324. Qatar Ministry of Energy and Industry, https://mei.gov.qa/.

325. Qatar Ministry of Municipality and Environment, http://www.mme.gov.qa/.

326. Qatar Ministry of Transport and Communications, http://www.motc.gov.qa/.

327. Qatar Government Communications Network, https://www.gco.gov.qa.

328. Qatar Petroleum, https://qp.com.qa/.

329. Qatar Electricity and Water Company, https://www.qewc.com.

330. Qatar General Electricity and Water Company, https://www.watermegareservoirs.qa.

331. Nippon Shipbuilding Co., https://www.hitachizosen.co.jp.

332. ACCIONA, https://www.acciona-agua.com.

333. Vietnam News Agency, https://zh.vietnamplus.vn.

334. Al Meezan, http：//www. almeezan. qa.

335. Doha Family, http：//www. dohafamily. com.

336. Bunduq, https：//www. bunduq. com/.

337. Daily Sabah, https：//www. dailysabah. com.

338. DIMDEX, https：//www. dimdex. com.

339. Exhibitionstand, https：//www. exhibitionstand. contractors.

340. Geographical Names, https：//geographic. org.

341. GEO ExPro Magazine, https：//www. geoexpro. com.

342. Maersk, www. maersk. com.

343. OXY, https：//www. oxy. com/.

344. Power-technology, www. power-technology. com.

345. QPD, https：//www. qpd-jp. com/.

346. Ras Girtas, http：//www. rasgirtas. qa/.

347. RAMSAR, http：//www. rsis. ramsar. org/.

348. SDPLAZA, http：//www. sdplaza. com. cn.

349. The Peninsula, http：//thepeninsulaqatar. com.

350. The Eurasian Times, http：//eurasiantimes. com.

351. The Gulf Times, http：//www. gulf-times. com.

352. Thoughtco, https：//www. thoughtco. com.

353. Water-technology, http：//www. water-technology. net.

354. UAE Government, https：//www. government. ae/en.

355. UAE Cabinet, https：//uaecabinet. ae/en.

356. UAE Ministry of Foreign Affairs and International Cooperation, https：//www. mofa. gov. ae.

357. UAE Ministry of Infrastructure Development, https：//www. moid. gov. ae.

358. UAE Ministry of Energy & Industry, https：//www. moei. gov. ae/en.

359. United Arab Emirates University, https：//www. uaeu. ac. ae/en.

360. UAE Federal Electricity and Water Authority, http：//www. fewa. gov. ae/en.

361. UAE Federal Transport Authority – Land & Maritime, https：//fta. gov. ae.

362. UAE Ministry of Justice, https：//elaws. moj. gov. ae.

363. Emirates Centre for Strategic Studies and Research, https：//www. ecssr. ae/en.

364. Emirates News Agency, https：//www. tawazun. ae.

365. UAE Customs, https：//www. fca. gov. ae/en.

366. Zayed University, https：//www. zu. ac. ae.

367. Department of Energy—Abu Dhabi, http：//www. doe. gov. ae/en.

368. UAE Ministry of Education, https：//www. moe. gov. ae.

369. Abu Dhabi National Oil Company, https：//www. adnoc. ae.

370. Abu Dhabi Shipbuilding Company, http：//www. adsb. ae.

371. CICPA, http：//www. cicpa. ae/en.

372. Environment Agency—Abu Dhabi, https：//www. ead. ae.

373. UAE, https：//www. tamm. abudhabi/en.

374. Department of Transport-Abu Dhabi, https：//dot. gov. abudhabi/en.

375. Abu Dhabi Ports, https：//www. adports. ae.

376. MASDAR, https：//masdar. ae/en.

377. Dubai Roads and Transport Authority, https：//www. rta. ae.

378. Ministry of Higher Education & Scientific Research, https：//web. archive. org/web.

379. Supreme Council of Energy—Dubai, http：//www. dubai. ae.

380. Sharjah Ports, http：//www. sharjahports. gov. ae.

381. Environment and Protected Areas Authority in Sharjah, http：//www. epaashj. ae.

382. Ras Al Khaimah Ports, https：//www. rakports. ae.

383. UAE Minister of Finance, https：//www. mof. gov. ae.

384. UAE Ministry of Climate Change and Environment, https：//www. moccae. gov. ae.

385. UAE Ministry of the Interior, https：//www. moi. gov. ae/en.

386. Dubai Courts, https：//www. dc. gov. ae/PublicServices.

387. Oxford Energy, https：//www. oxfordenergy. org.

388. Seatrade maritime, http：//www. seatrade-maritime. com.

389. METI, https：//www. meti. go. jp.

390. ADNOC Offshore, https：//adnoc. ae.

391. Worldoil, https：//www. worldoil. com.

392. Al Bawaba, https：//www. albawaba. com.

393. Rigzone, https：//www. rigzone. com.

394. Oil And Gas Middleeast, https：//www. oilandgasmiddleeast. com.

395. DP World, https：//www. dpworld. com.

396. Export, https：//www. export. gov.

397. Spacewar, http：//www. spacewar. com.

398. ICLG, https：//iclg. com.

399. Khaleej Times, https：//www. khaleejtimes. com.

400. World Fishing & Aquaculture, https：//www. worldfishing. net.

401. Hauser Global Law School Program, http：//www. nyulawglobal. org.

402. Herzliya Center for Interdisciplinary Studies, https：//www. idc. ac. il.

附　录

附录 1　伊朗历任最高领袖[1]

姓名	出生日期	逝世日期	就职日期	离职日期	政党
阿亚图拉·鲁霍拉·穆萨维·霍梅尼	1902/9/22	1989/6/3	1979/12/3	1989/6/3	无党籍
阿亚图拉·赛义德·阿里·哈梅内伊	1939/7/17	—	1989/6/4	—	伊斯兰共和党转为战斗教士联盟

---

〔1〕《伊朗最高领袖》，载维基百科，http：//www.wikiwand.com/zh-sg/%E4%BC%8A%E6%9C%97%E6%9C%80%E9%AB%98%E9%A2%86%E8%A2%96，最后访问日期：2018年10月28日。

附录 2　伊朗外交部组织机构[1]

主要官员	负责部门		
政治事务副部长 （Deputy Foreign Minister for Political Affairs）	区域倡议和双边政治关系总干事 （Director-General for Regional Initiatives & Bilateral Political Relations）	波斯湾倡议司 （Department of Persian Gulf Initiatives）	
		欧亚大陆倡议司 （Department of Eurasia Initiatives）	
		亚洲倡议司 （Department of Asian Initiatives）	
		双边政治事务司 （Department of Bilateral Political Affairs）	
		国家安全合作司 （Department of National Security Cooperation）	
		里海秘书处 （Caspian Sea Secretariat）	
	政策规划和战略评估总干事 （Director-General for Policy Planning and Strategic Assessment）	全球政策规划和评估司 （Department of Global Policy Planning and Assessment）	
		双边政策规划和评估司 （Department of Bilateral Policy Planning and Assessment）	
		战略政策评估和审查司 （Department of Strategic Policy Assessment and Review）	
	JCPOA 实施工作组总干事 （Director-General-JCPOA Implementation Task Force）	JCPOA 执行监督司 （Department of Monitoring JPOA Implementation）	
		国际原子能机构技术事务司 （Department of IAEA Technical Issues）	
		SCR 2231 司 （Department of SCR 2231）	
		采购渠道协调司 （Department of Procurement Channel Coordination）	
		数据收集和报告司 （Department of Data Collection and Reporting）	
		媒体监测和内容产品司 （Department of Media Monitoring and Content Product）	

---

[1]　参见伊朗伊斯兰共和国外交部网站，http：//en. mfa. ir/index. aspx? siteid = 3&fkeyid = &siteid = 3&pageid = 39166，最后访问日期：2018 年 11 月 17 日。

主要官员	负责部门	
经济外交事务副部长 （Deputy Foreign Minister for Economic Diplomacy）	双边经济协调和监督总干事 （Director-General for Bilateral Economic Relations Coordination and Monitoring）	对外经济关系秘书处工作组 （Secretariat of Foreign Economic Relations Task Force）
		联合委员会协调司 （Department of Joint Commission Coordination）
		省级对外经济关系司 （Department of Provincial Foreign Economic Relations）
		发展援助司 （Department of Development Assistance）
		经济数据和通信司 （Department of Economic Data and Communication）
		弹性经济外交总干事 （Director-General for Resilient Economy Diplomacy）
		经济政策和计划司 （Department of Economic Policies and Plans）
		投资和银行合作促进司 （Department of Investment and Banking Cooperation Promotion）
		非石油出口促进局 （Department of Non-Petroleum Export Promotion）
		技术和知识经济促进司 （Department of Technology and Knowledge Economy Promotion）
		旅游促进司 （Department of Tourism Promotion）
		私营部门和伊朗外籍人士合作促进司 （Department of Private Sector & Iranian Expatriates Cooperation Promotion）
	多边经济合作总干事 （Director-General for Multilateral Economic Cooperation）	经济合作组织司 （Department of Economic Cooperation Organization）
		多边贸易组织司 （Department of Multilateral Trade Organizations）
		多边金融、货币和银行组织司 （Department of Multilateral Financial, Monetary and Banking Organizations）
		多边能源和运输合作司 （Department of Multilateral Energy and Transportation Cooperation）

主要官员	负责部门	
法律和国际事务副部长 （Deputy Foreign Minister for Legal and International Affairs）	国际和平与安全总干事 （Director-General for International Peace and Security）	安全理事会与维持和平司 （Department of Security Council and Peace Keeping）
		反恐怖主义和极端主义司 （Department of Counter-Terrorism and Extremism）
		多边政治机构司 （Department of Multilateral Political Institutions）
		常规和太空军备控制司 （Department of Conventional and Space Arms Control）
		裁军与不扩散司 （Department of Disarmament and Non-Proliferation）
		化学和生物裁军司 （Department of Chemical and Biological Disarmament）
	国际法律事务总干事 （Director-General for International Legal Affairs）	国际刑法、国际人道法与条约司 （Department of Treaties and International Humanitarian and Criminal Law）
		预防国际犯罪司 （Department of International Crime Prevention）
		国际法律和司法机构司 （Department of International Legal and Ludicial Organs）
		国际贸易法和知识产权司 （Department of International Trade Law and Intellectual Property）
		国际私法和申诉司 （Department of International Private Law and Claims）
		国际索赔和司法协议司 （Department of International Claims and Judicial Agreements）
		海洋法和水域边界司 （Department of Water Boundaries and Law of the Seas）
		陆地边界司 （Department of Land Boundaries）

主要官员	负责部门	
法律和国际事务副部长 （Deputy Foreign Minister for Legal and International Affairs）	人权和妇女总干事 （Director-General for Human Rights and Women）	人权监测司 （Department of Human Rights Monitoring）
		社会发展司 （Department of Social Development）
		人权合作司 （Department of Human Rights Cooperation）
		人权公约和规范司 （Department of Human Rights Conventions and Norms）
		妇女、儿童和家庭司 （Department of Women, Children and Family）
		妇女和人权非政府组织司 （Department of Women and Human Rights NGOs）
		政治人权争议司 （Department of Political Human Rights Issues）
		人权与文化多样性不结盟运动秘书处 （NAM Secretariat for Human Rights and Cultural Diversity）
	环境与可持续发展总干事 （Director-General for Environment and Sustainable Development）	环境司 （Department of Environment）
		能源与气候变化司 （Department of Energy and Climate Change）
		发展事务司 （Department of Development Issues）
		联合国教文组织和多边科学合作司 （Department of UNESCO and Multilateral Scientific Cooperation）
		难民、自然灾害和麻醉品司 （Department of Refugees, Natural Disasters and Narcotics）
		水外交司 （Department of Water Diplomacy）
		专业机构司 （Department of Specialized Agencies）

续表

主要官员	负责部门	
伊朗海外人士和议会事务副部长（Deputy Foreign Minister for Iranians Abroad and Parliamentary Affairs）	海外伊朗人士高级理事会秘书处总干事（Director-General-Secretariat of High Council of Iranians Abroad）	专业工作组团队司（Department of Specialized Working Groups）
		伊朗海外人才司（Department of Iranian Talents Abroad）
		伊朗国外数据银行司（Department of Data Bank of Iranians Abroad）
	议会事务总干事（Director-General for Parliamentary Affairs）	议会事务司（Department of Parliamentary Affairs）
		内阁事务司（Department of Cabinet Affairs）
		立法和法规司（Department of Legislations and Regulations）
		议会外交司（Department of Parliamentary Diplomacy）
	领事事务总干事（Director-General for Consular Affairs）	护照和签证事务司（Department of Passport and Visa Affairs）
		个人身份登记司（Department of Registration and Personal Status）
		文件认证司（Department of Document Authentication）
		公民、难民和移民司（Department of Citizenship, Refugees and Migration）
		社会事务司（Department of Social Affairs）
		海外学生、奖学金和伊朗学校司（Department of Students, Scholarships and Iranian Schools Abroad）
		领事外交和联合委员会司（Department of Consular Diplomacy and Joint Commissions）

主要官员	负责部门	
行政和财务事务副部长 （Deputy Foreign Minister for Administrative and Financial Affairs）	计划、预算和人力资源总干事 （Director-General for Planning Budget and Human Resources）	人力资源规划和结构司 （Department of Human Resources Planning and Structure）
		统计、规划和行政改革司 （Department of Statistics，Planning and Administrative Reforms）
		预算司 （Department of Budget）
		计划和项目监测司 （Department of Plan and Project Monitoring）
	行政和培训总干事 （Director-General for Administration and Training）	人力资源司 （Department of Human Resources）
		短期培训项目司 （Department of Short-Term Training Programs）
		工作人员福利司 （Department of Staff Welfare）
	财务总干事 （Director-General for Finance）	基金和负债司 （Department of Fund and Liabilities）
		支付和收入司 （Department of Payments and Receipts）
		簿记和账户监管司 （Department of Book-Keeping and Account Regulation）
		代表团财务文件控制司 （Department of Missions' Financial Documents Control）
		总部财务文件控制司 （Department of Headquarters' Financial Documents Control）
	建筑和支持总干事 （Director-General for Building and Support）	建筑和维护司 （Department of Buildings and Maintenance）
		支持服务司 （Department of Support Services）
		交通司 （Department of Transportation）
		财产司 （Department of Estates）
		物业司 （Department of Properties）
		采购司 （Department of Procurement）

主要官员	负责部门	
行政和财务事务副部长 (Deputy Foreign Minister for Administrative and Financial Affairs)	中央招聘委员会总干事 (Director-General-Central Recruitment Board)	第一招聘司 (First Recruitment Department)
		第二招聘司 (Second Recruitment Department)
		第三招聘司 (Third Recruitment Department)
公共外交中心主任（外交部副部长） 〔(President – Center for Public Diplomacy (Deputy Foreign Minister)〕	副主任—发言人办公室 (Vice President-Office of the Spokesperson)	公共关系司 (Department of Public Relations)
		信息传播和公报司 (Department of Information Dissemination and Bulletins)
		新闻门户、网站和内联网司 (Department of News Portal, Website and Intranet)
		网络信息司 (Department of Cyber Information)
	公共外交事务主任 (Vice President for Public Diplomacy)	与政党、非政府组织和友好团体关系司 (Department of Relations with Political Parties, NGOs and Friendship Groups)
		波斯语和伊朗研究促进司 (Department of Persian Language and Iranian Studies Promotion)
		宗教、文化、艺术和体育合作司 (Department Religious, Cultural, Art and Sports Cooperation)
		监测、分析和战略规划司 (Department of Monitoring, Analysis and Strategic Planning)
	媒体关系事务副事务主任 (Vice President for Media Relations)	国内媒体、IRIB 和社交网络关系司 (Department of Relations with Domestic Media, IRIB and Social Networks)
		英语外媒关系司 (Department of Relations with English Language Foreign Media)
		与其他外媒关系司 (Department of Relations with other Foreign Media)
		评估、分析和内容制作司 (Department of Assessment, Analysis and Content Production)

主要官员	负责部门	
政治与国际研究中心主任（外交部副部长）〔President-Institute for Political and International Studies（Deputy Foreign Minister）〕	研究副主任（Vice President for Research）	资深专家（Senior Experts）
	行政和档案副主任（Vice President for Administration and Archives）	行政事务司（Department of Administration）
		会议和交流司（Department of Conferences and Exchanges）
		档案司（Department of Archives）
		档案研究司（Department of Archive Studies）
		专业图书馆（Specialized Library）
		印刷和出版司（Department of Printing and Publications）
	国际关系学院院长（Dean-School of International Relations）	教育副院长（Associate Dean for Education）
		文化和学生事务副院长（Associate Dean for Cultural and Student Affairs）
		研究事务副院长（Associate Dean for Research）
		行政副院长（Associate Dean for Administration）
		国际教育合作司（Department of International Educational Cooperation）

附录3 伊朗海洋立法

序号	名称	制定日期（年/月/日）	批准日期（年/月/日）
1	《1934 年 7 月 19 日关于领海和监察区宽度的法》 Act relating to the Breadth of the Territorial Waters and to the Zone of Supervision, July 19, 1934	1934/7/19	
2	《修订 1934 年 7 月 19 日关于领海和毗连区宽度的法的 1959 年 4 月 12 日法》 Act Dated 12 April 1959 Amending Act relating to the Breadth of the Territorial Sea and Contiguous Zone of Iran Dated 19 July 1934	1959/4/12	
3	《1955 年 6 月大陆架勘探开采法》 Law of June 19, 1955 Concerning the Continental Shelf	1955/6/19	
4	《1973 年 7 月 21 日法令》 Decree-Law, 21 July 1973	1973/7/21	
5	《1993 年伊朗伊斯兰共和国在波斯湾和阿曼海关于海洋区域的法》 Act on the Marine Areas of the Islamic Republic of Iran in the Persian Gulf and the Oman Sea, 1993	1993/4/20	1993/5/2

附录 4 伊朗《1934 年 7 月 19 日关于领海和监察区宽度的法》^[1]

LOI DU 24TIR 1313（19 JUILLET 1934）RELATIVE À LA LIMITE DES EAUXTERRITORIALES ET À LA ZONE DE SUPERVISION ET DE CONTRÔLE

I.—EAUX TERRITORIALES ET ZONE DE SURVEILLANCE

Article 1er

La mer qui baigne les côtes persanes jusqu jusqu' à une distancede six milles marins, mesurée des côtes à compter de la limite de la plusbasse marée et parallèlement à celle-ci, est déclarée mer territoriale persaneet appartient au domaine national ainsi que le sol et le sous-sol au-dessous, l'air au-dessus.

D'autre part et en vue d'assurer l'exécution de certaines lois et conventions concernant la sûreté et la défense du pays et de ses intéréts ou ayanttrait à la sécurité de la navigation, une deuxième zone, dite zone de surveillance maritime et sur laquelle l'Etat exerce un droit de surveillance, s'étendra jusqu'à une distance de douze milles marins de la côte, cette distancéétant mesurée de la même manière que ci-dessus.

REMARQUE：Un mille marin est égal à 1852 mètres.

Article 2

Pour les baies, l'étendue des eaux territoriales sera mesurée àpartir d'une ligne droite tirée en travers de l'ouverture de la baie；sil'ouverture de la baie excède dix milles, cette ligne sera tirée en travers de la baiedans la partie la plus rapprochée de l'entrée, au premier point où l'ouverturen' excédera pas dix milles.

Devant les ports, les eaux territoriales sont mesurées à partir d'une lignetracée entre les ouvrages fixes les plus avancés du port.

Article 3

Chaque île appartenant à la Perse comporte des eaux territoriales qui lui sont propres, déterminées comme ci-dessus（article 1er, paragraphe 1er）.

S'il s'agit d'un archipel, les îles qui le constituent seront considérées com-

---

〔1〕 该法案全文法文版本参见联合国立法合集第 6 卷《关于领海制度的法律和法规》（*Laws and Regulations on the Regime of the Territorial Sea*）。See United Nations Office of Legal Affairs, "Legal Resources", http：//legal. un. org/legislativeseries/documents/untlegs0006. pdf, November 20, 2018.

me formant un ensemble et l'étendue de la mer territoriale sera comptée à partir des îles les plus éloignées du centre de l'archipel.

II.—CONDITIONS D'ADMLSSION ET RÉGIME DES NAVIRES DE GUERRE ÉTRANGERS DANS LES EAUX PERSANES

Article 4

Le droit de passage inoffensif dans les esux territoriales persanes est reconnu aux bâtiments de guerre étrangers, y compris les sousmarins naviguant en surface, sauf le cas où ils appartien dràient à des pays en ètat de guerre, auquel cas les règlements nationaux et internationaux, prévus pour le cas de guerre et le respect de la neutralité, entreraient en vigueur. Un règlement ministériel déterminera notamment, quant au nombre des navires, les conditions du droit de passage inoffensif prévu par le présent article.

Article 5

Les condition de séjour des bâtiments de guerre étrangers das les eaux territoriales persanes seront également fixées par le règlement ministériel.

Les bâtiments de guerre doivent, dans les eaux visées dans la présente loi, respecter le lois et règlements persans.

Article 6

Le Gouvernement Impérial se réserve le droit d'interdire, pour des raisons de défense nationale ou autres raisons majeures, le passage ou le séjour des navires de guerre étangers dans certains ports ou dans certaines parties des eaux territoriales. Ces port ou ces parties ainsi interdits prendront le nom de zones ferées.

Article 7

Acondition de réciprocité, les navires de guerre étrangers sont dispensés de la visite douanière et les droits de douane ne sont dus que pour les marchandises débarquées à terre pour y être livrées à la consummation. Ils sont exempts des taxes de port et de tonnage et des taxes assimilables à condition de réciprocité.

Article 8

La connaissance et la poursuite des crimes et délits commis à bord des navires de guerre étrangers échappent à la compétence des autorités persanes.

Aucune condamnation capitale, prononcée par une autorité étrangère, ne peut être eécutée ni dans la zone des eaux territoriale ni das la zone de surveillance.

附录 5　伊朗《1955 年 6 月大陆架勘探开采法》

LOI DU JUIN 1995 RELATIVE À L'EXPLORATION ET À L'EXPLOITATION

Du « FALAT GHARREH » (PLATEAU CONTINENTAL DE L'IRAN)[1]

Article 1er

Telle qu'elle est employée dans cette loi, l'expression « Falat Gharreh » a le même sens que l'expression « Continental Shelf » enanglais et l'expression « plateau continetal » en français.

Article 2

Le lit de la mer et le sous-sol des étendues sous-marines contiguées aux côtes de l'Iran et des îles iraniennes et situées sur le plateau continental ont toujours été et demeurent sos la souveraineté de l'Iran.

Note 1

En ce qui concerne la mer Caspienne, les dispositions du droit international sur les mers fermées sont applicables.

Article 3

Dans le cas où le plateau continental faisant l'object des articles sus-mentionés s'étend aux côtes d'u autre Etat ou est voisin du territoire d'un Etat limitrophe de l'Iran, les différends éventuels ayant trait à la delimitation du plateau continental de l'Iran seront réglés d'après le principe de l'équité et le Gouvernement prendra les mesures nécessaires pour le règlement de tells différends éventuels.

Article 4

Cette loi ne porte aucun changement aux dispositions de la loi du 24 Tir 1313 [19 juillet 1934] relative à la limite des eaux territoriales et à la zone de supervision et de contrôle, et ladite loi est toujours en vigueur.

Article 5

Cette loi ne porte pas atteinte au régime des eaux surjacetes quant au droit de la libre navigation et à l'installation de cables sousmarins.

---

[1]　该法法文版参见联合国立法合集第 6 卷《关于领海制度的法律和法规》（*Laws and Regulations on the Regime of the Territorial Sea*）。See United Nations Office of Legal Affairs, "Legal Resources", http: //legal. un. org/legislativeseries/documents/untlegs0006. pdf, November 20, 2018.

Le Gouvernement peut construire des installations nécessaires sur le plateau continental pour explorer et exploiter ses ressources naturelles et prendra les mesures nécessaires pour la sécurité de ces installations.

附录6 伊朗《1959 年领海和毗连区法》

Act Dated 12 April 1959 Amending Act relating to the Breadth of the Territorial Sea and Contiguous Zone of Iran Dated 19 July 1934[1]

Article 1

The sovereignty of Iran extends beyond its land territory and its internal waters to a belt of the sea adjacent to its coast, described as the territorial sea.

Article 2

This right of sovereignty extends to the air space over the territorial sea as well as to its bed and subsoil.

Article 3

The breadth of the Iranian territorial sea is twelve maritime miles measuring from its baseline. The baseline will be determined by the Iranian Government in accordance with the established rules of International Law. A maritime mile is equal to 1852 meters.

Article 4

Where Iranian coasts are adjacent or opposite to the coast of another State, in the absence of agreement to the contrary, the boundary of the Iranian territorial sea and that State is the median line, every point of which is equidistant from the nearest points on the baseline of the other State.

Article 5

Every island belonging to Iran, whether it is within or beyond the Iranian territorial sea, has its own territorial sea according to this law. Islands separated from each other by the distance of less than twelve maritime miles are considered as one single island and the baseline of its territorial sea measures from the islands which are farthest from the centre of the archipelago.

Article 6

The waters between the Iranian coast and the baseline, as well as the waters between islands belonging to Iran, whose distance from each other does not exceed

---

[1] "Act Dated 12 April 1959 Amending Act relating to the Breadth of the Territorial Sea and Contiguous Zone of Iran Dated 19 July 1934", FAO, http://extwprlegs1. fao. org/docs/pdf/ira1672E. pdf, November 20, 2018.

twelve maritime miles, are considered as internal water of the country.

Article 7

The fishing rights and other rights of Iran beyond its territorial sea remain intact.

Article 8

Articles contained in the Act of 24 Tir 1313 (Corresponding to 19 July 1934) and articles contained in any other acts which are incompatible with the present Act, are null and void.

附录 7 伊朗《1973 年 7 月 21 日法令》

Decree-Law, 21 July1973[1]

I

The baseline, established in the Act of 22 Farvardin 1338（12 April 1959）amending the Act of 24 Tir 1313（15 July 1934）concerning the limits of the territorial waters and the contiguous zone of Iran, is determined as follows:

A. Straight lines joining the following points:

（1）Point 1, situated at the point where the thalweg of the Shatt/El-Arab intersects the straight line joining the two banks of the mouth of the Shatt El-Arab at the low-water line.

（2）Point 2, situated at the mouth of the Behregan, whose geographical coordinates are: latitude 29°59′50″N and longitude 49°33′55″E.

（3）Point 3, situated on the south coast of Kharg Island, whose geographical coordinates are: latitude 29°12′29″N and longitude 50°18′40″E.

（4）Point 4, situated on the south coast of Nakhilu Island, whose geographical coordinates are: latitude 27°50′40″N and longitude 51°27′15″E.

（5）Point 5, situated on Lavan Island, whose geographical coordinates are: latitude 26°47′25″N and longitude 53°13′00″E.

（6）Point 6, situated on the south-west coast of Kish Island, whose geographical coordinates are: latitude 26°30′55″N and longitude 53°55′10″E.

（7）Point 7, situated on the south-east coast of Kish Island, whose geographical coordinates are: latitude 26°30′10″N and longitude 53°59′20″E.

（8）Point 8, situated at Ras-o-Shenas, whose geographical coordinates are: latitude 26°29′35″N and longitude 54°47′20″E.

（9）Point 9, situated on the south-west coast of Qeshm Island, whose geographical coordinates are: latitude 26°32′25″N and longitude 55°60′55″E.

（10）Point 10, situated on the south coast of Hengam Island, whose geographical coordinates are: latitude 26°36′40″N and longitude 55°51′50″E.

（11）Point 11, situated on the south coast of Larak Island, whose geographical coordinates are: latitude 26°49′30″N and longitude 56°21′50″E.

（12）Point 12, situated on the east coast of Larak Island, whose geographical coor-

---

[1] See "Decree-Law, 21 July 1973", United Nations, http://www. un. org/Depts/los/LEGISLATIONANDTREATIES/PDFFILES/IRN_ 1973_ Decree. pdf, November 20, 2018.

dinates are: latitude 26°51′15″N and longitude 56°24′05″E.

(13) Point 13, situated on the east coast of Hormoz Island, whose geographical co-ordinates are: latitude 27°02′30″N and longitude 56°29′40″E.

(14) Point 14, whose geographical coordinates are: latitude 27°08′30″N and longigude 56°35′40″E.

(15) Point 15, whose geographical coordinates are: latitude 25°47′10″N and longitude 57°19′55″E.

(16) Point 16, whose geographical coordinates are: latitude 25°38′10″N and longitude 57°45′30″E.

(17) Point 17, whose geographical coordinates are: latitude 25°33′20″N and longitude 58°05′20″E.

(18) Point 18, whose geographical coordinates are: latitude 25°24′05″N and longitude 59°05′40″E.

(19) Point 19, whose geographical coordinates are: latitude 25°23′45″N and longitude 59°35′00″E.

(20) Point 20, whose geographical coordinates are: latitude 25°19′20″N and longitude 60°12′10″E.

(21) Point 21, whose geographical coordinates are: latitude 25°17′25″N and longitude 60°24′50″E.

(22) Point 22, whose geographical coordinates are: latitude 25°16′36″N and longitude 60°27′30″E.

(23) Point 23, whose geographical coordinates are: latitude 25°16′20″N and longitude 60°36′40″E.

(24) Point 24, whose geographical coordinates are: latitude 25°03′30″N and longitude 61°25′00″E.

(25) Point 25, situated at the point of intersection of the meridian 61°37′03″E and the straight line joining the shorelines at the entrance of the Gwadar Gulf at the low-water line.

B. Between points 6 and 7, situated on Kish Island, points 11 and 12, situated on Larak Island, and points 14 and 15, situated in the Strait of Hormuz, the low-water line shall constitute the baseline.

II

The baseline used for measuring the breadth of the territorial sea of Iran is shown on the Map of the Persian Gulf, the first edition of which was published in Shahrivar 1349 (September 1970) by the National Geographical Organization of Iran, on a scale of 1: 1500000, and is attached to the present Decree. The original of the Decree is kept in the Office of the President of the Council of Ministers.

附录 8　《1993 年伊朗海洋法》

Act on the Marine Areas of the Islamic Republic of Iran in the Persian Gulf and the Oman Sea, 1993[1]

PART I　Territorial sea

Article 1　Sovereignty

The sovereignty of the Islamic Republic of Iran extends, beyond its land territory, internal waters and its islands in the Persian Gulf, the strait of Hormuz and the Oman Sea, to a belt of sea, adjacent to the baseline, described as the territorial sea.

This sovereignty extends to the airspace over the territorial sea as well as to its bed and subsoil.

Article 2　Outer limit

The breadth of the territorial sea is 12 nautical miles, measured from the baseline. Each nautical mile is equal to 1852 metres.

The islands belonging to Iran, whether situated within or outside its territorial sea, have, in accordance with this Act, their own territorial sea.

Article 3　Baseline

In the Persian Gulf and the Oman Sea, the baseline from which the breadth of the territorial sea is measured is that one determined in Decree No. 2/250-67 dated 31 Tir 1352 (22 July 1973) of the Council of Ministers (annexedto this Act); in other areas and islands, the low-water line along the coast constitutes the baseline.

Waters on the landward side of the baseline of the territorial sea, and waters between islands belonging to Iran, where the distance of such islands does not exceed 24 nautical miles, form part of the internal waters and are under the sovereignty of the Islamic Republic of Iran.

Article 4　Delimitation

Wherever the territorial sea of Iran overlaps the territorial seas of the States with opposite or adjacent coasts, the dividing line between the territorial seas of Iran and those states shall be, unless otherwise agreed between the two parties, the median line every point of

---

[1]　See "Act on the Marine Areas of the Islamic Republic of Iran in the Persian Gulf and the Oman Sea, 1993", United Nations, http：//www. un. org/Depts/los/LEGISLATIONANDTREATIES/PDF-FILES/IRN_ 1993_ Act. pdf, November 20, 2018.

which is equidistant from the nearest point on the baseline of both States.

Article 5　Innocent passage

The passage of foreign vessels, except as provided for in article 9, is subject to the principle of innocent passage so long as it is not prejudicial to good order, peace and security of the Islamic Republic of Iran.

Passage, except as in cases of force majeure, shall be continuous and expeditious.

Article 6　Requirements of innocent passage

Passage of foreign vessels, in cases when they are engaged in any of the following activities, shall not be considered innocent and shall be subject to relevant civil and criminal laws and regulations:

(a) Any threat or use of force against the sovereignty, territorial integrity or political independence of the Islamic Republic of Iran, or in any other manner in violation of the principles of international law;

(b) Any exercise or practice with weapons of any kind;

(c) Any act aimed at collecting information prejudicial to the national security, defence or economic interests of the Islamic Republic of Iran;

(d) Any act of propaganda aimed at affecting the national security, defence or economic interests of the Islamic Republic of Iran;

(e) The launching, landing or transferring on board of any aircraft or helicopter, or any military devices or personnel to another vessel or to the coast;

(f) The loading or unloading of any commodity, currency or person contrary to the laws and regulations of the Islamic Republic of Iran;

(g) Any act of pollution of the marine environment contrary to the rules and regulations of the Islamic Republic of Iran;

(h) Any act of fishing or exploitation of the marine resources;

(i) The carrying out of any scientific research and cartographic and seismic surveys or sampling activities;

(j) Interfering with any systems of communication or any other facilities or installations of the Islamic Republic of Iran;

(k) Any other activity not having a direct bearing on passage.

Article 7　Supplementary laws and regulations

The Government of the Islamic Republic of Iran shall adopt such other regulations as are necessary for the protection of its national interests and the proper conduct of innocent passage.

Article 8　Suspension of innocent passage

The Government of the Islamic Republic of Iran, inspired by its high national interests and to defend its security, may suspend the innocent passage in parts of its territorial sea.

Article 9　Exceptions to innocent passage

Passage of warships, submarines, nuclear-powered ships and vessels or any other floating objects or vessels carrying nuclear or other dangerous or noxious substances harmful to the environment, through the territorial sea is subject to the prior authorization of the relevant authorities of the Islamic Republic of Iran. Submarines are required to navigate on the surface and to show their flag.

Article 10　Criminal jurisdiction

In the following cases, the investigation, prosecution and punishment in connection with any crimes committed on board the ships passing through the territorial sea is within the jurisdiction of the judicial authorities of the Islamic Republic of Iran:

(a) If the consequences of the crime extend to the Islamic Republic of Iran;

(b) If the crime is of a kind to disturb the peace and order of the country or the public order of the territorial sea;

(c) If the master of the ship or a diplomatic agent or consular officer of the flag State asks for the assistance and investigation;

(d) If such investigation and prosecution is essential for the suppression of illicit traffic in narcotic drugs or psychotropic substances.

Article 11　Civil jurisdiction

The competent authorities of the Islamic Republic of Iran may stop, divert or detain a ship and its crew for the enforcement of attachment orders or court judgements if:

(a) The ship is passing through the territorial sea after leaving the internal waters of Iran;

(b) The ship is lying in the territorial sea of Iran;

(c) The ship is passing through the territorial sea, provided that the origin of the attachment order or court judgement rests in the obligations or requirements arising from the civil liability of the ship itself.

PART II　Contiguous zone

Article 12　Definition

The contiguous zone is an area adjacent to the territorial sea the outer limit of which is 24 nautical miles from the baseline.

Article 13　Civil and criminal jurisdiction

The Government of the Islamic Republic of Iran may adopt measures necessary to prevent the infringement of laws and regulations in the contiguous zone, including security, customs, maritime, fiscal, immigration, sanitary and environmental laws and regulations and investigation and punishment of offenders.

PART III   Exclusive economic zone and continental shelf

Article 14   Sovereign rights and jurisdiction in the exclusive economic zone

Beyond its territorial sea, which is called the exclusive economic zone, the Islamic Republic of Iran exercises its sovereign rights and jurisdiction with regard to:

(a) Exploration, exploitation, conservation and management of all natural resources, whether living or non-living, of the seabed and subsoil thereof and its superjacent waters, and with regard to other economic activities for the production of energy from water, currents and winds.   These rights are exclusive;

(b) Adoption and enforcement of appropriate laws and regulations, especially for the following activities:

(i) The establishment and use of artificial islands and other installations and structures, laying of submarine cables and pipelines and the establishment of relevant security and safety zones;

(ii) Any kind of research;

(iii) The protection and preservation of the marine environment;

(c) Such sovereign rights as granted by regional or international treaties.

Article 15   Sovereign rights and jurisdiction in the continental shelf

The provisions of article 14 shall apply mutatis mutandis to the sovereign rights and jurisdiction of the Islamic Republic of Iran in its continental shelf, which comprises the seabed and subsoil of the marine areas that extend beyond the territorial sea throughout the natural prolongation of the land territory.

Article 16   Prohibited activities

Foreign military activities and practices, collection of information and any other activity inconsistent with the rights and interests of the Islamic Republic of Iran in the exclusive economic zone and the continental shelf are prohibited.

Article 17   Scientific activities, exploration and research

Any activity to recover drowned objects and scientific research and exploration in the exclusive economic zone and the continental shelf is subject to the permission of the relevant authorities of the Islamic Republic of Iran.

Article 18   Preservation of the environment and natural resources

The Government of the Islamic Republic of Iran shall take appropriate measures for the protection and preservation of the marine environment and proper exploitation of living and other resources of the exclusive economic zone and the continental shelf.

Article 19 Delimitation

The limits of the exclusive economic zone and the continental shelf of the Islamic Republic of Iran, unless otherwise determined in accordance with bilateral agreements, shall be a line every point of which is equidistant from the nearest point on the baselines of two States.

Article 20 Civil and criminal jurisdiction

The Islamic Republic of Iran shall exercise its criminal and civil jurisdiction against offenders of the laws and regulations in the exclusive economic zone and continental shelf and shall, as appropriate, investigate or detain them.

Article 21 Right of hot pursuit

The Government of the Islamic Republic of Iran reserves its right of hot pursuit against offenders of laws and regulations relating to its internal waters, territorial sea, contiguous zone, exclusive economic zone and the continental shelf, in such areas and the high seas.

PART IV Final provisions

Article 22 Executive regulations

The Council of Ministers shall specify the mandates and responsibilities [powers and duties] of different ministries and organizations charged with the enforcement of this Act.

The said ministries and organizations shall, within one year after the approval of this Act, prepare the necessary regulations and have them approved by the Council of Ministers.

Pending the adoption of new executive regulations, the existing rules and regulations shall remain in force.

Article 23

All laws and regulations contrary to the present Act, upon its ratification, are hereby abrogated.

The above Act, comprising 23 articles, was ratified at the plenary meeting of Tuesday, the thirty-first day of Farvrdin, one thousand three hundred and seventy-two (20 April 1993), of the Islamic Consultative Assembly and was approved by the Council of Guardians on Ordibehesht 12, 1372 (2 May 1993) .

附录9　伊朗和阿曼划定阿曼海海洋边界的基点

划界点	地理坐标	
	纬度（北）	经度（东）
1	23°20′48″	61°25′00″
2	23°23′10″	61°21′15″
3	23°34′19″	61°00′57″
4	23°36′03″	60°57′46″
5	23°40′24″	60°49′36″
6	23°44′21″	60°41′08″
7	23°45′52″	60°37′47″
8	23°50′37″	60°27′15″
9	23°51′06″	60°24′54″
10	23°55′03″	60°16′28″
11	23°56′17″	60°14′23″
12	23°58′10″	60°11′30″
13	24°00′53″	60°07′25″
14	24°01′12″	60°06′53″
15	24°03′05″	60°03′25″
16	24°06′16″	59°57′32″
17	24°07′12″	59°55′12″
18	24°08′12″	59°53′05″
19	24°13′44″	59°42′34″
20	24°19′06″	59°32′22″
21	24°19′07″	59°32′20″
22	24°20′55″	59°27′41″
23	24°21′17″	59°26′43″
24	24°23′38″	59°20′37″
25	24°23′48″	59°19′54″
26	24°24′20″	59°18′04″
27	24°24′29″	59°17′27″
28	24°24′43″	59°16′33″
29	24°27′39″	59°04′25″

划界点	地理坐标	
	纬度（北）	经度（东）
30	24°31′56″	58°46′49″
31	24°34′34″	58°38′54″
32	24°37′32″	58°30′48″
33	24°39′12″	58°26′36″
34	24°39′32″	58°25′38″
35	24°40′17″	58°10′53″
36	24°41′54″	57°49′55″
37	24°43′03″	57°43′46″
38	24°43′46″	57°41′28″
39	24°44′00″	57°41′01″
40	24°44′17″	57°40′13″
41	24°44′21″	57°40′06″
42	24°46′14″	57°36′28″
43	24°46′34″	57°35′54″
44	24°46′37″	57°35′50″
45	24°48′06″	57°33′27″
46	24°49′07″	57°31′48″
47	24°50′45″	57°29′17″
48	24°50′55″	57°29′04″
49	24°52′36″	57°26′38″
50	24°55′18″	57°22′50″
51	24°58′56″	57°18′16″
52	24°59′47″	57°16′43″
53	25°01′51″	57°13′30″
54	25°04′26″	57°10′29″
55	25°05′38″	57°09′08″

附录10　伊朗渔业相关立法

名称[1]	批准时间 （年/月/日）	生效时间 （年/月/日）
《关于波斯湾传统行业捕虾的规定》 Regulations Relative to Shrimp Catching by the Traditional Sector in the Persian Gulf	1984/6	
《关于波斯湾工业捕捞行业捕虾的规定》 Regulations Relative to Shrimp Catching by the Industrial Fishing Sector in the Persian Gulf	1984/6	
《关于在阿曼海捕鱼的规定》 Regulations Relative to Fishing in the Oman Sea	1984/6	
《关于波斯湾手工捕鱼的规定》 Regulations Relative to Artisanal Fishing in the Persian Gulf	1984/6	
《伊朗伊斯兰共和国渔业资源保护和开发法》 Law of Protection and Exploitation of Fisheries Resources of the Islamic Republic of Iran	1995/9/5	1995/9/13
《建立伊朗渔业组织法》 Law Establishing the Iranian Fisheries Organization	2004/5/19	2004/5/19

---

[1]　"Iran：Fishers"，See International Labour Organization，http：//www. ilo. org/dyn/natlex/natlex4. listResults？p_ lang = en&p_ country = IRN&p_ count = 194&p_ classification = 19&p_ classcount =6，November 9，2018.

附录 11 伊朗港口和海事相关立法[1]

文件类别	法律文件名称	批准日期（年/月/日）
海事相关法规	伊朗海事法	1964/9/20
	伊朗海商法	2012/11/21
关于港口和海事组织的职责和权限的规定	港口和海事组织港口名称变更条例	2008/4/29
	港口和海事组织条例	1970/2/4
	关于港口和航运组织建立许可的规定	1960/6/5
	港口及海事组织的财务、就业以及设立港口和海关警卫队的规定	1970/2/4
	批准确定恰巴哈尔港监测区域和作业区域的边界	1990/1/7
	伊朗港口条例	1939/1/14
关于伊朗港口的规定	批准确定里兰省里海港[2]作为官方和法定边境[3]	2018/1/24
	更正里兰省里海港作为官方和法定边境的批准	2018/7/11
关于船舶登记、转让和交易的规定	船舶登记管理条例	1965/12/30
	伊朗海事法第28条修正案	2017/6/11
	船舶和船舶交易转让条例及修正案	1965/9/4
关于确定沿海水域、监测区域、专属经济区和大陆架的规定	批准阿尔万德·凯纳尔港作为海上边界	2017/3/17
	批准霍尔木兹甘省格什姆·卡维港作为海上边界	2017/3/17
	关于沿海水域监管和海洋国家监督的规定	2017/3/8
	伊朗伊斯兰共和国与巴基斯坦伊斯兰共和国海事限制协定	1959/5/4
	关于伊朗与巴林之间大陆架划界协定的法律	1959/5/4

---

[1] "Home" Islamic Republic of IranPorts & Maritime Organization, https：//www. pmo. ir/fa/laws-% D9% 82% D9% 88% D8% A7% D9% 86% DB% 8C% D9% 86-% D9% 88-% D9% 85% D9% 82% D8% B1% D8% B1% D8% A7% D8% AA, October 30, 2018.

[2] 此处里海港口指的是安扎利港。

[3] 该文件于2018年3月18日被更正。

文件类别	法律文件名称	批准日期（年/月/日）
关于确定沿海水域、监测区域、专属经济区和大陆架的规定	限制伊朗政府和阿联酋政府之间的大陆架部分的法律	1959/5/4
	关于伊朗与阿曼之间大陆架划界协定的法律	1959/5/4
	关于伊朗与卡塔尔之间大陆架划界协定的法律	1959/5/4
	伊朗和沙特阿拉伯关于波斯和阿拉伯群岛主权和大陆架界限协定的法律	1959/5/4
	勘探和开采自然资源法	1959/5/4
	在波斯湾和阿曼海的大陆架和伊朗专属经济区建造和使用设施的规定	1959/5/4
自由经济区和经济特区的监管	《进出口条例实施准则》第 11 条注释 5 的修正案	2018/3/2
	港口经济特区许可活动说明	2018/1/6
	关于港口区域内车辆、设备和机械的进入、操作和离开的说明	2018/1/6
	关于如何接受外资并在港口经济特区注册公司境内外分支机构的执行指示	2018/1/6
	关于如何在港口经济特区使用消费品、原材料、机械生产线和设施的说明	2018/1/6
	关于在港口经济特区发放和使用外国人就业许可证的执行指示	2018/1/6
	确定港口经济特区增值（获得委员会批准）的说明	2018/1/6
	关于处理自由经济区和港口特产中的高耐用品的实践样式	2018/1/6
海运相关条例	伊朗伊斯兰共和国政府与大韩民国政府之间的《海运协定》相关规定	2017/4/30
	2010 年 10 月 13 日批准的伊朗伊斯兰共和国第五个"五年发展计划"中海上运输的法律细则	2011/1/5
	伊朗伊斯兰协商会议于 1383 年 6 月 11 日批准的伊朗共和国第四个"五年发展计划"中海上运输的法律细则	2004/9/1

文件类别	法律文件名称	批准日期（年/月/日）
海运相关 条例	伊朗伊斯兰共和国货物运输和货物出口行为守则	1998/8/9
	从伊朗伊斯兰共和国境内向外运输和过境外国货物的法律	1996/3/12
海上安全法规	国家海洋搜救计划	2015/2/28
	船只和游艇的安全说明	2018/8/21
	《国际海上人命安全公约》和《国际安全管理规则》第九部分行政命令	2018/7/26
	《国际海上人命安全公约》第11.2节的行政命令及国际船舶保安规则	2018/7/26
	关于实施《2006年海事劳工公约》的控制和检查的指南	2015/3/27
	环境许可指令：接收油轮、船舶和浮动船舶废油的设施和装置	2018/12/17
	石油污染民事责任认证程序	2018/7/26
环境污染 法规	清洁空气法	2017/11/27
	《废水管理公约》执行摘要	2015/7/28
	《船舶防滑系统控制公约》的行政命令	2015/7/28
	关于防止船舶污染的法律草案（2010年修订）	2015/7/27
	2010年修订《海洋和航运河油污防止法》	2015/7/27
	实施《海洋和航运河油污防止法》的条例（第89号法）第3条"油污记录办公室"、第5条"废物收集设施"和第6条"污染责任保险范围"	2015/2/15
	国家准备、应对和合作防止海洋和通航河流中的石油污染计划	2015/3/10
财务和 交易法规	招标法	2017/3/17
	港口和海事组织交易条例	2017/3/10
	港口和海事组织财务条例	2017/3/10

文件类别	法律文件名称	批准日期（年/月/日）
杂项规定	海洋产业发展与保护法	2017/3/17
	《伊朗伊斯兰共和国水资源保护和开发法》实施条例	2017/3/9
	最高海洋学理事会成立法	2017/3/8
	伊朗国家石油公司章程	2016/3/26
	由国际边界进入和离开伊朗通道的规定	1959/5/1
	伊朗伊斯兰共和国水资源保护和开发法	1959/5/1
	土地和沿海法律	1959/5/1
人员认证和文件管理规定	关于进行培训课程和商业海事能力考试（包括附件）的说明	2015/2/5
	关于颁发许可证和监督海事培训中心课程实施的说明	2015/3/10
	关于向港口和海外公司代表授予港口和海运服务经营许可证的规定	2014/4/6
	伊朗伊斯兰共和国政府与孟加拉国人民共和国政府关于海上商船的协定	2014/4/13
双重或三重运输协议	伊朗与罗马尼亚商业航运协定	2017/10/3
	伊朗与突尼斯商业海运及相关海运和港口问题协定	2017/10/3
	伊朗与孟加拉国共同适用的海上商船协定	2017/10/3
	伊朗与斯洛文尼亚海上商业航运协定	2017/10/3
	伊朗和阿曼海事商业航运协定	2017/10/3
	伊朗与叙利亚海运商船协定	2017/10/3
	保护里海环境公约	2015/2/5
	科威特保护和发展海洋环境和沿海地区防止污染合作区域公约	2015/3/11

附录 12 伊朗缔结和加入的国际条约[1]

序号	公约名称	签字日期（年/月/日）	加入/批准日期（年/月/日）	生效日期（年/月/日）
(一)联合国海洋法体系				
1	《1958 年领海及毗连区公约》 Convention on the Territorial Sea and the Contiguous Zone, 1958	1958/5/28		1964/9/10
2	《1958 年公海公约》 Convention on the High Seas, 1958	1958/5/28		1962/9/30
3	《1958 年大陆架公约》 Convention on the Continental Shelf, 1958	1958/5/28		1964/6/10
4	《1958 年捕鱼及养护公海生物资源公约》 Convention on Fishing and Conservation of the Living Resources of the High Seas, 1958.	1958/5/28		1966/3/20
5	《1982 年联合国海洋法公约》 United Nations Convention on the Law of the Sea	1982/12/10		1994/11/16
6	《关于执行 1982 年 12 月 10 日〈联合国海洋法公约〉第十一部分的协定》 Agreement relating to the Implementation of Part XI of the United Nations Convention on the Law of the Sea of 10 December 1982			
7	《执行 1982 年 12 月 10 日〈联合国海洋法公约〉关于养护和管理跨界鱼类和高度洄游鱼类的规定的协定》 Agreement for the Implementation of the Provisions of the United Nations Convention on the Law of the Sea of 10 December 1982 relating to the Conservation and Management of Straddling Fish Stocks and Highly Migratory Fish Stocks		1998/4/17	

[1] "Multilateral Treaties Deposited with the Secretary-General", United Nations Treaty Collection, https://treaties.un.org/Pages/ParticipationStatus.aspx? clang =_ en, October 28, 2018.

（二）国际海事组织框架下的海事公约[1]			
序号	公约名称	批准日期 （年/月/日）	文书交付日期 （年/月/日）	生效日期 （年/月/日）
1	《1966 年国际载重线公约》 International Convention on Load Lines, 1966	1973/7/30	1973/10/5	1974/1/5
2	《1969 年国际船舶吨位丈量公约》 International Convention on Tonnage Measurement of Ships, 1969	1973/11/26	1973/12/28	1982/7/18
3	《1976 年国际海事卫星组织公约》以及 《国际海事卫星组织业务协定》 Convention on the International Maritime Satellite Organization, 1976 Operating Agreement on the International Maritime Satellite Organization, 1976	1983/7/6	1984/10/12	1984/10/12
4	《1972 年国际海上避碰规则公约》 Convention on the International Regulations for Preventing Collisions at Sea, 1972	1988/9/27	1989/1/17	1989/1/17
5	《1989 年国际救助公约》 International Convention on Salvage, 1989	1994/4/19	1994/8/1	1996/7/14
6	《1965 年便利国际海上运输公约》 Convention on Facilitation of International Maritime Traffic, 1965	1994/4/20	1995/3/27	1995/5/26
7	《1979 年国际海上搜寻救助公约》 International Convention on Maritime Search and Rescue, 1979	1994/5/11	1995/9/26	1995/10/26
8	《1974 年国际海上人命安全公约》 International Convention for the Safety of Life at Sea, 1974	1994/5/17	1994/10/17	1995/1/17
9	《1978 年海员培训、发证和值班标准国际公约》 International Convention on Standards of Training, Certification and Watchkeeping for Seafarers, 1978	1996/7/28	1996/8/1	1996/11/1

---

[1] "International Maritime Organization (IMO)", Islamic Republic of Iran Ports & Maritime Organization, https://www.pmo.ir/en/pmoandinternationalcooperations/internationalorg, October 30, 2018.

续表

序号	公约名称		批准日期 （年/月/日）	文书交付日期 （年/月/日）	生效日期 （年/月/日）
10	《1972 年防止倾倒废物及其他物质污染海洋公约》 Convention on the Prevention of Marine Pollution by Dumping of Wastes and Other Matter，1972		1996/9/15	1997/1/13	1997/2/12
11	《1969 年国际干预公海油污事故公约》 International Convention relating to Intervention on the High Seas in Cases of Oil Pollution Casualties，1969		1997/1/26	1997/7/25	1997/10/23
12	《1973 年干预公海非油类物质污染议定书》 Protocol relating to Intervention on the High Seas in Cases of Pollution by Substances other than Oil，1973		1997/1/26	1997/7/25	1997/10/23
13	《1990 年国际油污防备、反应与合作公约》 International Convention on Oil Pollution Preparedness，Response and Cooperation，1990		1997/7/20	1998/2/25	1998/5/25
14	《1974 年国际海上人命安全公约的 1978 年议定书》 Protocol of 1978 relating to the International Convention for the Safety of Life at Sea，1974		2000/2/23	2000/8/31	2000/11/30
15	《1972 年国际集装箱安全公约》 International Convention for Safe Containers，1972		2000/10/22	2001/10/11	2002/10/11
16	《〈1973 年国际防止船舶造成污染公约〉的 1978 年议定书》 International Convention for the Prevention of Pollution from Ships，1973（17Feb）as modified by the Protocol of 1978 relating thereto	附则一 Annex Ⅰ	2002/1/16	2002/10/25	2003/1/25
		附则二 Annex Ⅱ			
		附则五 Annex Ⅴ			

序号	公约名称		批准日期（年/月/日）	文书交付日期（年/月/日）	生效日期（年/月/日）
17	《1974 年国际海上人命安全公约的 1988 年议定书》 Protocol of 1988 （11Nov） relating to the International Convention for the Safety of Life at Sea, 1974		2004/8/23	2006/10/31	2007/1/31
18	《1966 年国际载重线公约的 1988 年议定书》 Protocol of 1988 relating to the International Convention on Load Lines, 1966		2005/5/17	2006/10/31	2007/1/31
19	《1969 年国际油污损害民事责任公约的 1992 年议定书》 Protocol of 1992 to amend the International Convention on Civil Liability for Oil Pollution Damage, 1969		2002/2/13	2007/10/24	2008/10/24
20	《修正〈1971 年设立国际油污损害赔偿基金公约〉的 1992 年议定书》 Protocol of 1992 to amend the International Convention on the Establishment of an International Fund for Compensation for Oil Pollution Damage, 1971		2002/2/13	2008/11/5	2009/11/5
21	《1978 年关于 1973 年国际防止船舶造成污染公约的议定书的 1997 年议定书》 Protocol of 1997 to amend the International Convention for the Prevention of Pollution from Ships, 1973, as modified by the Protocol of 1978 relating thereto	附则三 Annex Ⅲ	2008/7/27	2009/5/29	2009/8/29
		附则四 Annex Ⅳ			
		附则六 Annex Ⅵ			
22	《1988 年制止危害海上航行安全的非法行为公约》 Convention for the Suppression of Unlawful Acts against the Safety of Maritime Navigation, 1988		2008/12/3	2009/10/30	2010/1/28

序号	公约名称	批准日期 （年/月/日）	文书交付日期 （年/月/日）	生效日 （年/月/日）
23	《1988 年制止危害大陆架固定平台安全的非法行为议定书》 Protocol for the Suppression of Unlawful Acts against the Safety of Fixed Platforms Located on the Continental Shelf, 1988	2008/12/3	2009/10/30	2010/1/28
24	《2000 年有毒有害物质污染事故防备、反应与合作议定书》 Protocol on Preparedness, Response and Cooperation to Pollution Incidents by Hazardous and Noxious Substances, 2000	2010/4/14	2011/4/19	2011/7/19
25	《2001 年控制船舶有害防污底系统国际公约》 International Convention on the Control of Harmful Anti-Fouling Systems on Ships, 2001	2010/5/25	2011/4/6	2011/7/6
26	《2001 年国际油污损害民事责任公约》 International Convention on Civil Liability for Bunker Oil Pollution Damage, 2001	2010/5/18	2011/11/21	2011/2/21
27	《2004 年国际船舶压载水和沉积物控制和管理公约》 International Convention for the Control and Management of Ships' Ballast Water and Sediments, 2004	2010/5/18	2011/4/6	2017/9/8
28	《2007 年内罗毕国际船舶残骸清除公约》 Nairobi International Convention on the Removal of Wrecks, 2007	2010/5/18	2011/4/19	2015/4/14
29	《1976 年海事索赔责任限制公约》 Convention on Limitation of Liability for Maritime Claims, 1976	2014/5/26	2015/9/1	2015/12/1
30	《1972 年防止倾倒废物及其他物质污染海洋的公约的 1996 年议定书》 1996 Protocol to the Convention on the Prevention of Marine Pollution by Dumping of Wastes and Other Matter, 1972	2015/10/5	2016/11/23	2016/12/23

序号	公约名称	批准日期 （年/月/日）	文书交付日期 （年/月/日）	生效日期 （年/月/日）
31	《1976 年国际移动卫星组织公约》 Convention on the International Mobile Sat-ellite Organization，as amended，1976		1984/10/12	1984/10/12
32	《1948 年国际海事组织公约》〔1〕 Convention on the International Maritime Or-ganization，1948	1951/2/26		1958/3/17
（三）国际劳工组织关于海员工作的公约				
1	《1958 年海员身份证件公约》 Seafarers Identity Documents Convention，1958	1966/12/15	1967/3/13	1968/3/13
2	《2003 年海员身份证件公约（修订）》 Convention Revising the Seafarers Identity Documents Convention，2003	2010/5/18		
3	《2006 年海事劳工公约》 Maritime Labour Convention，2006	2010/5/19	2014/6/21	2015/6/21
（四）关于环境保护的公约				
序号	公约名称	批准日期 （年/月/日）	签署（须经批准）日期（年/月/日）	生效日期 （年/月/日）
1	《2003 年保护里海海洋环境框架公约》 （《德黑兰公约》） Framework Convention for the Protection of the Marine Environment of the Caspian Sea，2003		2003/11/4	2006/8/12

---

〔1〕 签署（须经批准）日期：1948/3/6。See ECOLEX，"Convention on the International Maritime Organization：Participant"，https：//www. ecolex. org/details/treaty/convention-on-the-internation-al-maritime-organization-tre-000498/？ q = Convention + on + the + International + Maritime + Organization&type = legislation&xdate_ min = &xdate_ max = ，October，30，2018.

序号	公约名称	批准日期（年/月/日）	签署（须经批准）日期（年/月/日）	生效日期（年/月/日）
2	《保护里海海洋环境免受陆上活动污染的议定书》 The Protocol for the Protection of the Caspian Sea against Pollution from Land-based Sources and Activities	2014/5/12	2012/12/12	
3	《里海海洋环境保护公约生物多样性保护议定书》 The Protocol for the Conservation of Biological Diversity to the Framework Convention for the Protection of the Marine Environment of the Caspian Sea		2014/5/30	
4	《2011 年关于应对原油污染事故的区域准备、反应和合作议定书》 The Protocol Concerning Regional Preparedness, Response and Cooperation in Combating Oil Pollution Incidents to the Framework Convention for the Protection of Marine Environment of the Caspian Sea, 2011	2012/8/15	2011/8/12	2016/7/25
5	《1978 年关于合作保护海洋环境免受污染的科威特区域公约》 Kuwait Regional Convention for Cooperation on the Protection of the Marine Environment from Pollution, 1978	1980/3/3	1978/4/24	1980/6/1

附录 13　伊朗签署《领海及毗连区公约》时的声明

Declarations

The Iranian Government maintains the objection on the ground of excess of competence, expressed by its delegation at the twelfth plenary meeting of the Conference on the Law of the Sea on 24 April 1958, to the articles recommended by the Fifth Committee of the Conference and incorporated in part in article 14 of this Convention. The Iranian Government accordingly reserves all rights regarding the contents of this article in so far as it relates to countries having no sea coast.

附录 14 伊朗签署《大陆架公约》时的声明

Declarations

（a）Article 4：With respect to the phrase "the Coastal State may not impede the laying or maintenance of submarine cables or pipe-lines on the continental shelf", the Iranian Government reserves its right to allow or not to allow the laying or maintenance of submarine cables or pipe-lines on its continental shelf.

（b）Article 6：With respect to the phrase "and unless another boundary line is justified by special circumstances" included in paragraphs 1 and 2 of this article, the Iranian Government accepts this phrase on the understanding that one method of determining the boundary line in special circumstances would be that of measurement from the high water mark.

附录 15 伊朗签署《公海公约》时的声明

Declarations

Article 2: With respect to the words "no State may validly purport to subject any part of them to its sovereignty", it shall be understood that this prohibition does not apply to the continental shelf, which is governed by article 2 of the Convention on the Continental Shelf.

Articles 2, 3 and 4: The Iranian Government maintains the objection on the ground of excess of competence, expressed by its delegation at the twelfth plenary meeting of the Conference on the Law of the Sea on 24 April 1958, to the articles recommended by the Fifth Committee of the Conference and incorporated in the afore-mentioned articles of the Convention on the High Seas. The Iranian Government accordingly reserves all rights regarding the contents of these articles in so far as they relate to countries having no sea coast.

Article 2 (3) —article 26, paragraphs 1 and 2: Application of the provisions of these articles relating to the laying of submarine cables and pipelines shall be subject to the authorization of the coastal State, in so far as the continental shelf is concerned.

附录 16　伊朗签署《联合国海洋法公约》时的声明[1]

Interpretative Declaration on the Subject of Straits

In accordance with article 310 of the Convention on the Law of the Sea, the Government of the Islamic Republic of Iran seizes the opportunity at this solemn moment of signing the Convention, to place on the records its "understanding" in relation to certain provisions of the Convention. The main objective for submitting these declarations is the avoidance of eventual future interpretation of the following articles in a manner incompatible with the original intention and previous positions or in disharmony with national laws and regulations of the Islamic Republic of Iran. It is, ..., the understanding of the Islamic Republic of Iran that:

1) Notwithstanding the intended character of the Convention being one of general application and of law making nature, certain of its provisions are merely product of quid pro quo which do not necessarily purport to codify the existing customs or established usage (practice) regarded as having an obligatory character. Therefore, it seems natural and in harmony with article 34 of the 1969 Vienna Convention on the Law of Treaties, that only states parties to the Law of the Sea Convention shall be entitled to benefit from the contractual rights created therein.

The above considerations pertain specifically (but not exclusively) to the following:

—The right of Transit passage through straits used for international navigation (Part III, Section 2, article 38).

—The notion of "Exclusive Economic Zone" (Part V). —All matters regarding the International Seabed Area and the Concept of "Common Heritage of mankind" (Part XI).

2) In the light of customary international law, the provisions of article 21, read in association with article 19 (on the Meaning of Innocent Passage) and article 25 (on the Rights of Protection of the Coastal States), recognize (though implicitly) the rights of the Coastal States to take measures to safeguard their security interests including the adoption of laws and regulations regarding, inter alia, the requirements of prior authorization for warships willing to exercise the right of innocent passage through the territorial sea.

---

[1]　"CHAPTER XXI: LAW OF THE SEA", United Nations Treaty Collection, https://treaties.un.org/Pages/ViewDetailsIII.aspx? src = TREATY&mtdsg _ no = XXI-6&chapter = 21&Temp = mtdsg3&clang =_ en, November 26, 2018.

3）The right referred to in article 125 regarding access to and from the sea and freedom of transit of Land-locked States is one which is derived from mutual agreement of States concerned based on the principle of reciprocity.

4）The provisions of article 70, regarding "Right of States with Special Geographical Characteristics" are without prejudice to the exclusive right of the Coastal States of enclosed and semi-enclosed maritime regions (such as the Persian Gulf and the Sea of Oman) with large population predominantly dependent upon relatively poor stocks of living resources of the same regions.

5）Islets situated in enclosed and semi-enclosed seas which potentially can sustain human habitation or economic life of their own, but due to climatic conditions, resource restriction or other limitations, have not yet been put to development, fall within the provisions of paragraph 2 of article 121 concerning "Regime of Islands", and have, therefore, full effect in boundary delimitation of various maritime zones of the interested Coastal States.

Furthermore, with regard to "Compulsory Procedures Entailing Binding Decisions" the Government of the Islamic Republic of Iran, while fully endorsing the Concept of settlement of all international disputes by peaceful means, and recognizing the necessity and desirability of settling, in an atmosphere of mutual understanding and cooperation, issues relating to the interpretation and application of the Convention on the Law of the Sea, at this time will not pronounce on the choice of procedures pursuant to articles 287 and 298 and reserves its positions to be declared in due time.

附录 17　伊朗、俄罗斯、哈萨克斯坦、阿塞拜疆和土库曼斯坦《里海法律地位公约》

Convention on the Legal Status of the Caspian Sea[1]

The Parties to this Convention, the Caspian littoral States—the Republic of Azerbaijan, the Islamic Republic of Iran, the Republic of Kazakhstan, the Russian Federation and Turkmenistan—hereinafter referred to as the Parties,

Based on the principles and norms of the Charter of the United Nations and international law,

Taking into account the atmosphere of cooperation, good-neighbourliness and mutual understanding among the Parties,

Guided by the desire to deepen and expand good-neighbourly relations among the Parties,

Proceeding from the fact that the Caspian Sea is of vital importance to the Parties and that only they possess sovereign rights over the Caspian Sea and its resources,

Emphasizing that solving issues related to the Caspian Sea falls within the exclusive competence of the Parties,

Recognizing political, economic, social and cultural importance of the Caspian Sea,

Aware of their responsibility before the present and future generations for the preservation of the Caspian Sea and sustainable development of the region,

Convinced that this Convention will facilitate the development and strengthening of cooperation among the Parties, and promote the use of the Caspian Sea for peaceful purposes and rational management of its resources, as well as exploration, protection and conservation of its environment,

Seeking to create favorable conditions for the development of mutually beneficial economic cooperation in the Caspian Sea,

Taking into account changes and processes that have occurred in the Caspian Sea region at the geopolitical and national levels, the existing arrangements between the Parties and, in this regard, the need to strengthen the legal regime of the Caspian Sea,

Have agreed as follows:

Article 1

For the purposes of this Convention, the following terms shall mean:

---

[1] "Convention on the Legal Status of the Caspian Sea", President of Russia, http://en. kremlin. ru/supplement/5328, November 8, 2018.

"The Caspian Sea" —the body of water surrounded by the land territories of the Parties and outlined on the 1 : 750000 scale nautical charts of the General Department of Navigation and Oceanography of the Ministry of Defense of the Russian Federation, Saint Petersburg, No. 31003, archive edition of 17. 04. 1997 published in 1998; No. 31004, archive edition of 04. 07. 1998 published in 1999; No. 31005, archive edition of 16. 11. 1996 published in 1998, certified copies of which are attached to this Convention and form an integral part thereof.

" Baseline" —the line consisting of normal and straight baselines.

"Normal baseline" —the line of the multi-year mean level of the Caspian Sea measured at minus 28. 0 meters mark of the 1977 Baltic Sea Level Datum from the zero-point of the Kronstadt sea-gauge, running through the continental or insular part of the territory of a Caspian littoral State as marked on large-scale charts officially recognized by that State.

"Straight baselines" —straight lines joining relevant/appropriate points on the coastline and forming the baseline in locations where the coastline is indented or where there is a fringe of islands along the coast in its immediate vicinity.

The methodology for establishing straight baselines shall be determined in a separate agreement among all the Parties.

If the configuration of the coast puts a coastal State at a clear disadvantage in determining its internal waters, that will be taken into account in developing the above methodology in order to reach consent among all the Parties.

"Internal waters" —waters on the landward side of the baseline.

"Territorial waters" —a belt of sea to which the sovereignty of a coastal State extends.

"Fishery zone" —a belt of sea where a coastal State holds an exclusive right to harvest aquatic biological resources.

"Common maritime space" —a water area located outside the outer limits of fishery zones and open for use by all the Parties.

"Sector" —parts of the seabed and subsoil delimited between the Parties for the purposes of the subsoil exploitation and other legitimate economic activities related to the development of resources of the seabed and subsoil.

"Aquatic biological resources" —fish, shellfish, crustaceans, mammals and other aquatic species of fauna and flora.

"Shared aquatic biological resources" —aquatic biological resources jointly managed by the Parties.

"Harvesting" —any type of activity aimed at removing aquatic biological resources from their natural habitat.

"Warship" —a ship belonging to the armed forces of a Party and bearing external marks distinguishing such ships of its nationality, under the command of an officer duly commissioned by the government of the Party and whose name appears in the appropriate service list or its equivalent, and manned by a crew which is under regular armed forces discipline.

"Ecological system of the Caspian Sea" —interacting components of air, water and biological organisms, including human beings, within the Caspian Sea and parts of the land affected by the proximity of the Sea.

"Pollution" —the introduction by man, directly or indirectly, of substances, organisms or energy into the ecological system of the Caspian Sea, including from land-based sources, which results or is likely to result in deleterious effects, such as harm to biological resources and marine life, hazards to human health, hindrance to marine activities, including harvesting of aquatic biological resources and other legitimate uses of the sea, impairment of quality for use of sea water and reduction of amenities.

Article 2

1. In accordance with this Convention, the Parties shall exercise their sovereignty, sovereign and exclusive rights, as well as jurisdiction in the Caspian Sea.

2. This Convention shall define and regulate the rights and obligations of the Parties in respect of the use of the Caspian Sea, including its waters, seabed, subsoil, natural resources and the airspace over the Sea.

Article 3

The Parties shall carry out their activities in the Caspian Sea in accordance with the following principles:

1. Respect for the sovereignty, territorial integrity, independence and sovereign equality of States, non-use of force or the threat of force, mutual respect, cooperation and non-interference into the internal affairs of each other;

2. Using the Caspian Sea for peaceful purposes, making it a zone of peace, good-neighbourliness, friendship and cooperation, and solving all issues related to the Caspian Sea through peaceful means;

3. Ensuring security and stability in the Caspian Sea region;

4. Ensuring a stable balance of armaments of the Parties in the Caspian Sea, developing military capabilities within the limits of reasonable sufficiency with due regard to the interests of all the Parties and without prejudice to the security of each other;

5. Compliance with the agreed confidence-building measures in the military field in the spirit of predictability and transparency in line with general efforts to strengthen regional security and stability, including in accordance with international treaties concluded among all the Parties;

6. Non-presence in the Caspian Sea of armed forces not belonging to the Parties;

7. Non-provision by a Party of its territory to other States to commit aggression and undertake other military actions against any Party;

8. Freedom of navigation outside the territorial waters of each Party subject to the respect for sovereign and exclusive rights of the coastal States and to the compliance with relevant rules established by them with regard to the activities specified by the Parties;

9. Ensuring safety of navigation;

10. The right to free access from the Caspian Sea to other seas and the Ocean, and back in accordance with the generally recognized principles and norms of international law and agreements between the relevant Parties, with due regard to legitimate interests of the transit Party, with a view to promoting international trade and economic development;

11. Navigation in, entry to and exit from the Caspian Sea exclusively by ships flying the flag of one of the Parties;

12. Application of agreed norms and rules related to the reproduction and regulation of the use of shared aquatic biological resources;

13. Liability of the polluting Party for damage caused to the ecological system of the Caspian Sea;

14. Protection of the environment of the Caspian Sea, conservation, restoration and rational use of its biological resources;

15. Facilitation of scientific research in the area of ecology and conservation and use of biological resources of the Caspian Sea;

16. Freedom of overflight by civil aircraft in accordance with the rules of the International Civil Aviation Organization;

17. Conducting marine scientific research outside the territorial waters of each Party in accordance with legal norms agreed upon by the Parties, subject to the respect for sovereign and exclusive rights of the coastal States and to the compliance with relevant rules established by them with regard to certain types of research.

Article 4

The Parties shall conduct their activities in the Caspian Sea for the purposes of navigation, harvesting, use and protection of aquatic biological resources, exploration and exploitation of the seabed and subsoil resources, as well as other activities in accordance with this Convention, other agreements between the Parties consistent with this Convention, and their national legislation.

Article 5

The water area of the Caspian Sea shall be divided into internal waters, territorial waters, fishery zones and the common maritime space.

Article 6

The sovereignty of each Party shall extend beyond its land territory and internal waters to the adjacent sea belt called territorial waters, as well as to the seabed and subsoil thereof, and the airspace over it.

Article 7

1. Each Party shall establish the breadth of its territorial waters up to a limit not exceeding 15 nautical miles, measured from baselines determined in accordance with this Convention.

2. The outer limit of the territorial waters shall be the line every point of which is located at a distance from the nearest point of the baseline equal to the breadth of the territorial waters.

For the purpose of determining the outer limit of the territorial waters, the outermost permanent harbour works which forman integral part of the harbour system shall be regarded as forming part of the coast. Off-shore installations and artificial islands shall not be considered as permanent harbour works.

The outer limit of the territorial waters shall be the state border.

3. Delimitation of internal and territorial waters between States with adjacent coasts shall be effected by agreement between those States with due regard to the principles and norms of international law.

Article 8

1. Delimitation of the Caspian Sea seabed and subsoil into sectors shall be effected by agreement between States with adjacent and opposite coasts, with due regard to the generally recognized principles and norms of international law, to enable those States to exercise their sovereign rights to the subsoil exploitation and other legitimate economic activities related to the development of resources of the seabed and subsoil.

2. Within its sector, a coastal State shall have the exclusive right to construct, as well as to authorize and regulate the construction, operation and use of artificial islands, installations and structures. A coastal State may, where deemed necessary, establish safety zones around artificial islands, installations and structures to ensure the safety of navigation and of the artificial islands, installations and structures. The breadth of the safety zones shall not exceed a distance of 500 meters around them, measured from each point of the outer edge of such artificial islands, installations and structures.

The geographical coordinates of such structures and contours of the safety zones should be communicated to all the Parties.

3. All ships must respect those safety zones.

4. The exercise of sovereign rights of a coastal State under paragraph 1 of this Article must not infringe upon the rights and freedoms of other Parties stipulated in this Convention or result in an undue interference with the enjoyment thereof.

Article 9

1. Each Party shall establish a 10 nautical miles-wide fishery zone adjacent to the territorial waters.

Delimitation of fishery zones between States with adjacent coasts shall be effected by agreement between those States with due regard to the principles and norms of international law.

2. In its fishery zone, each Party shall have the exclusive right to harvest aquatic biological resources in accordance with this Convention, separate agreements concluded by the Parties on the basis of the Convention and its national legislation.

3. On the basis of this Convention and international mechanisms, the Parties shall jointly determine the total allowable catch of shared aquatic biological resources in the Caspian Sea and divide it into national quotas.

4. If a Party is unable to harvest its entire quota in the total allowable catch, it may grant access to the remainder of its quota in the total allowable catch to other Parties by way of concluding bilateral agreements or through other arrangements in accordance with its national legislation.

5. Terms and procedures for harvesting shared aquatic biological resources in the Caspian Sea shall be determined by the separate agreement concluded by all Parties.

Article 10

1. Ships flying the flags of the Parties shall enjoy freedom of navigation beyond the outer limits of the territorial waters of the Parties. The freedom of navigation shall be exercised in accordance with the provisions of this Convention and other compatible agreements between the Parties without prejudice to the sovereign and exclusive rights of the Parties as determined in this Convention.

2. Each Party shall grant ships flying the flags of other Parties that carry goods, or passengers and baggage, or perform towing or rescue operations the same treatment as to its national ships with regard to free access to its ports in the Caspian Sea, their use for loading and unloading goods, boarding or disembarking passengers, payment of tonnage and other port dues, use of navigation services and performance of regular commercial activities.

3. The regime specified in paragraph 2 of this Article shall apply to the ports in the Caspian Sea that are open to ships flying the flags of the Parties.

4. The Parties shall have the right to free access from the Caspian Sea to other seas and

the Ocean, and back. To that end, the Parties shall enjoy the freedom of transit for all their means of transport through the territories of transit Parties.

Terms and procedures for such access shall be determined by bilateral agreements between the Parties concerned and transit Parties or, in the absence of such agreements, on the basis of the national legislation of the transit Party.

In the exercise of their full sovereignty over their territories, the transit Parties shall be entitled to take all necessary measures to ensure that the rights and facilities of the Parties provided for in this paragraph in no way infringe upon legitimate interests of the transit Party.

Article 11

1. Ships flying the flags of the Parties may navigate through territorial waters with a view to:

a) Traversing those waters without entering internal waters or calling at a roadstead or port facility outside internal waters; or

b) Proceeding to or from internal waters or calling at such roadstead or port facility.

2. Terms and procedures for the passage of warships, submarines and other underwater vehicles through territorial waters shall be determined on the basis of agreements between the flag State and the coastal State or, in the absence of such agreements, on the basis of the coastal State legislation.

If the entry of a warship to the territorial waters is required due to a force majeure or distress, or to render assistance to persons, ships or aircraft in distress, the captain of the warship approaching the territorial waters shall notify the coastal State accordingly, with such entry to be performed along the route to be determined by the captain of the warship and agreed with the coastal State. As soon as such circumstances cease to exist, the warship shall immediately leave the territorial waters.

Terms and procedures for the entry of warships to the internal waters due to a force majeure or distress, or to render assistance to persons, ships or aircraft in distress shall be determined on the basis of agreements between the flag State and the coastal State or, in the absence of such agreements, on the basis of the coastal State legislation.

3. Passage through territorial waters must not be prejudicial to the peace, good order or security of the coastal State. Passage through territorial waters should be continuous and expeditious. Such passage shall take place in conformity with this Convention.

4. Warships, submarines and other underwater vehicles of one Party passing through the territorial waters in compliance with the terms and procedures set forth in paragraph 2 of this Article shall not have the right to call at ports and anchor within the territorial waters of another Party unless they have a proper permission or need to do so due to a force majeure or distress, or to render assistance to persons, ships or aircraft in distress.

5. Submarines and other underwater vehicles of one Party shall be required to navigate on the surface and show their flag when passing through the territorial waters of another Party.

6. Passage through territorial waters shall be considered to be prejudicial to the peace, good order or security of the coastal State if any of the following activities is performed in the process:

a) Threat or use of force against the sovereignty, territorial integrity or political independence of the coastal State, or in any other manner in violation of the principles of international law embodied in the Charter of the United Nations;

b) Any exercise or practice with weapons of any kind;

c) Any act aimed at collecting information to the prejudice of the defense or security of the coastal State;

d) Any act of propaganda aimed at affecting the defense or security of the coastal State;

e) Launching, landing or taking on board any aircraft or military device and controlling it;

f) Putting a float, submerging or taking on board any military device and controlling it;

g) Loading or unloading of any commodity or currency, or boarding or disembarking of any person contrary to the customs, fiscal, immigration or sanitary laws and regulations of the coastal State;

h) Any act of willful and serious pollution contrary to this Convention;

i) Any fishing activities;

j) Carrying out research or hydrographic survey activities;

k) Any act aimed at interfering with any systems of communication or any other facilities or installations of the coastal State;

l) Any other activity not having a direct bearing on the passage through territorial waters.

7. In its territorial waters, a Party may take necessary steps to prevent a passage through its territorial waters violating conditions set forth in this Article.

8. A Party may adopt laws and regulations, in conformity with provisions of this Convention and other norms of international law, relating to passage through territorial waters, including in respect of all or any of the following:

a) Safety of navigation and regulation of maritime traffic;

b) Protection of navigational aids and facilities, as well as other facilities or installations;

c) Protection of cables and pipelines;

d) Conservation of the biological resources of the sea;

e) Prevention of infringement of fishery laws and regulations of the coastal State;

f) Preservation of the environment of the coastal State and prevention, reduction and control of pollution thereof;

g) Marine scientific research and hydrographic surveys;

h) Prevention of infringement of customs, fiscal, immigration or sanitary laws and regulations of the coastal State;

i) Ensuring national security.

9. A Party shall duly publish all laws and regulations related to the passage through its territorial waters.

10. Ships flying the flags of the Parties, while passing through territorial waters, shall observe all laws and regulations of the coastal State related to such passage.

11. Each Party may, where necessary and with due regard to the safety of navigation, require ships flying the flags of other Parties passing through its territorial waters to use such sea lanes and traffic separation schemes as it may designate or prescribe for the regulation of the passage of ships through its territorial waters.

12. In the case of ships proceeding to internal waters or a call at port facilities outside internal waters, the coastal State shall also have the right to take necessary steps to prevent any breach of the conditions to which admission of those ships to internal waters or such a call is subject.

13. A Party may, without discrimination in form or in fact against ships flying the flags of other Parties, temporarily suspend in specified areas of its territorial waters the passage of those ships if such suspension is essential forthe protection of its security.

Such suspension shall take effect only after having been duly published.

14. If a warship or a government ship operated for non-commercial purposes does not comply with laws and regulations of the coastal State concerning passage through territorial waters and disregards any request for compliance therewith which is made to it, the Party concerned may require it to leave its territorial waters immediately.

15. The flag Party shall bear international responsibility for any loss or damage to another Party resulting from the non-compliance by a warship or other government ship operated for non-commercial purposes with laws and regulations of the coastal State concerning passage through its territorial waters, entering such waters and anchoring therein or with provisions of this Convention or other norms of international law.

16. A Party shall not hamper the passage of ships flying the flags of other Parties through its territorial waters except when acting under this Convention or laws and regula-

tions adopted in conformity therewith. In particular, a Party shall not:

a) Impose requirements on ships flying the flags of other Parties which have the practical effect of denying or impairing unjustifiably the right of passage through its territorial waters; or

b) Discriminate in form or in fact against ships flying the flags of other Parties or ships carrying cargoes to, from or on behalf of any State.

A Party shall give appropriate publicity to any danger to navigation within its territorial waters of which it has knowledge.

Article 12

1. Each Party shall exercise jurisdiction over the ships flying its flag in the Caspian Sea.

2. Each Party shall, within its sector, exercise jurisdiction over the artificial islands, installations, structures, its submarine cables and pipelines.

3. Each Party, in the exercise of its sovereignty, sovereign rights to the subsoil exploitation and other legitimate economic activities related to the development of resources of the seabed and subsoil, and exclusive rights to harvest aquatic biological resources as well as for the purposes of conserving and managing such resources in its fishery zone, may take measures in respect of ships of other Parties, including boarding, inspection, hot pursuit, detention, arrest and judicial proceedings, as may be necessary to ensure compliance with its laws and regulations.

The application of measures stipulated in this paragraph needs to be justified. If measures applied were unjustified, the ship shall be compensated for any loss and damage incurred.

Measures, such as boarding, inspection, hot pursuit and detention, can be undertaken exclusively by representatives of the competent government authorities of the Parties present aboard warships or military aircraft, or other ships or aircraft bearing the external marks clearly indicating that they are in the government service and are authorized for that purpose.

4. With the exception of cases specified in Article 11 hereof, nothing in this Convention shall affect the immunities of warships and government ships operated for non-commercial purposes.

Article 13

1. In the exercise of its sovereignty, each Party shall have the exclusive right to regulate, authorize and conduct marine scientific research in its territorial waters. Ships flying the flags of the Parties may conduct marine scientific research within the territorial waters of a Party only with its written permission and on such terms as it may establish.

2. In the exercise of its jurisdiction, each Party shall have the exclusive right to regu-

late, authorize and conduct marine scientific research related to aquatic biological resources in its fishery zone, as well as marine scientific research related to the exploration and exploitation of seabed and subsoil resources in its sector. Ships flying the flags of the Parties may conduct such research in the fishery zone and the sector of a Party only with its written permission and on such terms as it may establish.

3. Terms and procedures for issuing permissions shall be determined by each Party in accordance with its national legislation and shall be duly communicated to other Parties.

4. There must be no unjustified delays or denials in taking decisions on the issue of permissions to conduct marine scientific research in accordance with paragraphs 1 and 2 of this Article.

5. Marine scientific research activities referred to in this Article shall not create unjustified impediments to activities undertaken by the Parties in the exercise of their sovereign and exclusive rights provided for in this Convention.

6. A Party conducting marine scientific research shall ensure the right of the Party that has permitted such research in accordance with paragraphs 1 and 2 of this Article to participate or be represented in the research, especially aboard research ships when practicable, without payment of any remuneration to the scientists of the permitting Party and without obligation of that Party to contribute towards the costs of the research.

7. A Party conducting marine scientific research in accordance with paragraphs 1 and 2 of this Article shall provide the Party that has permitted such research with the results and conclusions thereof after its completion, as well as access to all data and samples obtained within the framework of the research.

8. A Party shall have the right to require the suspension or cessation of any marine scientific research activities in progress within its territorial waters.

9. A Party that has permitted marine scientific research conducted in accordance with paragraph 2 of this Article shall have the right to require its suspension or cessation in one of the following cases:

a) Research activities are not being conducted in accordance with the information provided that served as a basis for granting the permission;

b) Research activities are being conducted in violation of the conditions it has established;

c) Failure to comply with any of the provisions of this Article in conducting the research project;

d) Such suspension or cessation is essential for ensuring its security.

10. Ships flying the flags of the Parties shall have the right to conduct marine scientific

research beyond the outer limits of territorial waters subject to paragraphs 2 and 3 of this Article.

11. Bilateral and multilateral marine scientific research shall be conducted by agreement between the Parties concerned.

Article 14

1. The Parties may lay submarine cables and pipelines on the bed of the Caspian Sea.

2. The Parties may lay trunk submarine pipelines on the bed of the Caspian Sea, on the condition that their projects comply with environmental standards and requirements embodied in the international agreements to which they are parties, including the Framework Convention for the Protection of the Marine Environment of the Caspian Sea and its relevant protocols.

3. Submarine cables and pipelines routes shall be determined by agreement with the Party the seabed sector of which is to be crossed by the cable or pipeline.

4. The geographical coordinates of areas along routes of submarine cables and pipelines where anchoring, fishing with near-bottom gear, submarine and dredging operations, and navigation with dredging anchor are not allowed, shall be communicated by the coastal State whose sector they cross to all the Parties.

Article 15

1. The Parties shall undertake to protect and preserve the ecological system of the Caspian Sea and all elements thereof.

2. The Parties shall take, jointly or individually, all necessary measures and cooperate in order to preserve the biological diversity, to protect, restore and manage in a sustainable and rational manner the biological resources of the Caspian Sea, and to prevent, reduce and control pollution of the Caspian Sea from any source.

3. Any activity damaging the biological diversity of the Caspian Sea shall be prohibited.

4. The Parties shall be liable under the norms of international law for any damage caused to the ecological system of the Caspian Sea.

Article 16

Cooperation of the Parties in the Caspian Sea with natural and legal persons of States that are not parties to this Convention, as well as international organizations shall be in conformity with the provisions of this Convention.

Article 17

The Parties shall cooperate in combating international terrorism and financing thereof, trafficking in arms, drugs, psychotropic substances and their precursors, as well as poaching, and in preventing and suppressing smuggling of migrants by sea and other crimes in the Caspian Sea.

Article 18

1. Provisions of this Convention may be amended or supplemented by agreement of all the Parties.

2. Amendments and supplements to this Convention shall be an integral part of the Convention and shall be made in a form of separate protocols that shall enter into force on the date of the receipt by the Depositary of the fifth notification of completion by the Parties of internal procedures required for their entry into force.

Article 19

To ensure effective implementation of the Convention and to review cooperation in the Caspian Sea, the Parties shall establish a mechanism of five-party regular high level consultations under the auspices of their Ministries of Foreign Affairs to be held at least once a year, on a rotation basis, in one of the coastal States, in accordance with the agreed rules of procedure.

Article 20

This Convention shall not affect rights and obligations of the Parties arising from other international treaties to which they are parties.

Article 21

1. Disagreements and disputes regarding the interpretation and application of this Convention shall be settled by the Parties through consultations and negotiations.

2. Any dispute between the Parties regarding the interpretation or application of this Convention which cannot be settled in accordance with paragraph 1 of this Article may be referred, at the discretion of the Parties, for settlement through other peaceful means provided for by international law.

Article 22

This Convention shall be subject to ratification. The instruments of ratification shall be deposited with the Republic of Kazakhstan acting as the Depositary of the Convention. This Convention shall enter into force on the date of the receipt by the Depositary of the fifth instrument of ratification.

Article 23

1. The Depositary shall notify the Parties of the date of submission of each instrument of ratification, the date of entry into force of the Convention and the date of entry into force of amendments and supplements thereto.

2. This Convention shall be registered by the Depositary in accordance with Article 102 of the Charter of the United Nations.

Article 24

This Convention shall be of unlimited duration due to its nature.

Done at Aktau on 12 August 2018 in one original copy in the Azerbaijani, Farsi, Kazakh, Russian, Turkmen and English languages, all texts being equally authentic.

In case of any disagreement, the Parties shall refer to the English text.

The original copy shall be deposited with the Depositary. The Depositary shall transmit certified true copies of the Convention to all the Parties.

附录18 伊拉克2011年向联合国提交的直线基线坐标[1]

序号	纬度（北）	经度（东）
1	48°32′30.0″	29°51′23.0″
2	48°32′46.0″	29°51′12.0″
3	48°33′03.0″	29°51′05.0″
4	48°33′21.0″	29°51′00.3″
5	48°33′42.0″	29°50′56.3″
6	48°34′00.0″	29°50′42.1″
7	48°34′21.9″	29°50′39.3″
8	48°34′42.0″	29°50′33.2″
9	48°35′00.0″	29°50′30.0″
10	48°35′21.6″	29°50′31.5″
11	48°35′38.7″	29°50′33.7″
12	48°35′56.1″	29°50′32.7″
13	48°36′17.4″	29°50′32.0″
14	48°36′36.9″	29°50′28.0″
15	48°36′52.0″	29°50′24.0″
16	48°37′13.7″	29°50′22.0″
17	48°37′34.0″	29°50′18.5″
18	48°37′52.5″	29°50′11.8″
19	48°38′12.0″	29°50′05.6″
20	48°38′31.7″	29°50′02.2″
21	48°38′50.5″	29°49′55.2″
22	48°39′11.5″	29°49′44.0″
23	48°39′28.0″	29°49′41.5″
24	48°39′47.0″	29°49′41.6″
25	48°40′06.0″	29°49′40.0″
26	48°40′25.5″	29°49′42.0″

[1] See "Republic of Iraq Ministry of Foreign Affairs Minister's Office", Republic of Iraq, https://www.un.org/Depts/los/LEGISLATIONANDTREATIES/PDFFILES/DEPOSIT/irq_mzn83_2011_e.pdf, June 7, 2019.

序号	纬度（北）	经度（东）
27	48°40′42.5″	29°49′50.0″
28	48°41′04.4″	29°49′53.4″
29	48°41′22.5″	29°49′58.5″
30	48°41′42.0″	29°49′58.0″
31	48°42′01.5″	29°49′47.5″
32	48°42′01.5″	29°50′55.0″
33	48°41′42.0″	29°51′12.0″
34	48°41′22.5″	29°51′40.5″
35	48°41′04.4″	29°51′45.4″
36	48°40′42.5″	29°52′04.4″
37	48°40′22.5″	29°52′16.4″
38	48°40′06.6″	29°52′54.0″
39	48°39′47.0″	29°53′11.9″
40	48°39′28.0″	29°52′33.5″
41	48°39′11.5″	29°52′54.0″
42	48°38′50.5″	29°54′12.0″
43	48°38′31.7″	29°54′17.5″

附录 19 伊拉克缔结和加入的国际海洋法条约

序号	公约名称	签字日期	批准日期
1	《1982 年联合国海洋法公约》 United Nations Convention on the Law of the Sea，1982	1982/12/10	1985/07/30

附录 20 伊拉克签署《联合国海洋法公约》时的声明

The ratification by Kuwait of the said Convention does not mean in any way a recognition of Israel nor that treaty relations will arise with Israel.

Pursuant to article 310 of the present Convention and with a view to harmonizing Iraqi laws and regulations with the provisions of the Convention, the Republic of Iraq has decided to issue the following statement:

1. The present signature in no way signifies recognition of Israel and implies no relationship with it.

2. Iraq interprets the provisions applying to all types of straits set forth in Part III of the Convention as applying also to navigation between islands situated near those straits if the shipping lanes leaving or entering those straits and defined by the competent international organization lie near such islands.

附录21 伊拉克加入的国际海事组织框架下的公约

序号[1]	公约名称	公约生效日期（年/月/日）	签署日期或交存日期（年/月/日）	生效的日期（年/月/日）	继承加入日期或交付接受书日期（年/月/日）
1	《1974年国际海上人命安全公约》（经修订） International Convention for the Safety of Life at Sea, 1974, as amended	1980/5/25	1990/12/14	1991/3/14	
2	《1974年国际海上人命安全公约1988年议定书》（经修订） Protocol of 1988 relating to the International Convention for the Safety of Life at Sea, 1974, as amended	2000/2/3		2018/2/2	2017/11/2
3	《1972年国际海上避碰规则公约》（经修订） Convention on the International Regulations for Preventing Collisions at Sea, 1972, as amended	1977/7/15	2018/1/4	2018/1/4	

---

[1] 该表信息若无特别注明，均来源于国际海事组织网站。See "Status of Conventions-Comprehensive information including Signatories, Contracting States, declarations, reservations, objections and amendments", International Maritime Organization, https://www.imo.org/en/About/Conventions/Pages/StatusOfConventions. aspx, December 11, 2020.

序号	公约名称		公约生效日期（年/月/日）	签署日期或交存日期（年/月/日）	公约对伊拉克生效的日期（年/月/日）	继承加入日期或交付接受书日期（年/月/日）
4	《〈1973年国际防止船舶造成污染公约〉的1978年议定书》Protocol of 1978 relating to the International Convention for the Prevention of Pollution from Ships, 1973)	议定书 Protocol		2018/2/6	2018/5/6	
		附则三：防止海运包装形式有害物质污染规则 Optional Annex III: Harmful Substances carried in Packaged Form			2018/5/6	2018/2/6
		附则四：防止船舶生活污水污染规则 Optional Annex IV: Sewage			2018/5/6	2018/2/6
		附则五：防止船舶垃圾污染规则 Optional Annex V: Garbage			2018/5/6	2018/2/6
5	《1965年便利国际海上运输公约》（经修订）Convention on Facilitation of International Maritime Traffic, 1965, as amended		1967/3/5	1976/11/15	1977/1/14	
6	《1969年国际船舶吨位丈量公约》International Convention on Tonnage Measurement of Ships, 1969		1982/7/18		1982/7/18	1972/8/29

序号	公约的名称	公约生效时间 （年/月/日）	签署日期或交存日期 （年/月/日）	公约对伊拉克生效的日期 （年/月/日）	继承加入日期或交付接受书日期 （年/月/日）
7	《1976 年国际海事卫星组织公约》（经修订） Convention on the International Mobile Satellite Organization, 1976, as amended	1979/7/16	1980/7/21	1980/7/21	
8	《1978 年海员培训、发证和值班标准国际公约》（经修订） International Convention on Standards of Training, Certification and Watchkeeping for Seafarers, 1978, as amended	1984/4/28	2001/12/10	2002/3/10	
9	《1988 年制止危及海上航行安全非法行为公约》 Convention for the Suppression of Unlawful Acts against the Safety of Maritime Navigation, 1988	1992/3/1	2014/3/21	2014/6/19	

附录22　伊拉克缔结和加入的区域性海洋环境保护条约

序号[1]	条约名称	签署（须经批准）日期（年/月/日）	批准日期（年/月/日）	生效日期（年/月/日）
1	《科威特海洋环境污染保护合作区域公约》 Kuwait Regional Convention for Cooperation on the Protection of the Marine Environment from Pollution	1978/04/24	1979/02/04	1979/06/30
2	《关于因勘探和开发大陆架而造成的海洋污染议定书》 Protocol Concerning Marine Pollution resulting from Exploration and Exploitation of the Continental Shelf	1989/03/29	1989/11/11	1990/02/17
3	《紧急情况下应对石油和其他有害物质污染的区域合作议定书》 Protocol Concerning Regional Cooperation in Combating Pollution by Oil and other Harmful Substances in Cases of Emergency	1978/04/24	1979/02/04	1979/06/30

---

〔1〕 "Home"，ECOLEX，https：//www.ecolex.org/，June 10，2019.

附录23　科威特海洋环境保护立法[1]

序号	名称	内容	颁布时间（年/月/日）
1	《1964 年第 12 号法》 Law No. 12 of 1964	关于防止航行中海洋石油污染的法律	1964/2/26
2	《1980 年第 62 号法规》 Enactment No. 62 of 1980	关于环境保护的法规	1980/8/23
3	《2014 年第 42 号法》 Law No. 42 of 2014	科威特的环境保护法	2014/7/13
4	《2014 年第 11 号法》 Law No. 11 of 2014	对《1964 年第 12 号法》关于防止航行中海洋石油污染的附录 3 的修改	2014/7/23
5	《2015 年第 99 号法》 Law No. 99 of 2015	对《2014 年第 42 号法》的一些规定进行修改	2015/9/6
6	《2016 年第 5 号法令》 Decree No. 5 of 2016	关于化学品管理的执行条例	2016/7/19
7	《2017 年第 3 号法令》 Decree No. 3 of 2017	生物多样性执行条例	2017/4/11
8	《2017 年第 12 号法令》 Decree No. 12 of 2017	保护水生和沿海环境免受污染的执行规定	2017/8/21
9	《2019 年第 3 号法令》 Decree No. 3 of 2019	对《2017 年第 3 号法令》的修正	2019/4/15

---

[1]　"Executive Lists", Environmental Public Authority of Kuwait, https：//epa. org. kw/ExecutiveL-ists, May 28, 2019.

附录24　科威特渔业相关立法[1]

序号	名称	内容	颁布时间 （年/月/日）
1	《1980 年第 19 号法令》 Decree No. 19 of 1980	外国渔船未经公共工程部渔业资源局颁发许可证，不得在科威特领海捕鱼的规定	1980/1/1
2	《1980 年第 46 号法令》 Decree Law No. 46 of 1980	对渔业资源保护的规定	1980/7/6
3	《1980 年第 18 号部长决议》 Ministerial Resolution No. 18 of 1980	对科威特渔船许可证的规定	1980/10/12
4	《1980 年第 21 号部长决议》 Ministerial Resolution No. 21 of 1980	对新的捕捞方法以及鱼类和水产养殖业的规定	1980/10/12
5	《1980 年第 22 号部长决议》 Ministerial Resolution No. 22 of 1980	利用某些材料和工具以防止在科威特领海捕鱼的规定	1980/10/12
6	《1983 年第 7 号法令》 Decree No. 7 of 1983	科威特领海内渔船捕捞的最小网目尺寸的规定	1983/1/1
7	《1983 年第 8 号法令》 Decree No. 8 of 1983	禁止捕鱼陷阱的规定	1983/1/1
8	《1983 年第 9 号法令》 Decree No. 9 of 1983	在科威特领海捕捞和运往国内市场的最小捕捞量的规定	1983/1/1
9	《1983 年第 10 号决定》 Decision No. 10 of 1983	禁止在科威特领海的部分地区捕鱼的规定	1983/11/6
10	《1983 年第 11 号决定》 Decision No. 11 of 1983	禁止在距离科威特海岸 3 英里范围内捕鱼的规定	1983/11/6
11	《1983 年第 94 号法律》 Law No. 94 of 1983	设立农业和渔业事务总局的决定	1983/6/19
12	《1984 年第 5 号决议》 Resolution No. 5 of 1984	禁止渔船在科威特领海捕鱼的规定	1984/4/15

---

[1] See Council of Ministers Legal Advice & Legislation, http：//www. law. gov. kw/interalpage. aspx, May 28, 2019.

序号	名称	内容	颁布时间（年/月/日）
13	《1985 年第 21 号决定》 Decision No. 21 of 1985	关于海湾合作委员会国家共同开发和保护水生生物资源的制度	1985/10/6
14	《1985 年第 19 号决议》 Resolution No. 19 of 1985	关于在科威特从事捕鱼业的条件	1985/8/11
15	《1985 年第 23 号法》 Decree No. 23 of 1985	关于退役和更换无法使用的渔船的条件	1985/9/19
16	《1985 年第 23 号决定》 Decision No. 23 of 1985	关于调整或替代非法渔船的条件	1985/10/6
17	《1985 年第 24 号决议》 Resolution No. 24 of 1985	禁止所有渔船使用拖网捕鱼的规定	1985/10/6
18	《1985 年第 26 号法令》 Decree No. 26 of 1985	暂停向渔船发放新许可证的规定	1985/10/19
19	《1985 第 34 号法令》 Decree No. 34 of 1985	渔船标识和识别号码的规定	1985/12/22
20	《1986 年第 28 号法令》 Decree No. 28 of 1986	关于对渔民的援助和保护的规定	1986/1/1
21	《1992 年第 33 号决议》 Resolution No. 33 of 1992	关于渔网和虾网使用的规定	1992/2/2
22	《1993 年第 381 号决定》 Decision No. 381 of 1993	禁止在科威特领海捕鱼时使用三层复合网的规定	1994/7/18
23	《1995 年第 442 号决定》 Decision No. 442 of 1995	禁止在渔船上使用工业纤维网的规定	1995/10/29
24	《1997 年第 84 号决议》 Resolution No. 84 of 1997	对科威特领海珍珠、牡蛎的捕捞规制	1997/3/16
25	《2000 年第 82 号部长决议》 Ministerial Resolution No. 82 of 2000	禁止进口用于捕鱼的工业纤维网（尼龙材质）	2000/5/28
26	《2000 年第 330 号决议》 Resolution No. 330 of 2000	使用旧游艇时需要审查的事项	2000/7/2
27	《2002 年第 231 号法令》 Decree No. 231 of 2002	关于渔船所有权的抵押、转让的规定	2002/5/12

续表

序号	名称	内容	颁布时间 （年/月/日）
28	《2002 年第 714 号决定》 Decision No. 714 of 2002	关于现有禁令要满足的条件	2002/12/1
29	《2003 年第 128 号决议》 Resolution No. 128 of 2003	从事捕鱼活动的钢木船和玻璃纤维船的长度和容量的规定	2003/3/9
30	《2003 年第 93 号议》 Resolution No. 93 of 2003	规范濒危物种的销售和贸易的规定	2003/6/8
31	《2005 年第 246 号决定》 Decision No. 246 of 2005	暂时禁止从委内瑞拉进口虾的规定	2005/4/17
32	《2005 年第 420 号决议》 Resolution No. 420 of 2005	暂停签发新居留许可的规定	2005/6/12
33	《2006 年第 81 号部长决议》 Ministerial Resolution No. 81 of 2006	禁止进口挪威烟熏三文鱼等产品的规定	2006/3/12
34	《2006 年第 358 号部长决议》 Ministerial Resolution No. 358 of 2006	禁止从伊朗和巴基斯坦进口各种鱼类及其制品的规定	2006/10/22
35	《2007 年第 338 号决议》 Resolution No. 338 of 2007	禁止在科威特领海收集珍珠、牡蛎的规定	2007/5/20
36	《2008 年第 134 号决议》 Resolution No. 134 of 2008	关于渔业资源营销的决议	2008/4/6
37	《2008 年第 248 号部长决议》 Ministerial Resolution No. 248 of 2008	关于鱼虾经济活动实践的决议	2008/4/13

附录 25　科威特港口、船舶与航运相关立法[1]

序号	名称	内容	颁布时间 （年/月/日）
1	《1961 年第 21 号法》 Law No. 21 of 1961	颁布艾哈迈迪港和阿卜杜拉港港口条例	1961/6/25
2	《1969 年第 2 号部长决议》 Ministerial Resolution No. 2 of 1969	关于在科威特港使用另一种运输工具转移属于外国的货物的规定	1969/7/20
3	《1976 年第 2 号部长决定》 Ministerial Decision No. 2 of 1976	小型船只和船舶应遵守的规定	1976/1/18
4	《1977 年第 133 号法令》 Decree Law No. 133 of 1977	设立港口总局	1977/11/27
5	《1980 年第 31 号法令》 Decree Law No. 31 of 1980	关于船舶的安全、秩序和纪律的规定	1980/6/1
6	《1980 年第 28 号法令》 Decree Law No. 28 of 1980	科威特的海商法	1980/6/15
7	《1980 年第 29 号法令》 Decree Law No. 29 of 1980	关于海事护照的规定	1980/6/15
8	《1980 年第 30 号法令》 Decree Law No. 30 of 1980	关于商业船舶的船长、航海官员和海洋工程师的规定	1980/6/15
9	《1980 年第 19 号部长决议》 Ministerial Resolution No. 19 of 1980	对外国渔船的有关规定	1980/10/12
10	《1980 年第 282 号部长决议》 Ministerial Resolution No. 282 of 1980	建立海事代理人登记册	1981/1/4
11	《1981 年第 198 号部长决议》 MinisterialResolution No. 198 of 1981	关于组织国家内部和国家陆地之间的国际客货运输业务的规定	1981/12/13
12	《1983 年第 12 号部长决议》 Ministerial Resolution No. 12 of 1983	关于海事护照的规定	1983/6/12

---

[1] See Council of Ministers Legal Advice & Legislation, http：//www. law. gov. kw/interalpage. aspx, May 28, 2019.

序号	名称	内容	颁布时间 （年/月/日）
13	《GS/F/83-616 号部长决定》 Ministerial Decision No. GS/F/83-616	对船舶和其他海上浮标适用的规定	1983/8/21
14	《1984 年第 35 号部长决议》 Ministerial Resolution No. 35 of 1984	关于多哈港口小型船舶移动的规定	1984/4/15
15	《1984 年第 76 号部长决议》 Ministerial Resolution No. 76 of 1984	关于科威特商船的医疗卫生服务管理的规定	1984/8/5
16	《1985 年第 23 号决定》 Decision No. 23 of 1985	关于报废和更换不能使用的渔船的条件	1985/10/6
17	《1985 年第 89 号决定》 Decision No. 89 of 1985	经授权且属于海湾合作委员会成员国石油机构的船舶和船只可以免费使用科威特石油港口各种设施的规定	1985/11/24
18	《1985 年第 34 号决议》 Resolution No. 34 of 1985	关于渔船标志和特殊数量规范的说明	1985/12/29
19	《GS/F/86-63 号部长决定》 Ministerial Decision No. GS/F/86-63	关于海湾合作委员会统一港口的规章制度	1986/1/20
20	《105/F/1059 号部长决议》 Ministerial Resolution No. 105/F/1059 of 1987	建立公民服务办公室等一般管理机构的规定	1987/10/25
21	《1993 年第 224 号部长决议》 Ministerial Resolution No. 224 of 1993	关于代码手册使用和导航约定的工作	1993/11/7
22	《1994 年第 42 号部长决议》 Ministerial Resolution No. 42 of 1994	有关小型船舶注册和续展许可证的程序	1994/4/24
23	《1995 年第 11 号部长决定》 Ministerial Decision No. 11 of 1995	关于小型船舶速度的控制和条件	1996/4/7
24	《1997 年第 1069 号部长决议》 Ministerial Resolution No. 1069 of 1997	关于取消 1997 年第 975 号部长决议	1998/1/11
25	《1998 年第 100 号部长决议》 Ministerial Resolution No. 100 of 1998	关于三个月内完成小船东登记程序的规定	1998/5/10
26	《1998 年第 324 号部长决议》 Ministerial Resolution No. 324 of 1998	关于不受国际海事条约约束的船舶的安全标准条件	1998/12/27

序号	名称	内容	颁布时间 （年/月/日）
27	《1999 年第 65 号法》 Law No. 65 of 1999	对违反联合国安理会决议的船舶适用的程序	2000/1/9
28	《2011 年第 3800 号部长决议》 Ministerial Resolution No. 3800 of 2011	关于船舶进出科威特水域和港口的问题	2011/8/28
29	《2013 年第 3644 号部长决议》 Ministerial Resolution No. 3644 of 2013	关于使用巡洋舰、摩托车等的条件和规定	2013/7/28
30	《2013 年第 3666 号部长决议》 Ministerial Resolution No. 3666 of 2013	关于在小型船舶上的测量、检验和检查许可证的规范	2013/7/28
31	《2016 年第 115 号法令》 Decree No. 115 of 2016	2010 年关于《海员培训、发证和值班标准国际公约》的马尼拉修正案	2016/5/17

附录26　科威特石油相关立法[1]

序号	名称	内容	颁布时间（年/月/日）
1	《1973 年第 19 号法》 Law No. 19 of 1973	石油资源保护法	1973/7/1
2	《1974 年关于建立最高石油委员会的法令》[2] Decree for Establishing the Supreme Petroleum Council	建立最高石油委员会	1974/8/26
3	《1975 年第 72 号部长决议》 Ministerial Resolution No. 72 of 1975	关于实施《石油资源保护法》的规定	1975/1/11
4	《1975 年财政部和石油部的职责划分法令》 Decree of separation of Ministry Oil from Ministry of Finance 1975 AD	关于财政部和石油部职责划分	1975/2/9
5	《1977 年第 124 号法令》 Decree Law No. 124 of 1977	终止与美国石油公司的协议	1977/9/19
6	《1979 年第 5 号决议》 Resolution No. 5 of 1979	关于石油公司的招标	1979/2/4
7	《1980 年第 6 号法令》 Decree Law No. 6 of 1980	成立科威特石油公司	1980/1/17
8	《1980 年第 68 号部长决议》 Ministerial Resolution No. 68 of 1980	禁止进口天然气	1980/10/5
9	《1989 年第 4 号部长决议》 Ministerial Resolution No. 4 of 1989	除非获得科威特石油公司的事先批准，否则不得进口或出口原油或任何石油或石化产品	1989/3/5
10	《1990 年第 1 号法令》 Decree Law No. 1 of 1990	禁止未得到授权的主体交易科威特的石油	1990/12/16
11	《2007 年第 78 号法令》 Decree No. 78 of 2007	对石油部职责的规定	2007/4/15

---

[1]　See Council of Ministers Legal Advice & Legislation, http：//www. law. gov. kw/interalpage. aspx, May 28, 2019.

[2]　"Home", Ministry of Oil State of Kuwait, http：//www. moo. gov. kw/About-Us/Ministry-Decrees/ Oil-Concession-Agreement-1934. aspx, May 28, 2019.

附录27 科威特缔结和加入的国际条约

序号	公约名称	签字日期 （年/月/日）	批准日期 （年/月/日）
1	《1982 年联合国海洋法公约》 United Nations Convention on the Law of the Sea，1982	1984/11/27	2002/12/09

附录 28 科威特签署《联合国海洋法公约》时的声明

Understanding：

The ratification by Kuwait of the said Convention does not mean in any way a recognition of Israel nor that treaty relations will arise with Israel.

附录29 科威特加入的国际海事组织框架下的公约[1]

序号	公约名称	生效日期 （年/月/日）	签字日期 （年/月/日）	批准或加入 日期 （年/月/日）	公约对科威 特生效日期 （年/月/日）
1	《1948年国际海事组织公约》 Convention on the International Maritime Organization，1948	1958/03/17		1962/04/10	1962/04/10
2	《1974年国际海上人命安全公约》 International Convention for the Safety of Life at Sea，1974	1974/11/01	1979/06/29	1980/05/25	1994/06/07
3	《1966年国际载重线公约》 International Convention on Load Lines，1966	1968/07/21		1968/08/28	1968/11/28
4	《1969年国际船舶吨位丈量公约》 International Convention on Tonnage Measurement of Ships，1969	1982/07/18		1983/03/02	1983/06/02
5	《1972年国际海上避碰规则公约》 Convention on the International Regulations for Preventing Collisions at Sea，1972	1977/07/15	1972/10/23	1977/07/29	1977/07/29
6	《1978年海员培训、发证和值班标准国际公约》 International Convention on Standards of Training, Certification and Watchkeeping for Seafarers，1978	1984/04/24		1998/05/22	1998/08/22

---

[1] 该表信息若无特别注明，参见国际海事组织网站。See International Maritime Organization，"Status of Conventions-Comprehensive information including Signatories, Contracting States, declarations, reservations, objections and amendments"，https：//www.imo.org/en/About/Conventions/Pages/StatusOfConventions. aspx，December 12, 2020.

序号	公约名称	生效日期 （年/月/日）	签字日期 （年/月/日）	批准或加入 日期 （年/月/日）	公约对科威 特生效日期 （年/月/日）
7	《1976 年国际海事卫星组织公约》 Convention on the International Maritime Satellite Organization,1976	1979/07/16		1977/02/25	1979/07/16
	《1976 年国际海事卫星组织业务 协定》 Operating Agreement on the Interna- tional Maritime Satellite Organiza- tion，1976	1979/07/16		1977/02/25	1979/07/16
8	《1969 年国际干预公海油污事故 公约》 International Convention relating to Intervention on the High Seas in Cases of Oil Pollution Casualties, 1969	1975/05/06		1981/04/02	1981/07/01
9	《修正 1969 年国际油污损害民事 责任公约的 1992 年议定书》 Protocol of 1992 to Amend the Interna- tional Convention on Civil Liability for Oil Pollution Damage，1969	1996/05/30		1981/04/02	1981/07/01
10	《关于 1973 年国际防止船舶造成 污染公约的 1978 年议定书》及其 5 个附则 Protocol of 1978 relating to the Inter- national Convention for the Preven- tion of Pollution from Ships，1973 MARPOL 73/78（Annex I/II） MARPOL 73/78（Annex III） MARPOL 73/78（Annex IV） MARPOL 73/78（Annex V）	1983/10/02		2007/08/07	2007/11/07
11	《1992 年关于制止危害航海安全 的非法行为公约》 Convention for the Suppression of Unlawful Acts Against the Safety of Maritime Navigation，1992	1992/03/01		2003/06/30	2003/09/28

附录 30 科威特缔结和加入的区域性海洋环境保护条约

序号	条约名称	生效日期（年/月/日）	签署（须经批准）日期（年/月/日）	批准日期（年/月/日）	生效日期（年/月/日）
1	《科威特海洋环境污染保护合作区域公约》 Kuwait Regional Convention for Cooperation on the Protection of the Marine Environment from Pollution	1979/06/30	1978/04/24	1978/11/07	1979/06/30
2	《控制危险废物和其他废物的海洋越境流动和处置的区域议定书》 Regional Protocol on the Control of Marine Trans-Boundary Movements and Disposal of Hazardous Wastes and other Wastes	2005/08/21	1998/03/17	2000/02/22	2005/08/21
3	《关于因勘探和开发大陆架而造成的海洋污染议定书》 Protocol Concerning Marine Pollution resulting from Exploration and Exploitation of the Continental Shelf	1990/02/17	1989/03/29	1989/10/31	1990/02/17
4	《保护海洋环境免受陆源污染的议定书》 Protocol for the Protection of the Marine Environment against Pollution from Land-Based Sources	1993/02/01	1990/02/21	1992/05/23	1993/02/01
5	《紧急情况下应对石油和其他有害物质污染的区域合作议定书》 Protocol Concerning Regional Cooperation in Combating Pollution by Oil and other Harmful Substances in Cases of Emergency	1979/06/30	1978/04/24	1978/11/07	1979/06/30

后 记

《伊朗、伊拉克、科威特海洋法律体系研究》是与我的另一本专著《沙特阿拉伯、巴林、卡塔尔、阿联酋海洋法律体系研究》同期完成写作的。这两本共同展现了我对波斯湾国家海洋法律体系的研究成果。

波斯湾是阿拉伯海西北伸入亚洲大陆的一个海湾，介于伊朗高原和阿拉伯半岛之间，通过霍尔木兹海峡与阿拉伯海相连，是印度洋西北部半封闭的海湾。霍尔木兹海峡因扼守波斯湾石油海上运输的出口而具有重要的战略地位。在海湾及其周围 100 千米范围内，是一条巨大的石油带，这里蕴藏着占世界石油总储量一半以上的石油。

外来势力的渗透和争夺，加上波斯湾内部由种种历史和现实原因造成的矛盾交织在一起，使波斯湾沿岸国家局势长期动荡，各国海洋法律体系复杂多变且透明度不高，给中国与波斯湾国家展开海洋法律工作造成了一定的困难。本书按照地理位置，依次研究了伊朗、伊拉克、科威特等 3 个国家的海洋立法、执法体系，海洋争端解决和海洋事务国际合作等方面的法律与实践。

我要感谢西南政法大学国际法学院和海洋与自然资源法研究所对本书出版工作的支持。感谢西南政法大学 2018 级研究生刘佳妮，2019 级研究生武义翔、沈佳琳，2020 级研究生李典霖、李蔼耘、张儒、张雪婷，2021 级研究生易欣宇、李雲淇、赵海洋、梁梓桦和本科 2019 级涉外法律人才实验班学生朱嬿蓉为本书核实核对了上千条信息。还要特别感谢知识产权出版社的庞从容、薛迎春和张琪惠三位老师为本书出版所做的努力。

与国别海洋法系列丛书的其他专著一样，本书写作全部使用公开可核验的资料和数据。同时，为了符合出版要求，对研究成果的部分内容进行了删减。

全小莲

2023 年 3 月